RUDOLF RAUSCHENBERGER

EIN RATGEBER
DER ZDF–
WIRTSCHAFTS-
REDAKTION

FONDSFÜHRER

- AKTIENFONDS
- IMMOBILIENFONDS
- MISCHFONDS
- INDEXFONDS

UEBERREUTER

Die Deutsche Bibliothek – CIP-Einheitsaufnahme

Rauschenberger, Rudolf:
Fondsführer : Aktienfonds, Immobilienfonds, Mischfonds, Indexfonds;
mit Lexikon und Glossar / Rudolf Rauschenberger. –
Wien/Frankfurt : Wirtschaftsverlag Ueberreuter, 2000
    ISBN 3-7064-0668-3

Unsere Web-Adressen:

http://www.ueberreuter.at
http://www.ueberreuter.de

S 0574   1 2 3 / 2002 2001 2000

Alle Rechte vorbehalten
Umschlag: Kurt Rendl
unter Verwendung eines Bildes der Bildagentur PIX
Copyright © 2000 by Wirtschaftsverlag Carl Ueberreuter, Wien/Frankfurt
Druck: Ueberreuter Print und Digimedi@, Korneuburg
Printed in Austria

INHALT

EINLEITUNG		9
I.	**MIT FONDS ZUR PRIVATEN ALTERSVORSORGE**	15
	Das Gebot der Stunde: Mit Fondssparen gegen Altersarmut	17
	Umdenken bei der Alterssicherung	18
	Die Investmentbranche setzt auf AS-Fonds	19
II.	**IN DER FONDSBRANCHE HERRSCHT HOCHKONJUNKTUR**	23
	Rückenwind durch die Konjunktur	25
	Harter Wettbewerb zwingt zu Höchstleistungen	27
	Bessere Rahmenbedingungen für das Fondssparen	27
	Wegweiser durch den Fondsdschungel	29
III.	**FONDSTYPEN NACH ANLAGEKATEGORIEN**	29
	Publikumsfonds und Spezialfonds	30
	Aktienfonds	31
	Rentenfonds	45
	Mischfonds	47
	Geldmarktfonds	49
	Immobilienfonds	50
IV.	**MITTELAUFKOMMEN UND FONDSVERMÖGEN**	60
	Jubelstimmung in der Investmentbranche	60
	Aktienfonds sind Spitzenreiter	61
	Geldmarktfonds sind im Kommen	63
	Mischfonds bleiben attraktiv	63
	Die neuen AS-Fonds etablieren sich	63
	Offene Immobilienfonds weiterhin beliebt	63
	Favoritenwechsel	64
V.	**SPARPLÄNE UND WERTENTWICKLUNG**	65
	„Spare in der Zeit, so hast du in der Not"	65
	Weg vom Sparbuch und hin zum Fondssparplan	67

	Die Wertentwicklung von Fonds im langjährigen Vergleich	69
	Wie groß soll das Vermögen im Alter sein?	83
	Vorsicht: Der Trick mit dem Rechenschieber	84
VI.	**DIE PERFORMANCE – DARAUF SCHAUEN ALLE!**	**86**
	Performance ist nicht alles	86
	Immer wieder Wechsel in der Spitzenposition	87
VII.	**VOR DEM KAUF: ACHTUNG BEI KOSTEN UND VERTRIEB**	**93**
	Vor der Rendite stehen die Gebühren	93
	Wie man bei den Gebühren sparen kann	95
	Trends im Vertrieb	97
	Eine Alternative: bankunabhängige Vermögensverwalter	98
	Fondsshops statt Bankfiliale	99
	Der Investmentmarkt wird kräftig durchgerüttelt	101
VIII.	**STEUERN AUF FONDS – EINE VERZWICKTE ANGELEGENHEIT**	**103**
	Steuern auf Erträge von inländischen Fonds	103
	Steuerliche Überraschungen bei ausländischen Fonds	107
	Keine Probleme bei ausländischen Fonds „deutscher Provenienz"	109
	Geplante Änderungen nach der Steuerreform ab 2001	109
IX.	**FONDSRATING – IMMER WICHTIGER ALS ENTSCHEIDUNGSHILFE!**	**114**
	Wie finde ich einen guten Fonds?	114
	Ranking-Listen allein reichen nicht	115
	Konkurrenz unter Fondsrating-Agenturen	115
	Moody's	116
	Standard & Poor's (S&P)	117
	Lipper	118
	FERI Trust	119
X.	**NICHTS GEHT OHNE DIE KAPITAL-ANLAGEGESELLSCHAFTEN (KAGS)**	**128**
	Die Rolle der KAGs	128
	Noch dominieren heimische KAGs die Märkte	130
	Die Ausländer drängen nach Europa	134
	Der Kapitalmarkt Luxemburg	137
	Eine Flut von Fonds	138
	Wie ein Fonds entsteht – Produktideen und Erfolgsfaktoren	141

XI.	**DIE MACHT DER FONDS UND IHRER MANAGER**	145
	Der Einfluss der Fondsmanager – Kritik und Lob	145
	Aktiv oder passiv? Zwei konträre Managementstile	147
	„Value" oder „Growth"? Ein Methodenstreit	148
	Gesucht: qualifizierte Fondsmanager	151
	Akteure und Macher der Investmentbranche	152
XII.	**DIE RICHTIGE ANLAGESTRATEGIE**	166
	Entscheidungsfindung und individuelle Risikoeinschätzung	167
	Wie vermeide ich Fehler beim Fondssparen?	168
	„Aktien oder Fonds?" oder „Aktien und Fonds?"	170
	Das Management der eigenen Gefühle	171
	Seien Sie ehrlich zu sich selbst	173
XIII.	**DER EURO UND DIE FONDSBRANCHE**	175
	Ein riesiger Finanzmarkt entsteht	175
	Schluss mit dem Währungsrisiko	175
	Euro-Stoxx und Eurofonds	177
	Die geplante EU-Erweiterung schafft neue Anlagefelder	178
XIV.	**WARNUNG VOR DEM „GRAUEN KAPITALMARKT"**	180
	Wie man sich schützen kann	180
	Kostenlose Hilfe	181
	Checkliste gegen unseriöse Angebote	182
	Regelmäßige Informationen über den „Graumarkt-Report"	183
XV.	**FONDSLEXIKON**	184
	Altersvorsorge-Sondervermögen-Fonds (AS-Fonds)	185
	Branchenfonds	191
	Dachfonds	196
	Derivate-Fonds/Termingeschäfte-Fonds/Hedge-Fonds	199
	Eurofonds/Europafonds	201
	Garantiefonds	204
	Indexfonds	205
	Internet-Fonds	206
	Laufzeitfonds	213
	Länder- und Regionenfonds	213
	Mitarbeiterfonds	214
	Ökofonds/Ethische Fonds	217

Rohstofffonds	220
Schwellenländerfonds/Emerging-Market-Fonds	220
Small-Cap-Fonds/Mid-Cap-Fonds/Nebenwerte-Fonds	222
VL(Vermögenswirksame Leistungen)-Fonds	224
Wagniskapital-Fonds/Venture-Capital-Fonds (VC-Fonds)	227
XVI. FONDSGLOSSAR	**229**
XVII. INFORMATIONSQUELLEN, DIE MAN KENNEN SOLLTE	**252**
Bundesaufsichtsamt für das Kreditwesen (BAKred)	252
Bundesaufsichtsamt für den Wertpapierhandel (BAWe)	254
Bundesverband Deutscher Investmentgesellschaften e.V. (BVI)	257
Deutsches Aktieninstitut (DAI)	258
Discountbroker und Direktbanken	261
Die Medien und das Thema „Investmentfonds"	265
XVIII. ANHANG	**267**
Adressenliste mit Kapitalgesellschaften aus Deutschland	267
Adressenliste mit Kapitalgesellschaften aus Österreich und der Schweiz	273
Abkürzungsverzeichnis	275
Stichwortverzeichnis	276

EINLEITUNG

Investmentfonds sind im Kommen! Das liegt daran, dass offenbar viele Profis, institutionelle Anleger und Millionen von Kleinanleger eines dabei überzeugt: das geringere Verlustrisiko im Vergleich zur Direktanlage in Aktien. Am Aktienmarkt werden zwar die höheren Renditen erzielt, aber mit entsprechendem Zeitaufwand und hohem Risiko. Das professionelle Management der Anlagegelder durch Fondsmanager dagegen ist für viele Anleger zeit- und nervenschonend. Dazu kommt: Mit kleinen Beiträgen findet man keinen Zugang zur Börse. Mit Investmentfonds geht das sehr wohl, und gleichzeitig kann man in viele Aktien auf einmal investieren. Wer seine Spargelder in einen Aktienfonds steckt und nicht in einzelne Wertpapiere, der investiert in einen großen Wertpapiertopf. Er muss sich also nicht fragen, ob Infineon auf dem Halbleitermarkt, Novartis im Pharma- oder T-Online im Internet-Geschäft erfolgreich sein wird. Solche Einzelentscheidungen nimmt ihm das Fondsmanagement ab, das in diese Werte investiert. Auf diese Art und Weise kann auch der Kleinanleger an Börsengewinnen partizipieren, und zwar mit einem überschaubaren monatlichen Beitrag.

Der Kauf von Fondsanteilen verspricht jedoch nicht die Sicherheit von Staatspapieren oder Obligationen, bei denen ein zu hundert Prozent zurückbezahltes Kapital jährlich garantierte Zinsen abwirft. Denn Aktien bleiben Aktien – daran ändern auch Investmentfonds nichts. Eine schlechte Börse wirkt sich nun einmal auch negativ auf Aktienfonds aus. Da gibt es nur wenige Ausnahmen, etwa wenn das jeweilige Fondsmanagement einen besonderen Riecher hatte und sich auch bei fallenden Märkten vorher noch die Rosinen unter den börsennotierten Firmen herausgepickt hatte. Das kommt aber selten vor. Gleichwohl sollte sich der Fondssparer nicht abschrecken lassen.

Das Geheimnis des Erfolgs liegt fast immer im Anlagehorizont. Wer lange Beiträge zahlt, also zehn Jahre und mehr, der kann sich auf stattliche Renditen freuen – bei Rentenfonds etwas weniger, bei Aktienfonds etwas mehr. In beiden Fällen wird die Rendite des Sparbuchs, für Festgeld oder Obligationen (Staats- und/oder Unternehmensanleihen) deutlich geschlagen. In den vergangenen 20 Jahren betrug die Verzinsung von Aktienfonds im Durchschnitt zehn Prozent. Im Verlauf dieser Zeit gab es ein Crashjahr wie 1987 und auch noch andere schwache Jahre wie zu Beginn der Neunzigerjahre. Doch das änderte am guten Gesamtergebnis nichts. Ein Zahlenbeispiel soll das verdeutlichen:

Wer 15 Jahre lang jeden Monat 2.489 DM in einen durchschnittlichen Aktienfonds einzahlte, war danach Millionär. Zum Vergleich: Bei Lebensversicherungen, die es im Durchschnitt auf fünf Prozent bringen, hätte er Monatsraten von 3.761 DM aufbringen müssen. Nun soll natürlich niemand aufgefordert werden, fast 2.500 DM pro Monat in einen Aktienfonds zu investieren. Wer könnte das schon! Doch das Beispiel belegt, wie sehr sich Ausdauer und regelmäßiges Sparen in Investmentfonds am Ende lohnen.

Die Zahl der Aktionäre und Fondsbesitzer in Deutschland nimmt zu. Mitte des Jahres 2000 haben über elf Millionen Menschen im Alter von über 14 Jahren indirekt oder direkt Beteiligungen an Unternehmen erworben. 17,7 Prozent der Bevölkerung stellen mit dem Kauf von Aktien und Aktienfonds den Unternehmen ihr Erspartes zur Verfügung. Ende 1998 waren es noch 10,7 Prozent. Diese Steigerung lässt den Schluss zu, dass auch die Deutschen langsam auf dem Weg sind, ein Volk von direkten und indirekten Aktionären zu werden, um so an den Gewinnen – und natürlich auch Verlusten – der Unternehmen teilzuhaben. Untersuchungen belegen, dass Fondsanteile eine wesentlich höhere langfristige Rendite erzielen als festverzinsliche Wertpapiere. Auf die schnelle Mark sollten Einsteiger jedoch nicht spekulieren! Die Geldanlage in Investmentfonds erfordert eine realistische Einschätzung der Zukunftschancen des jeweiligen Fonds, die der Anleger nur treffen kann, wenn er gut informiert ist. Eben das beabsichtigt der vorliegende Fondsführer. Der interessierte und engagierte Privatanleger soll nach der Lektüre die Chancen und Risiken des Investmentsparens für sich selbst besser einschätzen können.

Das Anlageverhalten ändert sich massiv

Das gute alte Sparbuch hat zwar noch nicht ausgedient. Es bekommt aber mächtige Konkurrenz. Bis zum Börsengang der Deutschen Telekom Ende 1996 assoziierten die Sparer in Deutschland das Thema Aktien und Aktienfonds eher mit „Zocken an der Börse" als mit der eigenen Altersvorsorge. Ohne den neuen Schwung an der Börse gäbe es also auch den Erfolg des Fondsgeschäftes nicht. Andererseits werden auch die Aktienmärkte von den Mittelzuflüssen in die Aktienfonds gestärkt. Man kann also sagen: „Die Hausse nährt die Hausse." Doch auch wenn der Trend klar nach oben weist, hinken die Deutschen international noch immer hinterher. In den USA, in der Schweiz und in Österreich zum Beispiel besitzen die Sparer viel mehr Fondsvermögen pro Kopf. Nach einer Statistik des Bundesverbandes Deutscher Investmentgesellschaften für das Jahresende 1999 liegen die Deutschen beim Vergleich der westlichen Industriestaaten geradeso im unteren Mittelfeld:

USA	49.917 DM
Schweiz	23.744 DM
Frankreich	21.877 DM
Österreich	19.399 DM
Schweden	18.374 DM
Großbritannien	13.526 DM
Deutschland	9.339 DM
Japan	7.765 DM

Der Nachholbedarf liegt also auf der Hand. Darauf spekuliert natürlich die Fondsbranche. Nicht ohne Grund: Betrachtet man einmal das kurzfristig angelegte Geldvermögen der Deutschen, wird sofort klar, wie groß der Spielraum für weiteren Fondserwerb ist. Die Deutschen haben derzeit rund zwei Billionen DM (das sind 2.000 Milliarden DM!) auf Sparbüchern und als Festgeld oder als Bares auf dem Girokonto liegen. Die Renditen dafür sind gering. Von dort wandert seit einigen Jahren immer mehr Kapital ab und wird in Aktien und vor allem in Investmentfonds investiert. Dass dies nicht noch schneller geschieht, liegt zumeist daran, dass viele potenzielle Anleger noch ungenügend informiert und unerfahren sind. Schlagzeilen von Kurseinbrüchen, Crashszenarien und wilden Börsengerüchten verunsichern die Sparer außerdem. Der vorliegende Fondsführer versteht sich als Hilfsinstrument. Er will informieren und beantwortet grundsätzliche Fragen wie zum Beispiel:
- Warum soll ich überhaupt Fonds erwerben?
- Welche Fonds gibt es?
- Wo kann ich Fonds kaufen?
- Welche Fonds soll ich kaufen und warum?
- Wie funktioniert der Fondskauf?
- Wie hoch sind die Kosten beim Erwerb von Fondsanteilen?
- Was geschieht mit meinen Fondsanteilen?
- Wie sicher sind Fonds?
- Wie hoch sind die Steuern bei Fondserträgen?

Service und Finanzinformationen für Fondsbesitzer

Der Trend zum Investmentsparen ist unübersehbar. Eine wachsende Finanzgemeinde fragt immer mehr Informationen nach, und zwar auf allen Kanälen. Fast alle Anbieter der Geldbranche bieten ihre Dienstleistungen nicht nur auf herkömmlichem Weg, über ihre Filialen etwa, sondern mittlerweile auch per Internet an. Wer auf dem Daten-Highway surft, stellt schnell fest, dass er aus einer riesigen Informationsflut auswählen kann. „Todsichere Tipps", was genau der richtige Klick im Internet ist, gibt es natürlich nicht. Eines jedoch lässt sich sagen: Keiner der Anbieter kann es sich leisten, seinen Internet-Auftritt zu vernachlässigen. Gut für die Anleger! Die Universalbanken alten Stils müssen sich umstellen. Die Banken erhalten bei ihren Börsengeschäften Konkurrenz. Der Kauf von Fondsanteilen per Mausklick oder Telefon ist längst nichts mehr Ungewöhnliches. Die Folge: Der Vertrieb von Investmentfonds ist im völligen Umbruch.

Discountbroker locken mit Rabatten beim Fondskauf und -verkauf und die Akzeptanz dieser Direktbanken ohne Filialen nimmt unter den Konsumenten zu. Die Discountbroker profitieren dabei von den modernen Kommunikationstechniken via Internet. Sie wickeln ihre Geschäfte ohne Vertreter direkt mit dem Kunden ab und ersparen sich dadurch kostenintensive Beratung. Damit setzen sie aber auf den bereits vorinformierten Kunden, der bei seinen Transaktionen Geld für Gebühren und Provision sparen will. Da immer mehr Anleger (gegenwärtig sind es allein in Deutschland etwas über eine Million) Wertpapiere über Telefon, Fax und zunehmend über das Internet ordern – und somit die Konkurrenz unter den Discountbrokern zunimmt, geht der Trend grundsätzlich zu niedrigeren Gebühren und besserem Service. Einige Marktteilnehmer bieten mittlerweile schon Depots ohne Gebühren an, um Kunden zu gewinnen. Die Preise sind ständig in Bewegung, und zwar nach unten. Daher können exakte Angaben über die Konditionen nicht gemacht werden. Dem Anleger bleibt nichts anderes übrig, als sich selbst eine Übersicht zu verschaffen und sich über die aktuellen Preise und Tarife der Anbieter zu informieren. Der Aufwand lohnt, denn der Verdrängungswettbewerb innerhalb der Geldbranche drückt weiter auf die Tarife. Die Wertpapierorders werden nicht nur immer schneller ausgeführt, sondern auch immer günstiger.

Wer sich grundsätzlich für die Geldanlage mit Investmentfonds interessiert oder sich bereits dafür entschieden hat, der wird erfahren: Für die Auswahl von Investmentfonds gibt es kein Patentrezept! Die Angebotspalette ist riesig und nimmt dauernd zu. Daher dieser Fondsführer: Er soll dabei helfen, den „richtigen" Anlageweg zu finden, und ein Wegweiser durch den Fondsdschungel sein. Tipps für einen spezifischen Fonds werden nicht gegeben. Das wäre unseriös. Die Wertentwicklung der einzelnen Fonds ist zu unterschiedlich (siehe die Kapitel zu Fondsrating und Fondsperformance). Der Fondsführer wendet sich an die Leserschaft im gesamten deutschsprachigen Raum, also in Deutschland, Österreich und der Schweiz. Da, wo die Umstände der Investmentbranche völlig unterschiedlich sind, wird in den jeweiligen Ausgaben darauf eingegangen. Daher gibt es speziell für Bereiche wie die über Kosten und Steuern eigene Kapitel. Die Grafiken, Tabellen und Adressen allerdings sind an alle gerichtet. Zwei Beispiele nur:

1. Wenn im Kapitel über die Hauptformen von Investmentfonds an der Entwicklung des Deutschen Aktienindexes DAX die hohen Renditen der Vergangenheit dargestellt werden, dann könnte das genauso an den historischen Kursen des Schweizer Indexes SPI (Swiss Performance Index) oder des Dow Jones Index exemplarisch belegt werden. Der Verfasser musste sich allerdings aus Platzgründen beschränken. In diesem Zusammenhang möchte er sich auch für die freundliche Zusammenarbeit mit dem Deutschen Aktieninstitut (DAI) in Frankfurt bedanken. Das DAI und der Bundesverband Deutscher Investmentgesellschaften (BVI) haben dem Autor dieses Fondsführers bei der Zusammenstellung von unerlässlichen Daten, Tabellen und Grafiken zur Investmentbranche außerordentlich geholfen.

2. Die Ratinglisten von FERI Trust im Kapitel über Fondsrating sind international ausgerichtet und nicht auf ein einziges Land beschränkt. Es kommen darin Aktien- und Rentenfonds aus aller Welt vor. Besonders an der Arbeit der Ratingagenturen kann gezeigt werden, dass das Fondsgeschäft im Grunde längst länderübergreifend geworden ist. Nationale Eigenheiten gibt es vor allem beim Vertrieb, bei den Kosten und den Steuern.

Abschließend ein wichtiges Anliegen des Autors: In diesem Fondsführer findet der Leser keine reißerischen Sätze vom Schlage: „So werden Sie mit Fonds reich!" oder „Die besten Fonds der Welt!" und Ähnliches. Solche Sprüche haben mit der Wirklichkeit nichts zu tun. Geldanlage will nun mal gelernt sein wie jedes andere Handwerk auch. Hier wird auch kein Musterdepot aus Fonds empfohlen. Der Leser sollte das nach der Lektüre des Fondsführers selbst in die Hand nehmen können. Bei der Suche nach der richtigen Auswahl von Fonds will der Fondsführer dem Leser und potenziellen Anleger behilflich sein. Daraufhin ist er konzipiert: als Informationsquelle, Nachschlagewerk und Ratgeber.

Zum Schluss noch eine Warnung: Besonders für ein Investment in Aktienfonds gilt der Satz des legendären Altmeisters der Spekulation, André Kostolany: „Börsengewinne sind Schmerzensgeld. Erst kommen die Schmerzen, dann das Geld." Der Autor hält es mit Kostolany und dem Gründer der mittlerweile zweitgrößten amerikanischen Investmentgesellschaft Vanguard Group, John C. Bogle. Dessen Credo lautet: „Investieren ist eine Sache des Charakters. Und die Charakterstärke ist es, die den erfolgreichen vom weniger erfolgreichen Anleger unterscheidet. Den intelligenten Langzeitinvestor zeichnen gesunder Menschenverstand, Sparsamkeit, realistische Erwartungen, Geduld und Ausdauer aus. Deshalb ist hektischer Aktionismus als Reaktion auf Marktturbulenzen das falsche Rezept. Hoffnung, Gier und Angst programmieren nur Vermögensverluste."

Und noch der Hinweis: Der Fondsführer kann von vorn nach hinten gelesen werden, genauso gut aber auch als Nachschlagewerk dienen. Dazu sind insbesondere das Fondslexikon und das Fondsglossar da. Sie sind unverzichtbar, um sich im Dschungel des Fondsangebots zurechtzufinden. Ein umfangreiches Stichwortverzeichnis enthält deshalb für den jederzeit möglichen Einstieg hoffentlich alle wesentlichen Begriffe des Investmentsparens. Die angehängten Seitenzahlen führen zu den entsprechenden Erläuterungen und Definitionen im Buch. Zu guter Letzt noch ein weiterer Spruch aus dem reichen Sprachschatz der Geldanlage: „Die Hartgesottenen besitzen die vier Gs: Gedanken, Glück, Geduld und Geld!" Zu all diesen Gs möchte der vorliegende Fondsführer beim Leser beitragen. Vor allem zu den Gedanken!

I.

MIT FONDS ZUR PRIVATEN ALTERSVORSORGE

Es gibt viele gute Gründe, Anteile an Investmentfonds zu erwerben:
- um für den Urlaub anzusparen,
- um neue Möbel anschaffen zu können,
- um ein Eigenheim erwerben zu können,
- um die Ausbildung eines oder mehrerer Kinder finanzieren zu können.

Alle diese Sparziele haben eines gemeinsam: einen Sparhorizont, der kurz-, mittel- oder langfristig angelegt ist. Doch das wichtigste Sparziel ist noch nicht genannt: der Aufbau einer privaten Altersvorsorge. Das schlägt sich auch im Bewusstsein der Menschen nieder. Einer der wichtigsten Spargründe ist mehr und mehr die Notwendigkeit der privaten Altersvorsorge. Wie dringend, wenn nicht gar zwingend die private Altersvorsorge durch regelmäßiges Fondssparen geworden ist, sollen die folgenden Ausführungen belegen. Die berechtigte Sorge geht um, dass die gesetzliche Rente allein schon bald nicht mehr ausreicht für einen finanziell gesicherten Lebensabend nach dem Ausscheiden aus dem Berufsleben. Das trifft besonders alle Beitragszahler, die noch ein langes Arbeitsleben bis zum Rentenalter vor sich haben. Zusammengefasst könnte festgehalten werden:
- Die Zukunft der gesetzlichen Rentensysteme ist unsicher.
- Daraus ergibt sich die Notwendigkeit privater Vorsorge.
- Entscheidend für die Höhe und den Umfang der Alterssicherung ist die jeweilige Vermögenssituation des Sparers.

Den Beitragszahlern droht eine magere Rente

Die zentrale Säule der Altersvorsorge, die gesetzliche Rentenversicherung, gerät immer mehr ins Wanken. Die Staatsrente steuert gewissermaßen auf eine demografische Falle zu. Das gilt für fast alle Länder Westeuropas. Die Deutschen zum Beispiel werden immer älter. Der jüngste „Altenbericht" nennt alarmierende Zahlen für die Rentenversicherung: Danach wird bis zum Jahr 2030 die Zahl der mindestens 60-Jährigen von 16,9 auf etwa 26,4 Millionen und ihr Anteil an der Gesamtbevölkerung von rund 20 auf rund 36 Prozent ansteigen. Bis zum Jahr 2040 ist laut „Altenbericht" mit einem weiteren Anwachsen der über 60-Jährigen zu rechnen.

Das heißt: Das Verhältnis von Beitragszahler zu Rentner verschlechtert sich künftig dramatisch. Sorgten 1960 noch vier Beitragszahler für einen Rentner, so waren es 1998 nur noch zwei. Im Jahr 2040 trägt nach den aktuellen Statistiken ein Beitragszahler die Last der Versorgung eines Rentners allein auf seinen Schultern. Nicht gerade rosige Aussichten für die junge Generation, die ihr Arbeitsleben jetzt beginnt. Über allem lastet die Bedrohung ständig steigender Beiträge für Arbeitnehmer und Arbeitgeber. Doch die wären sicher keine Lösung. Entwarnung an der Rentenfront wird es also nicht geben, wenn kein radikaler Umschwung erzielt wird.

Ein Beispiel: Zur Zeit bekommt in Deutschland ein normaler Rentner der Bundesversicherungsanstalt für Angestellte (BfA) knapp 2.000 DM netto aus der gesetzlichen Rentenversicherung (in den östlichen Bundesländern sogar noch etwas weniger). Dafür hat er 45 Jahre lang den Durchschnittsbeitrag aller Versicherten abgeführt. Jeder kann sich ausrechnen, ob er selbst damit über die Runden käme. Und auch wer 45 Jahre lang Höchstbeiträge in die Sozialversicherungssysteme gezahlt hat (das sind gegenwärtig rund 830 DM), muss sich mit einem Maximalbetrag von zur Zeit etwa 3.500 DM begnügen. Zu diesem Kreis gehört aber nur eine kleine Minderheit. Die Aussichten eines Berufseinsteigers am Anfang des 21. Jahrhunderts, unter gleichen Beitragsbedingungen in 45 Jahren nach Abzug der Inflation eine vergleichbar hohe Nettorente zu erhalten, sind gleich null. Die Renten werden vielleicht nominal geringfügig steigen, sicher aber nicht real. Die Anzeichen für sinkende Leistungen aus der gesetzlichen Rente sind bereits heute erkennbar:
- Das Rentenalter wird hinaufgesetzt,
- die Studienzeiten werden nur noch begrenzt anerkannt
- und die jährlichen Rentenerhöhungen betragen nur noch die Höhe der Inflation.

WISO empfiehlt: Wer daran interessiert ist, heute schon die ungefähre Höhe seiner künftigen gesetzlichen Rente zu erfahren, kann sich bei der BfA oder bei seiner zuständigen Landesversicherungsanstalt für Angestellte (LfA) informieren. Dazu muss er einen „Antrag auf Kontenklärung" stellen. Auf der Basis der bisher gezahlten und hochgerechneten Beiträge des jeweiligen Antragstellers ergibt sich der Betrag, mit dem er vom Beginn seines Rentnerstands an zu rechnen hat. Das gibt dem Antragsteller eine ungefähre Vorstellung der Bedeutung der Rente für seine Alterssicherung.

Eines ist unumstritten: Je jünger der Antragsteller ist, desto theoretischer dürfte das Resultat einer Anfrage bei der Rentenanstalt sein. Was die gesetzliche Rente der Zukunft angeht, so kann eigentlich nur gelten: Es wird mit großer Wahrscheinlichkeit auch in 40 Jahren noch irgendeine Form der staatlichen Rente geben, aber wie hoch beziehungsweise niedrig sie dann sein wird, weiß niemand genau. Ironisch könnte man es so formulieren: Sicher an der künftigen Rente ist nur die Versorgungslücke. Die gesetzliche Rentenversicherung stößt, wie wir gesehen haben, schon jetzt an ihre Grenzen. Ihr ungelöstes Problem ist: Sie basiert auf dem so genannten Umlageverfahren. Es wird also kein Kapitalstock aufgebaut, der Rendite erzielen könnte, die allen Beitragszahlern zugute käme. Beim Generationenvertrag der gesetzlichen Rentenversicherung wird praktisch sofort ausgegeben, was eingezahlt wird. Hohe Arbeitslosenzahlen, eine stagnierende Zahl der Erwerbstätigen und immer mehr Rentner sorgen dafür, dass die Zeit, als allein die staatliche Rente noch das Alter finanziell sicherte, endgültig vorbei ist. Der Finanzwissenschaftler Bernd Raffenhüschen von der Universität Freiburg im Breisgau prognostiziert öffentlich den künftigen Bedeutungsverlust der staatlichen Rente. In einem Interview im Düsseldorfer Handelsblatt sagte er: „Man muss davon ausgehen, dass die staatliche Altersvorsorge in den nächsten drei Jahrzehnten deutlich zurückgeschraubt wird. Deswegen tut man gut daran, private Altersvorsorge zu betreiben. In den Jahren 2020 bis 2050 wird bei der staatlichen Rente nicht mehr als eine Grundversorgung herausspringen. Dies entspricht einer heutigen Kaufkraft von 1.200 bis 1.300 DM. Um den Lebensstandard zu sichern, brauchen die meisten daher zusätzlich eine private Vorsorge."

Das Gebot der Stunde:
Mit Fondssparen gegen Altersarmut

Die „bittere Wahrheit" lautet also: Neben der gesetzlichen Rente muss die eigenverantwortliche Altersvorsorge gestärkt werden. Dazu dürfte das Fondssparen in Zukunft einen immer größeren Beitrag leisten. Die Änderungen des 3. Finanzmarktförderungsgesetzes vom April 1998 weisen in diese Richtung, sind aber noch nicht ausreichend. Es fehlt in Deutschland noch an weiteren steuerlichen Anreizen, damit die private Altersvorsorge als dritte Säule nach der staatlichen Rente und den seltenen Betriebspensionen zur Finanzierung des Ruhestands belebt wird. Die Schweiz mit ihrer obligatorischen Pensionskasse (Arbeitnehmer und Arbeitgeber sind zur Zahlung von Beiträgen verpflichtet) hat es da besser. Die Betriebspension als zweite Säule verdient dort auch ihren Namen. Immerhin: In Deutschland ist das 4. Finanzmarktförderungsgesetz in Arbeit. Die Änderungen können aber noch nicht berücksichtigt werden, da das Gesetz frühestens im Jahr 2001 in Kraft treten wird und seine Folgewirkungen erst mit einer zeitlichen Verzögerung zum Tragen kommen.

Fazit: Das Rentenproblem dringt mehr und mehr ins öffentliche Bewusstsein. Nur wenige Versicherte oder Berufsanfänger glauben noch, dass die gesetzliche Rentenversicherung künftig zu ihrem Lebensunterhalt im Alter ausreichen wird. Umfragen belegen, dass mittlerweile rund drei Viertel der Bevölkerung nicht mehr damit rechnen, sich bei der Pensionierung zu 100 Prozent auf die gesetzliche Rente stützen zu können.

Umdenken bei der Alterssicherung

Das Vertrauen in die klassische Altersrente schwindet allgemein und die Betriebspensionen bieten keinen Ausgleich oder werden sogar gestrichen. Die Folge: Fragen der finanziellen Sicherheit im Alter werden immer häufiger gestellt. Darum sollte künftig die private Altersvorsorge eine wichtige Säule der Alterssicherheit neben der klassischen Rente bilden. Wer sich allein auf die gesetzliche Altersvorsorge verlässt, geht einem unsicheren Rentenalter entgegen. Diese Säule allein trägt nicht mehr. Das Umlagesystem stammt aus den Fünfzigerjahren, einer Zeit mit wachsender Bevölkerung und einem Babyboom. Die Bevölkerungsstruktur verändert sich aber dramatisch. Die Zahl der Erwerbstätigen stagniert und die Zahl der Rentner nimmt zu. Die Folgen sind seit Jahren steigende Rentenbeiträge und gleichzeitig sinkende Renten für die älteren Menschen. Da aber auch die betriebliche Altersvorsorge an Bedeutung verliert, entsteht oft eine Versorgungslücke im Alter. Dieses dauert statistisch betrachtet deutlich länger als früher. Nach den heutigen Sterbetafeln werden Frauen etwa 80 Jahre alt und Männer rund 75 Jahre. Eine schöne Entwicklung mit den skizzierten erheblichen finanziellen Folgen!

Deshalb schauen sich immer mehr Erwerbstätige nach Alternativen um. Entsprechend steigt die Nachfrage nach privater Altersvorsorge. Das Problem in Deutschland: Es gab bisher keine geeignete Geldanlageform außer der nicht unumstrittenen Lebensversicherung, die speziell auf das Ziel Altersvorsorge ausgerichtet war. Das hat auch die Politik erkannt und den Weg geschaffen für neue Angebote, die diesem Anliegen gerecht werden sollen. Die Anleger hier zu Lande sehen in zunehmendem Maße einen unmittelbaren Zusammenhang zwischen Investmentsparen und Alterssicherung. Das bestätigen Umfragen unter Sparern. Danach haben bereits 38 Prozent der Befragten über Investmentfonds für das Alter vorgesorgt oder beabsichtigen, dies zu tun. Die Vergleichszahl für die traditionelle Lebensversicherung, der früher quasi eine Monopolstellung in der Alterssicherung zukam, liegt mit 45 Prozent nur noch wenig höher. Das lässt erkennen, dass sich innerhalb der letzten Jahre ein dramatischer Bewusstseinswandel vollzogen hat. Wie in anderen Ländern, zum Beispiel in den USA, verlagern sich in der Altersvorsorge in Zukunft die Gewichte weiter zugunsten des Investmentsparens. Für die Teile der Bevölkerung, die eine Fondsanlage als Alternative oder Ergänzung zum Versicherungssparen nutzen, ist offenbar die Effizienz, Transparenz und Flexibilität eines Alterssicherungsinstruments von größerer Bedeutung als die Frage, ob ein solches Instrument Risiken wie zum Beispiel das Hinterbliebenenrisiko abdeckt oder eine Mindestleistung garantiert. Damit gibt der Markt die Antwort auf eine politisch umstrittene Frage. Die teilweise im rechtspolitischen Raum vertretene Meinung, ausschließlich solche Instrumente seien für die Alterssicherung geeignet, die per Rechtskonstruktion ein biometrisches Risiko abdecken, entspricht nicht der Auffassung eines immer größer werdenden Teils der Bevölkerung.

Die Investmentbranche setzt auf AS-Fonds

Die Grundlage für AS-Fonds (detaillierte Erläuterungen zu den neuen Altersvorsorge-Sondervermögen finden Sie im Kapitel „Fondslexikon") bildet das 3. Finanzmarktförderungsgesetz, das 1998 in Kraft trat. Darin sind Regelungen enthalten, die rentenorientierte Pensionsfonds für die private und betriebliche Altersvorsorge möglich machen. Der umständliche Begriff „Altersvorsorge-Sondervermögen" hat sich mittlerweile unter dem Kürzel AS eingeprägt. Kritiker behaupten, AS-Fonds seien eigentlich nichts anderes als herkömmliche gemischte Fonds. Das stimmt so nicht. AS muss zahlreiche Bedingungen erfüllen, um vom Bundesaufsichtsamt für das Kreditwesen (BAKred) in Berlin als geeignet für die Altersvorsorge eingestuft und zugelassen zu werden. AS-Fonds sind mit den traditionellen Fonds nicht so ohne weiteres vergleichbar.

Das liegt schon an der Intention des Gesetzgebers. Der nämlich will mit den AS-Fonds ein anerkanntes Alterssicherungssystem mit einem Zielfonds als Kernelement etablieren. Der Gesetzgeber hat also bei den AS-Fonds das langfristige Ziel, die Altersvorsorge, im Auge. Dagegen dienen die herkömmlichen Investmentfonds alle dem Ziel, dem Anleger die Investition in einen jeweiligen Anlagemarkt zu erleichtern.

AS – ein neuer Fondstyp für die Altersvorsorge

Im Gegensatz zu Aktien-, Renten- und Mischfonds handelt es sich bei AS-Fonds um ein vom Gesetzgeber ausdrücklich so gewolltes zielorientiertes und standardisiertes Altersvorsorgeinstrument. Damit das Ziel der Altersvorsorge tatsächlich erreicht wird, soll der Fonds mindestens 18 Jahre lang laufen oder, bei älteren Sparern, mindestens bis zum 60. Lebensjahr. Hat man sich für einen Fonds entschieden, muss der Anbieter einen Sparplan vorlegen. Darin wird dem Sparer die lange Laufzeit empfohlen, damit das angelegte Geld auch wirklich im Alter genutzt wird. So weit die Theorie. In der Praxis muss sich keiner an vorgeschriebene Laufzeiten halten. Der Sparplan kann mit einer dreimonatigen Frist gekündigt werden. So kann man jederzeit an sein Geld, zum Beispiel wenn man in einen finanziellen Engpass geraten ist. Ist dieser durch Arbeitslosigkeit hervorgerufen, beträgt die Kündigungsfrist nur vier Wochen.

Auch die Einzahlungen sind variabel. Zu Beginn legt der Sparer zwar fest, wie viel monatlich angespart werden soll. Es ist aber auch möglich, diesen Betrag zu verändern, größere Einmalzahlungen vorzunehmen oder eine Weile mit den Beiträgen auszusetzen. Allerdings muss mindestens einmal im Jahr ein Betrag in den Fonds eingezahlt werden. Über die Kosten für die AS-Fonds entscheidet der Wettbewerb zwischen den Anbietern. Ein Ausgabeaufschlag ist üblich, zusätzlich können Depotgebühren anfallen, je nach Preispolitik des Anbieters. Angebote erhalten Sie bei Banken, Fondsshops oder bei den Anlagegesellschaften direkt.

AS-Fonds legen ihr Geld wie jeder andere Fonds in Werten mit schwankenden Kursen an. Auf Grund möglicher Kursverluste trägt der Anleger also auch ein gewisses Risiko. Aber das ist bei den neuen Pensionsfonds geringer als bei den meisten anderen Fondsarten. Dafür sorgen gesetzliche Vorgaben: Den Altersvorsorge-Sondervermögen-Fonds ist es nämlich vorgeschrieben, ihre Risiken breit zu streuen. So müssen sie mindestens 21 Prozent, aber dürfen höchstens 75 Prozent Aktien enthalten. Zusätzlich dürfen maximal 30 Prozent des Fondsvermögens in Immobilien angelegt sein und außerdem können beliebige Mengen festverzinsliche Anleihen und Anteile anderer Fonds in dem Paket gebunden sein. Durch diese breite Streuung und die empfohlene lange Laufzeit sinkt das Risiko.

Wem das noch immer zu riskant ist, der hat nach drei Vierteln der Laufzeit die Möglichkeit, kostenlos, also ohne einen neuen Ausgabeaufschlag zu zahlen, die bis dahin angesparte Summe zum Beispiel in offene Immobilienfonds, Geldmarktfonds oder Rentenfonds umzuschichten. Die bringen auf lange Sicht zwar meist weniger Ertrag, dafür muss man auch weniger Angst vor Kursverlusten kurz vor der Rentnerexistenz haben. Auch manche anderen Fonds bieten eine solche Umschichtung in andere Papiere an, teilweise sogar kostenlos. Die Angebote für AS-Fonds aber enthalten diese Möglichkeit prinzipiell.

Eine private Rente bei AS-Fonds

Wenn der Sparplan abgelaufen ist, vereinbart man mit der Bank oder der Anlagegesellschaft, über welche Zeitspanne und in welchen Raten das Kapital zurückgezahlt werden soll. Jetzt muss man entscheiden, ob man wie geplant eine monatliche Rente erhalten will oder die gesamte Summe auf einmal ausbezahlt bekommen möchte. Selbstverständlich kann man das Guthaben auch beliebig lange unangetastet liegen lassen oder nur über einen Teil davon verfügen. Der Rest könnte so nämlich weiterhin Gewinn bringen. Ein Nachteil gegenüber anderen Sparformen ist, dass die AS-Fonds bisher noch nicht durch staatliche Vergünstigungen gefördert werden. Dass es in naher Zukunft eine steuerliche Förderung wie beispielsweise bei Lebensversicherungen geben wird, ist allerdings zu erwarten. Die jährlichen Erträge der Fondsanteile müssen als Einnahmen aus Kapitalvermögen ganz normal in der Einkommensteuererklärung angegeben und versteuert werden. Selbstverständlich kann man auch einen Freistellungsauftrag bis zum jeweiligen gesetzlichen Freibetrag für Ledige und Verheiratete erteilen.

AS-Fonds auch im Rahmen der betrieblichen Altersvorsorge

Die Hoffnungen, die auf der Privatrente durch AS-Fonds ruhen, sind nicht nur in der Investmentbranche groß. Experten erwarten auf Grund ihrer Erfahrung aus der Vergangenheit mehr als acht Prozent Rendite. Damit wären die Fonds grundsätzlich eine empfehlenswerte Geldanlage – jedenfalls für diejenigen, die privat Geld zum Sparen übrig haben. Nachdem 1998 zuerst einmal die AS-Fonds für die private Altersvorsorge, also die dritte Säule, gesetzlich ermöglicht wurden, stehen mittlerweile auch die gesetzlichen Voraussetzungen für die zweite Säule der Altersvorsorge zur Debatte: also betriebliche AS-Fonds. Diese könnten dann nach angloamerikanischem Vorbild vom Betrieb als Sozialleistung angeboten werden. Wie bei den gesetzlichen Rentenbeiträgen könnte der Arbeitgeber einen Teil der Beiträge übernehmen, wie etwa in der Schweiz: Dort gibt es seit Mitte der Siebzigerjahre als zweite Säule der Altersvorsorge die gesetzlich vorgeschriebenen Pensionskassen. Arbeitnehmer und Arbeitgeber zahlen gleichermaßen in diese Pensionskasse, die dann im Alter als zweite Rente neben der staatlichen AHV-Rente (Alters- und Hinterbliebenenvorsorge) den Lebensabend sichert.

Die Modalitäten, wer wie in den betrieblichen AS-Fonds einzahlt, wären zum Beispiel in den jeweiligen Tarifverträgen zu regeln. Diese Form der Betriebsrente wäre gerade für finanziell schlechter gestellte Arbeitnehmer geeignet, die gesetzliche Altersvorsorge zu ergänzen. Das Ziel der Investmentbranche ist, geeignete steuerliche Rahmenbedingungen zu erreichen, um damit auch in den Betrieben AS-Fonds zur Alterssicherung der Angestellten und Arbeitnehmer attraktiv zu machen. Doch die Zulassung der betrieblichen AS-Fonds als ergänzende Säule der Altersvorsorge steht noch in den Sternen.

II.

IN DER FONDSBRANCHE HERRSCHT HOCHKONJUNKTUR

Keine Frage, die Deutschen haben das Thema Geldanlage neu für sich entdeckt. Der Börsenboom der letzten Jahre und vor allem die Emission der Telekom-Aktie Ende 1996 und der enorme Erfolg des Handelssegmentes „Neuer Markt" an der Frankfurter Börse seit der Einführung im Frühjahr 1997 haben den Wunsch nach renditestarken Anlagen verstärkt. Im Vergleich zum gesamten Geldvermögen der Deutschen fällt der Fondsanteil noch nicht übermäßig ins Gewicht, die Tendenz ist aber stark steigend.

Inzwischen bewertet jeder zweite Bundesbürger Fonds als eine interessante Anlageform. Nicht ohne Grund, denn mit Investmentfonds lassen sich viele Anlagewünsche bequem erfüllen: Geld parken, vermögenswirksam sparen, fürs Alter vorsorgen, mit kleinen Beträgen ein Vermögen aufbauen oder ein vorhandenes anlegen, um nur einige Beispiele zu nennen. Darauf reagieren alle Investmentgesellschaften mit ihrer breiten Palette von entsprechenden Fondsprodukten: von Aktien- und Renten- über Geldmarkt- und Dachfonds bis hin zur Vermögensverwaltung mit Fonds.

Wer sein Geld persönlich erfolgreich an der Börse in Aktien anlegen will, braucht Zeit, Sachkenntnis, aktuelle Informationen und auch gute Nerven. Nicht jeder Sparer verfügt über diese Voraussetzungen. Allerdings gibt es Fachleute, deren Job es ist, Geld möglichst ertragreich anzulegen – die Fondsmanager. Fonds bieten die Möglichkeit, schon mit kleineren Beträgen oder mit regelmäßigen Einzahlungen in die Vermögensbildung an der Börse einzusteigen. Doch es existieren große Qualitätsunterschiede bei den Fonds. Dieses Buch soll Ihnen dabei helfen, die für Sie richtigen Fonds aus dem großen und ständig wachsenden Angebot herauszufiltern.

Es herrscht Jubelstimmung im Investmentgeschäft. Kein Wunder: Das belegt die folgende Tabelle mit den Zahlen über das stark wachsende Mittelaufkommen (also den jährlichen Zufluss an Anlegergeldern) der vergangenen Jahre.

	Mittelaufkommen der deutschen Publikumsfonds (*)	Mittelaufkommen der deutschen Spezialfonds	Mittelaufkommen insgesamt
1995	4,2	37,6	41,8
1996	8,6	60,8	69,5
1997	29,0	107,1	136,1
1998	44,3	133,0	177,3
1999	90,1	126,3	216,4
1. Quartal 2000	53,8	18,6	72,4

(*) inklusive Luxemburger und sonstiger ausländischer Fonds deutscher Provenienz
Alle Angaben in Milliarden DM
Quelle: Bundesverband Deutscher Investmentgesellschaften (BVI)

Schon jetzt scheint klar: Auch die kommenden Jahre dürften Rekorde für die Branche bringen. Das rapide wachsende Mittelaufkommen korrespondiert mit der steigenden Zahl von Fondsbesitzern. Sie zeigt steil nach oben. Seit 1950 gibt es das Fondssparen in Deutschland zwar schon. Doch erst in den letzten Jahren wurde es zu einer wirklich boomenden Branche mit gewaltigen Zuwachsraten und immer mehr Investmentgesellschaften. Mittlerweile dürfte es bereits rund fünf Millionen Fondsbesitzer in Deutschland geben. Der Boom entwickelte sich vor allem seit dem Börsengang der Telekom im November 1996. Die steigenden Zahlen jedenfalls belegen das:

               1997   2.308.000   Fondsbesitzer
               1998   3.185.000   Fondsbesitzer
               1999   4.744.000   Fondsbesitzer
Ende Juli 2000   7.950.000   Fondsbesitzer

Diese Zahlen gelten jeweils für das Jahresende (außer für das Jahr 2000) und für Gesamtdeutschland. Mit den 7,95 Millionen Besitzern von Aktien- und Mischfonds sind Verschiebungen im Anlegerverhalten verbunden. Die Deutschen „stehen" auf Aktienfonds. Anleger aller Altersklassen entdecken Aktienfonds als Anlageform, und zwar noch vor der Aktie. Die Zahl der Aktienbesitzer liegt mit 6,23 Millionen hinter jener der Aktienfonds-Besitzer. Zwar lebt der weitaus größere Anteil an Fondsbesitzern – 3,85 Millionen – in Westdeutschland. Doch auch der Anteil in Ostdeutschland wächst stark. Ende 1999 gab es dort schon 886.000 Fondsbesitzer, während es Ende 1997 491.000 waren. Das zeigt sich auch am kontinuierlichen Anstieg des gesamten Vermögens, das mittlerweile in Publikums- und Spezialfonds angelegt ist.

	Fondsvermögen		
	... der deutschen Publikumsfonds (*)	... der deutschen Spezialfonds	insgesamt
31.12.1996	428,8	393,6	822,4
31.12.1997	492,3	549,6	1.041,9
31.12.1998	564,0	722,1	1.286,1
31.12.1999	766,7	927,3	1.694,0
per 31.3.2000	853,3	971,9	1.825,2

(*) inklusive Luxemburger und sonstiger ausländischer Fonds deutscher Provenienz
Alle Angaben in Milliarden DM
Quelle: Bundesverband Deutscher Investmentgesellschaften (BVI)

Besonders der rasante Anstieg des Vermögens im 1. Quartal des Jahres 2000 zeigt, was im Investmentgeschäft los ist. Es herrscht Goldgräberstimmung. Die Kapitalanlagegesellschaften reagieren darauf. Sie überschwemmen inzwischen den Markt mit ihren Finanzprodukten. Überraschend an der Entwicklung ist eigentlich nur, dass der Boom so spät einsetzte. Denn mit Fonds-Sparplänen konnten Anleger in den vergangenen Jahrzehnten auf relativ sichere Weise und auch mit kleinen Beiträgen ein Vermögen bilden (siehe dazu die Tabelle im Kapitel: „Mit einem Sparplan zum Vermögen").

Rückenwind durch die Konjunktur

Die positive Entwicklung an den Börsen in den vergangenen Jahren wirkte wie ein Treibsatz für Fonds und sorgte dafür, dass die Investmentbranche am Ende des vergangenen Jahrhunderts expandierte wie nie zuvor. Zusätzlich stieg und steigt noch immer das Interesse einer breiten Öffentlichkeit an Vermögensbildung und privater Altersvorsorge. Diese Komponenten vor allem bescherten den Fondsverwaltern in Europa und in den USA besonders Ende der Neunzigerjahre hohe Zuwachsraten – und die zum großen Teil beeindruckenden Ergebnisse sorgten für immer neue Kunden. Das war und ist noch immer der geeignete Nährboden für die internationale Fondsbranche. Begünstigt wurde der Boom der Aktien und Fonds durch fundamental gute Wirtschaftsdaten:

- weltweit niedrige Inflationsraten,
- weltweit niedrige Zinsen,

- gute Unternehmensaussichten,
- Fusionen und Fusionsfantasien,
- die bereits seit zehn Jahren starke US-Wirtschaft mit robustem Wachstum und niedriger Arbeitslosenzahl,
- der stabile Dollar,
- die hohe Liquidität im Markt,
- die reibungslose Einführung des Euro im Jahr 1999.

Auch die weiteren Aussichten für Anleger erscheinen eher positiv, selbst wenn an den Börsen Übertreibungen stattfinden. Rückschläge wie zum Beispiel der „Salami-Crash" vom Sommer bis zum Herbst 1998, das damalige „scheibchenweise" Einbrechen der Kurse, sind zwar immer möglich, treffen den „Eigenanleger" an der Börse aber meist härter als den Fondssparer. Der nämlich hat sich durch die meist breite Mischung der in den Fonds enthaltenen Vermögenswerte für eine bessere Risikostreuung entschieden als die meisten Direktanleger an der Börse.

Das Wissen der Profis nutzen

Man kann für Geld arbeiten oder Geld für sich arbeiten lassen. Kluge Menschen tun beides. Und wenn Sie wegen Ihrer beruflichen Belastung nicht genügend Zeit haben, um sich selbst ständig um ihre Ersparnisse zu kümmern, sollten Sie das Geldverdienen erfahrenen Managern überlassen – aber nur den Besten unter ihnen. So können Sie am Erfolg der Profis an der Börse teilnehmen. Das Fondsvermögen ist in den Neunzigerjahren in Deutschland stark gestiegen. Das Geschäft der deutschen Fondsverwalter floriert. Per saldo erzielten fast alle Fondsgattungen höhere Mittelzuflüsse als in früheren vergleichbaren Zeiträumen.

Insbesondere die Aktienfonds stiegen in der Beliebtheit der Anleger. Mittlerweile führen sie sogar die Hitliste der Fonds an. Rentenfonds folgen auf Platz zwei. Noch ein Jahr zuvor dominierten die Rentenfonds mit einem Anteil von 44,7 Prozent vor den Aktienfonds mit 29 Prozent. Nimmt man die Zahlen vom Sommer 1989, wird der Boom der Aktienfonds erst richtig deutlich. Damals lag der Anteil der Aktienfonds am gesamten Aufkommen der Publikumsfonds bei nur 11,6 Prozent. Die Rentenfonds dagegen hatten den Löwenanteil von 74,5 Prozent.

Harter Wettbewerb zwingt zu Höchstleistungen

Eine weltweite Untersuchung der amerikanischen Investmentbank Merrill Lynch zeigt, dass allein die Millionäre unter den Privatanlegern um die Jahrtausendwende über ein Vermögen von rund 23 Billionen Dollar verfügen. Fast 60 Prozent dieses Geldes sind auf Nordamerika und Europa verteilt. Zu diesem gigantischen Vermögen kommen noch die nicht unerheblichen Spargroschen der vielen Kleinanleger, und zu den privaten Geldern addieren sich die institutionellen Vermögen von Versicherungen, Pensionskassen, Rentenanstalten, Unternehmen, Stiftungen, Unterstützungskassen und so weiter. Alle diese Gelder sind ständig auf der Suche nach der bestmöglichen Rendite; Fonds spielen dabei eine wachsende Rolle.

Die Investmentbranche steht zunehmend unter einem für Anleger positiven Konkurrenzdruck. Fonds und Fondsmanager, die zum Beispiel deutlich hinter der Entwicklung eines Vergleichsindexes wie dem DAX, den Euro-Stoxx-Indizes oder einem Index aus der weltweiten Familie der MSCI-Indizes (das ist die Indexfamilie des US-Finanzdienstleisters Morgan Stanley) herhinken, verschwinden vom Markt. Den Index schlagen, das ist nun einmal das Ziel aller Fondsmanager. Dabei wird ihnen sozusagen ununterbrochen „auf die Finger geschaut". Die Berichterstattung in allen Medien über die Börsenentwicklung und die Investmentbranche hat enorm zugenommen. Das sorgt für zusätzliche Markttransparenz. Die Öffentlichkeit ist an Geldanlage-Themen viel stärker interessiert als früher. Die kommenden Jahre dürften diesen Trend eher noch verstärken. Dafür sorgen allein schon die Themen „Investieren in Euroland" und „Private Altersvorsorge".

Bessere Rahmenbedingungen für das Fondssparen

Die Geldanlagebranche arbeitet seit dem 1. April 1998 unter verbesserten Rahmenbedingungen. An diesem Tag trat das 3. Finanzmarktförderungsgesetz in Kraft. Marktbeobachter sind sich einig: Es sorgt für zusätzlichen Schwung im Fondsangebot. Die wichtigsten Neuerungen waren:

- die Zulassung so genannter Altersvorsorge-Sondervermögen (AS) nach dem Vorbild der angelsächsischen Pension-Funds mit einem Sparplan in der Ansparzeit und einem Auszahlplan in der Rentenphase;

- die Zulassung von verschiedenen Fondstypen, die bisher nur über Luxemburg angeboten werden konnten;
- die Zulassung von reinen Indexfonds, die bisher nur von ausländischen Gesellschaften angeboten werden durften;
- die Erleichterung der Arbeit der Fondsmanager durch erweiterte Anlagemöglichkeit in derivaten Instrumenten.

Seit der endgültigen Zulassung der Altersvorsorge-Sondervermögen (AS) durch das Bundesaufsichtsamt für das Kreditwesen in Berlin (BAKred) Ende 1998 erhält die Branche zusätzlichen Auftrieb. Sie versucht, das neue Instrument der privaten Kapitalbildung mit einer groß angelegten Werbekampagne einer breiten Öffentlichkeit schmackhaft zu machen. Das künftige Marktvolumen in Deutschland für diese spezielle Form der Altersvorsorge wird von Marktbeobachtern auf über 250 Milliarden Euro geschätzt. Doch dies sind Prognosen. Zwar haben alle großen Kapitalanlagegesellschaften (KAGs – eine genaue Erläuterung dieses Begriffes finden Sie im Kapitel „Wichtige Informationsquellen") AS-Fonds aufgelegt, doch noch haben die Anleger ihre ganz große Liebe zu den speziellen Sparplänen durch AS-Fonds nicht entdeckt.

III.

FONDSTYPEN NACH ANLAGEKATEGORIEN

Wegweiser durch den Fondsdschungel

Alle Marktanbieter wollen natürlich nur „das Beste" ihrer Kunden, nämlich ihr Geld. Kein Wunder: Das Geldvermögen der Deutschen wächst auch in Zeiten hoher Arbeitslosigkeit. Im Frühjahr 2000 betrug es rund 5,7 Billionen Mark, das Immobilienvermögen nicht eingerechnet. Jedes Jahr nimmt es um schätzungsweise 250 Milliarden Mark zu, sagen die Statistiker. Da viele Bürger bereits Bausparverträge und Lebensversicherungen abgeschlossen haben oder sich mit derartigen Sparplänen nicht anfreunden können, wächst das Interesse an alternativen Geldanlagemöglichkeiten. Das sind neben Aktien vor allem Investmentfonds.

Die Angebote der Finanzdienstleister werden immer vielfältiger. Über 4.000 inländische und ausländische Fonds für den Privatanleger werden in Deutschland bereits angeboten. Wenn man das bisherige Wachstum hochrechnet, kommen jedes Jahr weitere 100 hinzu. Kein Mensch, auch kein Experte, kennt alle Länder-, Regionen- und Branchenfonds für Aktien oder Renten und auch noch deren Management, geschweige denn die Wertentwicklung und die Durchschnittsrendite der einzelnen Fonds in der Vergangenheit. Trotzdem gibt es für den interessierten Laien und möglichen Anleger Hilfe.

WISO empfiehlt: Verschaffen Sie sich zuerst einmal einen Überblick über das Angebot, bevor Sie Ihr Geld in einen Fonds anlegen. Glauben Sie Ihrem Berater nichts auf Anhieb. Glauben Sie vor allem nicht von vornherein den Wachstumsprognosen, die in den Prospekten stehen. Die sind zwar nicht erlogen, aber immer aus der Vergangenheit errechnet und lassen sich nicht einfach in die Zukunft projizieren. Morgen schon kann es anders kommen! Lassen Sie sich Zeit! Kaufen Sie auf keinen Fall nach dem ersten Gespräch mit Ihrem Bankberater oder einem unabhängigen Finanzberater. Informieren Sie sich zuerst umfassend. Es lohnt sich.

Bereits wenige Stunden Lektüre helfen bei der eigenen Investitionsentscheidung. Diese Zeit sollte Ihnen Ihr solide gespartes Geld wert sein. Mit solchem Wissen versehen, gehen Sie mit guten Voraussetzungen in Ihr Beratungsgespräch – entweder mit Ihrer Hausbank oder Ihrem Vermögensverwalter beziehungsweise -berater. Ihre Aussichten auf eine erfolgversprechende Anlage steigen. Weiterführende Literatur oder die Berichterstattung in den Medien helfen. Die Wirtschaftspresse bietet regelmäßige Fondsrubriken und hält über die Neuigkeiten auf dem Laufenden. Außerdem bietet das Internet eine Fülle von wichtigen Informationen. Die WISO-Monats-CD-ROM liefert regelmäßig aktualisierte Übersichten über die Leistungen der vom BVI (Bundesverband Deutscher Investmentgesellschaften – nähere Erläuterung dazu im Kapitel „Wichtige Informationsquellen) erfassten Fonds. Die meisten Direktbanken und Discountbroker bieten ebenfalls Informationen. Dazu kommen Fondsführer in Buchform. Diese Ratgeber gliedern Hunderte von Fonds nach Kriterien wie Fondsstruktur, Kostenanalyse, Risikoverhalten und Rendite.

Damit sich der Sparer in der breiten Angebotspalette nicht vollständig verliert und zwischen Sinn und Nutzen der immer spezielleren Investmentfonds unterscheiden kann, folgt zunächst eine erste Auswahl nach dem Motto: „Diese Fondskategorien sollten Sie kennen!" Das ist eine erste Orientierungshilfe. Eine ausführliche Beschreibung der vielen einzelnen Fondsarten erfolgt im Kapitel „Fondslexikon".

Publikumsfonds und Spezialfonds

Diese beiden Fondstypen definieren lediglich den Kreis der Anleger:

- Publikumsfonds werden für Privatanleger aufgelegt, also für die breite Öffentlichkeit.
- Spezialfonds dagegen sind für Großinvestoren wie Großunternehmen, Versicherungen, Kreditinstitute, Stiftungen, Unterstützungskassen und dergleichen gedacht. Es gibt auch besondere Fonds für mittelständische Unternehmen oder kommunale Einrichtungen. Wer als institutioneller Investor sein Vermögen anlegen will, kann diese Aufgabe an einen Anbieter von Spezialfonds delegieren. Spezialfonds werden nach den Wünschen des Investors aufgelegt. Ein Spezialfonds kann auch für mehrere Anleger aufgelegt werden. In Deutschland zum Beispiel liegt das Vermögensvolumen von Spezialfonds über dem der Publikumsfonds. In der Vergangenheit

legten die Manager dieser Fonds das Geld der Anleger überwiegend in festverzinsliche Titel an. Doch die wachsende Attraktivität der Aktie ging auch an den Spezialfonds nicht spurlos vorbei. Weil die Aktie stärker ins Blickfeld auch der Portfoliomanager von Spezialfonds rückt, verstärkt das den Marktauftritt der gesamten Fondsbranche. Das ist von wachsender Bedeutung für die Fondsgesellschaften insgesamt, und zwar besonders für ihren Einfluss auf die Unternehmen und die Börsen (siehe Näheres dazu im Kapitel: „Die Macht der Fonds und ihrer Manager").

In diesem Fondsführer geht es aber nicht um die Spezialfonds, sondern nur um die allgemein und für jedermann zugänglichen Publikumsfonds.

Aktienfonds

Aktienfonds sind die Favoriten unter den Investmentfonds. Das Geld der Anleger wird dabei in Aktien (Wertpapiere) angelegt. Der risikoscheue Anleger muss hier vorgewarnt werden. Die historisch betrachtet hohen Kursschwankungen an den Börsen machen deutlich, wie nahe Gewinne und Verluste nebeneinander liegen können. An dieser Erkenntnis ändern auch Phasen mit lang anhaltender Aktienhausse nichts. Nur ein Beispiel: Wer etwa in den vergangenen rund zehn Jahren auf den Nikkei, den Index für die 225 großen japanischen Standardaktien, setzte, konnte gelegentlich sein blaues Wunder erleben. Nicht einmal ausgebuffte Profis fanden und finden da immer den richtigen Einstiegs- und Ausstiegszeitpunkt. Das gilt für Fonds wie für die Direktanlage in Aktien. Doch zum Hinweis auf das höhere Risiko beim Aktienfonds etwa gegenüber dem Rentenfonds gehört auch der auf die Risikominimierung durch Streuung auf verschiedene Wertpapiere. So kann der Verlust einer Aktie den Wert des Fonds insgesamt nur so stark berühren, wie sie anteilsmäßig am Fondsvermögen beteiligt ist.

Die Anforderungen an das Fondsmanagement: Ertragsstärke und Wachstum erkennen

Kursturbulenzen an den Börsen sollten ein ausgefuchstes Aktienfondsmanagement nicht aus der Ruhe bringen. Das A und O nämlich ist: Auf der Suche nach aussichtsreichen Unternehmen dürfen die Manager das aktuelle Kursgeschehen zwar nicht außer Acht lassen, aber auch nicht hektisch Kauf- oder Verkaufsentscheidungen für die Fonds daraus ableiten. Vielmehr müssen sie schon aus

gesetzlichen Gründen einen streng gefassten Anforderungskatalog definieren. Grundsätzlich lässt sich festhalten: Nur solche Unternehmen,
- die sich auf ertragsstarke Aktivitäten konzentrieren sowie
- Wettbewerbsvorteile und überdurchschnittliches Wachstum anstreben,

dürfen sich für ein seriöses Aktienfondsmanagement als attraktive Anlage qualifizieren.

Aussichtsreiche Aktien herausfiltern

Wie aber erkennt der Fondsmanager aussichtsreiche Werte? Ob eine Gesellschaft die Ansprüche erfüllt, kann der Fondsprofi auf verschiedene Weise herausfinden:
- im persönlichen Gespräch und Kontakt mit den Unternehmen,
- durch die gründliche Analyse der Bilanzen oder
- durch Telefonate mit den Investor-Relations-Abteilungen der jeweiligen Aktiengesellschaften.

Das sind mittlerweile die Vorgehensweisen bei der Aktienanalyse, die bei Investmentfonds gang und gäbe ist, und zwar in der Regel in kombinierter Weise. Weitere Informationsquellen sind Geschäftsberichte aus der Vergangenheit, die aber nur begrenzt einsetzbar sind. Denn selbstverständlich lässt sich die Fähigkeit einer Gesellschaft, überdurchschnittlich zu wachsen, nicht allein aus vergangenheitsorientierten Bilanzkennziffern ablesen. Aus diesem Grund suchen die Teams regelmäßig den Gedanken- und Meinungsaustausch mit den Vorständen der verschiedenen Unternehmen. In jedem Jahr setzen sich deshalb viele der Fondsmanager mit den Chefs vieler Aktiengesellschaften an einen Tisch. Für Deutschland heißt das: Darunter sind vor allem die 30 DAX-Unternehmen, die 70 MDAX-Firmen und eine Vielzahl von Small- und Mid-Caps (mehr dazu ab Seite 222) sowie Neue-Markt-Unternehmen. Dazu kommen zahlreiche Aktienfirmen aus dem Ausland, die alle nur ein Ziel haben: Sie wollen die Fondsmanager als Investoren für sich gewinnen.

Die wichtigen Anlagethemen für das Aktienfondsmanagement

- **Wachstumswerte:** Als Wachstumswerte lassen sich Aktien solcher Unternehmen klassifizieren, die in der Regel in dynamischen Branchen mit überdurchschnittlichen Wachstumsaussichten tätig sind, deren Gewinnwachstum über dem jeweiligen Branchendurchschnitt liegt und die den

Drang zu überdurchschnittlichem Wachstum erkennen lassen. Dies sind oft kleinere und mittlere Gesellschaften mit jungen Produkten aus dem Technologiesektor, der Internet-Branche oder der Telekommunikation; zum Beispiel Aktiengesellschaften am „Neuen Markt". Das in Europa noch junge Marktsegment „Neuer Markt" orientiert sich am großen Vorbild: der amerikanischen Technologiebörse und Wachstumsbörse Nasdaq in New York. Seit 1971 können sich dort junge innovative Unternehmen mit Ideen und Plänen für neue Produkte, neue Dienstleistungen und neue Märkte Eigenkapital über die Börse beschaffen. Der im März 1997 in Frankfurt gestartete deutsche „Neue Markt" entwickelte sich in kurzer Zeit zur Erfolgsstory und zum Kernstück der europäischen Neuen Märkte, die es auch in Zürich, Brüssel und anderen Börsenplätzen gibt. Es werden immer mehr Fonds aufgelegt, die ausschließlich in diesem Marktsegment investieren. Rund drei Jahre nach dem Start waren schon über 40 ausländische Unternehmen am Neuen Markt gelistet. Das waren zu diesem Zeitpunkt rund 17 Prozent aller gelisteten Unternehmen. Die Tendenz ist stark steigend. Das Ausland, besonders Firmen aus der Schweiz und aus Österreich, entdekken die Vorzüge des Finanzstandortes Deutschland. Die Aufteilung der Aktiengesellschaften am Neuen Markt nach Herkunftsländern zur Jahresmitte 2000 zeigt die Attraktivität des noch jungen Börsensegmentes:

24 %	Österreich
22 %	USA
14 %	Israel
12 %	Schweiz
10 %	Niederlande
7 %	Großbritannien
5 %	Luxemburg
2 %	Ungarn
2 %	Irland
2 %	Frankreich

- **Zukunftsbranchen:** Nach Ansicht von Experten werden fünf Wirtschaftszweige das Leben in den nächsten Jahrzehnten nachhaltig prägen. Es sind dies die Branchen Informations- und Biotechnologie, Gesundheitswesen, Umwelttechnologie und optische Technologien. Die Identifizierung der fünf Zukunftsbranchen basiert auf einer Untersuchung der langfristigen Konjunkturentwicklung, den so genannten Kondratieff-Zyklen. Die solchermaßen definierten Branchen werden von allen Investmentgesellschaften zunehmend in extra aufgelegten Fonds zusammengefasst.

- **Branchenfonds:** Im Zeitalter der Globalisierung gewinnt die Frage, welche Branche für die Zukunft die besten Chancen verspricht, bei der Geldanlage an Bedeutung. Denn große wie kleine Unternehmen richten ihre Aktivitäten immer stärker international aus und vermarkten ihre Produkte und Dienstleistungen weltweit. Für den Erfolg der Gesellschaft – und damit des Anlegers – wird also letztlich immer weniger wichtig, ob der Firmensitz in Berlin, New York oder Tokio liegt, sondern vielmehr, in welcher Branche das Unternehmen tätig ist.

WISO empfiehlt: Beim Blick auf die Performancezahlen der Vergangenheit oder auf erfolgreiche Anlagekonzepte sollte jedoch nicht vergessen werden, dass der Wert eines Aktienfondsanteils von den Kursen der einbezogenen Aktien bestimmt wird und somit kurzfristig starken Wertschwankungen ausgesetzt ist. Daher gilt: Wer sich an einem Aktienfonds beteiligen möchte, sollte das Kapital über einen längeren Zeitraum, zum Beispiel zehn Jahre, frei zur Verfügung haben.

Wichtig: Achten Sie auf den Anlageschwerpunkt des Aktienfonds, der für Sie in Frage kommt. In Deutschland investierende Aktienfonds sind stark von der Entwicklung der Heimatbörse abhängig. Die großen Unternehmen, die so genannten „Blue Chips", wie Allianz, DaimlerChrysler, Deutsche Bank, BASF oder Siemens, sind einem wirtschaftlich interessierten Anleger in der Regel bekannt. Eine Fokussierung des Fonds auf solche Werte schafft also ein gewisses Maß an berechtigtem Vertrauen beim Anleger. Das zeigen die folgenden Grafiken und Tabellen. Sie belegen den Renditevorteil, den Aktien und folglich auch Aktienfonds gegenüber einem Engagement in Renten, Obligationen und Anleihen bringen.

Der Autor hat sich für Tabellen und Grafiken entschieden, die ihm das Deutsche Aktieninstitut (DAI) in Frankfurt freundlicherweise zur Verfügung gestellt hat. Sie belegen, dass ein Engagement in deutsche Aktienfonds auf lange Sicht eine beachtliche Rendite bringt. Genauso könnte dies auch anhand eines Indexes wie dem Dow Jones aus New York oder dem Swiss Performance Index aus Zürich nachgewiesen werden. Doch aus Platzgründen musste sich der vorliegende Fondsführer nun einmal entscheiden. Der Autor profitierte dabei von mittlerweile vorliegenden Zahlenreihen, die den DAX seit 1948 nachbilden können. Dies ist wichtig zu wissen, da der DAX als Index ja erst 1988 an der Frankfurter Wertpapierbörse eingeführt wurde.

Tabelle I: Die Tiefst- und Höchststände des Deutschen Aktienindexes in den vergangenen Jahren zeigen renditemäßig eine klare Entwicklung nach oben. In fast 40 Jahren gab es nur zwölf Verlustjahre. Alle anderen Jahre schlossen positiv ab. Die Chance also, in dieser Zeit mit einem deutschen Aktienfonds eine vernünftige Rendite zu erzielen, war groß.

Entwicklung und Rendite des DAX seit 1960

Jahr	Tiefststand	Höchststand	Spanne	Jahresendstand	Rendite p.a. in %
1960	391,83	603,79	54,1 %	534,09	
1961	455,98	592,14	29,9 %	489,79	-8,29
1962	316,62	495,70	56,6 %	386,32	-21,13
1963	344,18	464,35	34,9 %	438,95	13,62
1964	441,14	527,39	19,6 %	477,89	8,87
1965	419,83	492,73	17,4 %	422,36	-11,62
1966	324,92	453,60	39,6 %	333,36	-21,07
1967	319,30	503,22	57,6 %	503,22	50,95
1968	507,49	603,23	18,9 %	555,62	10,41
1969	548,41	659,39	20,2 %	622,38	12,02
1970	441,89	630,71	42,7 %	443,86	-28,68
1971	422,62	544,95	28,9 %	473,46	6,67
1972	470,49	599,06	27,3 %	536,36	13,29
1973	385,58	581,99	50,9 %	396,25	-26,12
1974	371,37	436,83	17,6 %	401,79	1,40
1975	408,45	567,00	38,8 %	563,25	40,19
1976	486,22	594,86	22,3 %	509,02	-9,63
1977	491,35	568,27	15,7 %	549,34	7,92
1978	525,01	611,67	16,5 %	575,15	4,70

1979	490,87	593,71	21,0 %	497,79	-13,45
1980	473,69	537,40	13,4 %	480,92	-3,39
1981	467,70	551,31	17,9 %	490,39	1,97
1982	475,99	555,29	16,7 %	552,77	12,72
1983	529,51	776,99	46,7 %	773,95	40,01
1984	692,68	823,19	18,8 %	820,91	6,07
1985	820,36	1.367,20	66,7 %	1.366,23	66,43
1986	1.244,28	1.594,56	28,2 %	1.432,25	4,83
1987	942,50	1.571,09	66,7 %	1.000,00	-30,18
1988	931,18	1.340,41	43,9 %	1.327,87	32,79
1989	1.271,70	1.790,37	40,8 %	1.790,37	34,83
1990	1.334,89	1.968,55	47,5 %	1.398,23	-21,90
1991	1.322,68	1.715,80	29,7 %	1.577,98	12,86
1992	1.420,30	1.811,57	27,5 %	1.545,05	-2,09
1993	1.516,50	2.266,68	49,5 %	2.266,68	46,71
1994	1.960,59	2.271,11	15,8 %	2.106,58	-7,06
1995	1.910,96	2.317,01	21,2 %	2.253,88	6,99
1996	2.284,86	2.909,91	27,4 %	2.888,69	28,17
1997	2.848,77	4.438,93	55,8 %	4.249,69	47,11
1998	3.896,08	6.171,43	58,4 %	5.002,39	17,71
1999	4.678,72	6.958,14	48,7 %	6.958,14	39,10

Tabelle 2: Auch die historische Betrachtung der Renditechancen, aufgeteilt in verschiedene Zeiträume der Anlage, also ein Jahr, fünf Jahre, zehn Jahre, 15 Jahre bis hin zu 50 Jahren, bestätigt die Kernaussage: Wer sein Geld in der Vergangenheit in einen deutschen Aktienfonds investierte, war gut beraten. Die Minuszahlen treten fast ausschließlich im Einjahresvergleich auf. Wer, egal in welchem Jahr, eingestiegen ist und wenigstens fünf Jahre investiert blieb, der konnte eine meist ordentliche Rendite einstreifen.

Renditen deutscher Aktien seit 1948
DAX nach Stehle; nominal; bei einem Steuersatz von 0 %

Jahr der Anlage	Anlagedauer in Jahren							
	1	5	10	15	20	30	40	50
1948	-87,35 %	-9,97 %	4,45 %	10,70 %	9,67 %	7,98 %	8,65 %	10,26 %
1949	152,18 %	42,33 %	34,93 %	28,19 %	22,45 %	16,03 %	15,28 %	15,30 %
1950	-7,41 %	33,79 %	30,60 %	20,96 %	17,56 %	12,21 %	13,52 %	
1951	116,34 %	39,04 %	36,07 %	20,66 %	16,33 %	12,63 %	13,08 %	
1952	-7,46 %	17,67 %	24,80 %	13,36 %	12,47 %	9,96 %	11,29 %	
1953	24,95 %	21,18 %	22,75 %	17,13 %	13,73 %	10,91 %	11,49 %	
1954	85,08 %	27,92 %	21,66 %	16,46 %	11,19 %	11,47 %	11,98 %	
1955	12,22 %	27,48 %	15,02 %	12,59 %	8,12 %	9,72 %	10,09 %	
1956	-6,05 %	33,16 %	12,40 %	9,61 %	9,36 %	11,61 %	9,98 %	
1957	7,17 %	32,35 %	11,27 %	10,79 %	9,53 %	12,05 %	10,86 %	
1958	63,77 %	24,33 %	15,15 %	11,35 %	9,80 %	10,09 %	11,76 %	
1959	81,92 %	15,71 %	11,12 %	6,12 %	7,59 %	9,38 %	10,86 %	
1960	39,59 %	3,77 %	5,82 %	2,34 %	4,01 %	8,34 %		
1961	-8,89 %	-5,13 %	-0,55 %	2,42 %	2,47 %	6,31 %		
1962	-21,58 %	-6,46 %	1,36 %	2,83 %	3,22 %	7,13 %		
1963	14,34 %	6,65 %	5,38 %	5,34 %	5,43 %	7,97 %		
1964	5,53 %	6,71 %	1,62 %	5,02 %	6,70 %	8,92 %		
1965	-10,84 %	7,90 %	1,63 %	4,09 %	7,17 %	8,49 %		
1966	-15,10 %	4,25 %	6,41 %	5,14 %	11,22 %	9,19 %		
1967	51,08 %	9,83 %	7,82 %	6,66 %	12,45 %	10,73 %		
1968	14,63 %	4,12 %	4,69 %	5,02 %	7,64 %	10,65 %		
1969	11,57 %	-3,22 %	4,18 %	6,70 %	8,52 %	10,77 %		
1970	-24,94 %	-4,28 %	2,23 %	6,93 %	9,63 %			
1971	10,20 %	8,62 %	5,58 %	13,65 %	9,92 %			
1972	15,68 %	5,84 %	5,11 %	13,34 %	10,13 %			
1973	-20,47 %	5,26 %	5,47 %	8,84 %	9,29 %			

1974	5,60 %	12,15 %	12,03 %	12,75 %	12,77 %			
1975	41,21 %	9,19 %	13,01 %	14,70 %	12,10 %			
1976	-3,20 %	2,63 %	16,25 %	10,36 %	10,60 %			
1977	12,57 %	4,40 %	17,28 %	11,60 %	12,21 %			
1978	9,18 %	5,69 %	10,68 %	10,67 %	13,76 %			
1979	-7,63 %	11,91 %	13,05 %	12,97 %	14,22 %			
1980	3,62 %	16,97 %	17,56 %	13,08 %				
1981	5,41 %	31,67 %	14,43 %	13,40 %				
1982	19,71 %	31,76 %	15,39 %	14,95 %				
1983	45,32 %	15,90 %	13,25 %	16,59 %				
1984	15,24 %	14,20 %	13,51 %	15,00 %				
1985	87,28 %	18,16 %	11,19 %					
1986	5,76 %	-0,55 %	5,23 %					
1987	-36,95 %	1,05 %	7,36 %					
1988	34,97 %	10,67 %	16,93 %					
1989	36,64 %	12,82 %	15,40 %					
1990	-20,88 %	4,63 %						
1991	14,51 %	11,35 %						
1992	-0,66 %	14,07 %						
1993	48,63 %	23,55 %						
1994	-6,26 %	18,05 %						
1995	8,01 %							
1996	29,22 %							
1997	48,07 %							
1998	18,33 %							
Maximum	152,18 %	42,33 %	36,07 %	28,19 %	22,45 %	16,03 %	15,28 %	15,30 %
Minimum	-87,35 %	-9,97 %	-0,55 %	2,34 %	2,47 %	6,31 %	8,65 %	10,26 %
Durchschnitts-rendite p.a.	17,84 %	13,17 %	12,13 %	11,14 %	10,35 %	10,12 %	11,57 %	12,78 %
Standard-abweichung	38,88 %	12,41 %	8,54 %	5,59 %	4,04 %	2,09 %	1,69 %	2,52 %

Tabelle 3: Diese Tabelle liest sich folgendermaßen: Wer Anfang 1989 mit 10.000 Mark in einen deutschen Aktienfonds einstieg, lag zu keinem weiteren Jahresanfang im Minus. Ab 1993 und besonders ab 1996 arbeitete das Geld besonders erfolgreich. Doch auch zwischenzeitlich konnte sich die Rendite sehen lassen. Wer also dabeibleibt und mittel- bis langfristig orientiert ist, braucht bei einem Aktienfonds nicht zu zittern.

Renditen deutscher Aktien seit 1989
DAX nach Stehle; nominal; bei einem Steuersatz von 0 %

Jahr der Anlage	DAX-Rendite	Anlagebetrag am Jahresanfang	Depotwert zum Jahresende
1989	36,64 %	10.000,00	13.664,00
1990	-20,88 %		10.810,96
1991	14,51 %		12.379,63
1992	-0,66 %		12.297,92
1993	48,63 %		18.278,40
1994	-6,26 %		17.134,17
1995	8,01 %		18.506,62
1996	29,22 %		23.914,25
1997	48,07 %		35.409,84
1998	18,33 %		41.900,46

Tabelle 4: Die folgenden Zahlen belegen den Renditevorsprung von Aktien, also auch Aktienfonds, gegenüber einer Anlage in Renten und Obligationen. Vorgenommen wurden die Untersuchungen von unterschiedlichen Instituten, Banken, Vermögensverwaltern und Wissenschaftlern in verschiedenen Ländern. Die Tabelle unterstützt die These, dass in fast allen Untersuchungsräumen der Aktienmarkt attraktiver als der Rentenmarkt war.

Renditen auf dem deutschen Aktien- und Rentenmarkt

Autor	Zeitraum	nominal	
		Aktie	Rente
BZW Deutschland	1951–1996	9,6	7,0
Bimberg	1954–1996	11,7	6,9
Commerzbank	1955–1988	13,0	7,3
Conen/Väth	1876–1992	12,0	5,3
DB Research	1980–1996	11,2	8,0
DG Bank	1875–1998	7,8	5,1
Dresdner Bank	1972–1997	11,8	9,9
Eube	1876–1914	6,9	3,6
FERI Trust	1970–1997	9,6	7,6
Finanztest	1967–1996	10,8	7,6
Förterer	1970–1995	6,7	8,8
GEWOS	1971–1995	8,1	7,8
Global Financial Data	1926–1995	9,5	7,2
Häuser	1964–1983	6,2	6,8
Hidding	1967–1992	5,2	7,1
Morawietz	1870–1992	8,9	5,9
Rüppel	1967-1992	6,7	7,2
Schredelseker	1954–1988	15,0	6,9
Stehle	1948–1998	10,4	6,8
Stehle/Hartmond	1954–1988	12,1	7,5
Uhlir/Steiner	1953–1988	14,4	7,9
Wiek	1967–1992	7,5	7,6
Wieners	1956–1990	10,8	7,0

Tabelle 5: Hier wird noch einmal die Wahrscheinlichkeit des Renditevorsprungs der Aktie gegenüber Renten und Obligationen zusammengefasst. Das Ergebnis ist klar: Egal, welchen Anlagezeitraum man berücksichtigt, die Aktie schlägt die Rendite. Was diese Tabelle allerdings nicht zeigt, ist das höhere Risiko des Anlegers in Aktien. Zwischenzeitlich musste er in schwachen Börsenjahren auch Verluste in Kauf nehmen, zumindest theoretisch.

Wahrscheinlichkeit für Renditevorsprung der Aktie

in %

Anlagezeitraum	1 Jahr	3 Jahre	5 Jahre	10 Jahre	15 Jahre	20 Jahre	30 Jahre
Wahrscheinlichkeit	57,73 %	61,54 %	72,94 %	77,14 %	76,36 %	83,33 %	100,00 %

Quelle: Ralf Conen, Risikoprämien am deutschen Kapitalmarkt.

Tabelle 6: Sie unterstützt noch einmal grafisch die Aussage von Tabelle 5!

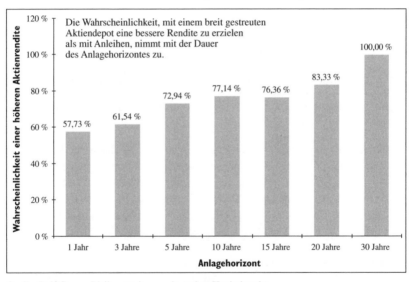

Quelle: Ralf Conen, Risikoprämien am deutschen Kapitalmarkt.

Tabelle 7: Hier wird demonstriert, wie sich die Anlage in Aktien oder Aktienfonds für den Anleger auswirkte. Vor allem die Entwicklung seit Mitte der Achtzigerjahre zeigt trotz des Crashs von 1987 einen deutlichen Trend nach oben.

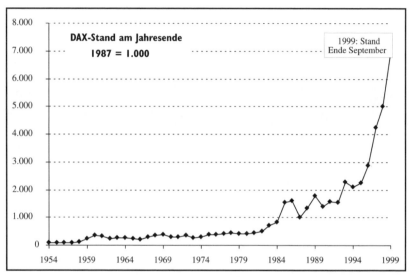

Quelle: Stehle, Huber, Maier, Rückberechnung des DAX für die Jahre 1955 bis 1987; Deutsche Börse AG.

Die Tabellen zeigen eines recht deutlich: Die Aktienmärkte der Vergangenheit haben den geduldigen Anleger nicht enttäuscht. Wer Ausdauer hatte und nicht zu den „Zittrigen" gehörte, die bei jeder Kursturbulenz sofort verkauften, sieht sich in seinem Engagement in Aktienfonds bestätigt. Doch es muss betont werden, dass es sich dabei um Zahlen, Tabellen und Grafiken zu deutschen Aktien handelt. Riskanter kann es bei internationalen Aktienfonds werden. Hier haben nämlich Währungskurschancen und -risiken Einfluss auf den Anlageerfolg. Je exotischer der Anlegerschwerpunkt wird, desto weniger können Sie von der ökonomischen Situation des jeweiligen Landes, der jeweiligen Region beziehungsweise der jeweiligen Branche wissen und desto deftiger können die unangenehmen Überraschungen werden. Lassen Sie sich nicht von plakativen Prospektsprüchen über Erfolgsaussichten in Tigerstaaten und Ähnlichem beeindrucken! Die Fondsanbieter haben jedes Produkt doppelt und dreifach im Angebot, um der Konkurrenz auf keinen Fall hinterherzuhinken. Und sobald Sie Anteile gekauft haben, ist der Fondsanbieter gewissermaßen „aus dem Schneider", denn die Kosten für Management, Vertrieb, Depot usw. zahlen Sie, ob der Fonds nun zulegt oder nicht. Doch auch hier kann gewissermaßen Entwarnung gegeben werden, jedenfalls mit wissenschaftlichen Daten.

Tabelle 8: Untersuchungen von Banken, Vermögensverwaltungen und Finanzwissenschaftlern ergeben bei internationalen Renditestudien von Aktien gegenüber Renten ein ähnliches Bild wie für den deutschen Markt. Die jeweiligen Studien aus Frankreich, der Schweiz, Österreich, den USA und anderen Ländern zeigen für die verschiedensten Zeiträume den Renditevorsprung der Aktie, also somit auch der Aktienfonds.

Renditestudien Aktien- versus Rentenanlage im internationalen Vergleich

Frankreich			
Autor	Zeitraum	nominal	
		Aktie	Rente
BZW France	1950–1996	13,7	8,0
FERI Trust	1982–1997	17,3	10,5
Global Financial Data	1900–1995	11,8	5,3
Wieners	1970–1990	12,3	10,4
Großbritannien			
Autor	Zeitraum	nominal	
		Aktie	Rente
Barclays Capital	1918–1997	14,7	6,8
FERI Trust	1982–1997	15,9	9,5
Global Financial Data	1700–1995	6,2	4,6
Wieners	1970–1990	16,1	11,3
Japan			
Autor	Zeitraum	nominal	
		Aktie	Rente
FERI Trust	1982–1997	8,6	9,7
Global Financial Data	1920–1995	14,2	7,3
Hamao	1973–1987	12,1	8,7
Wieners	1970–1990	12,9	7,1

Niederlande			
Autor	Zeitraum	nominal	
		Aktie	Rente
BZW Netherlands	1946–1996	12,2	5,9
Wieners	1970–1990	10,2	8,0
Österreich			
Autor	Zeitraum	nominal	
		Aktie	Rente
Uhlir/Steiner	1953–1988	12,8	7,4
Schweiz			
Autor	Zeitraum	nominal	
		Aktie	Rente
Pictet	1926–1997	8,6	4,6
Schredelseker	1926–1987	8,9	4,5
Uhlir/Steiner	1953–1988	10,4	4,7
USA			
Autor	Zeitraum	nominal	
		Aktie	Rente
FERI Trust	1982–1997	15,4	7,6
Global Financial Data	1802–1995	7,8	5,0
Hamao	1973–1987	9,9	8,5
Ibbotson	1926–1997	11,0	5,2
Jones/Wilson	1870–1985	8,6	5,3
Schredelseker	1954–1988	12,8	5,5
Siegel	1802–1997	8,4	4,8
Thieme	1973–1993	12,3	9,9
Uhlir/Steiner	1953–1988	12,4	5,6
Wieners	1970–1990	10,5	8,6

Quelle: Aktie versus Rente. Langfristige Renditevergleiche von Aktien und festverzinslichen Wertpapieren, Studien des DAI, Heft 6, Frankfurt 1999

Rentenfonds

Sie sind die Klassiker unter den Investmentfonds. Jahrzehntelang klar die Nummer eins, sind sie heute aber nicht mehr dominierend. Die Tabellen oben zeigen auch, warum: Die Rendite ist meist geringer als bei einem Engagement in Aktienfonds. Aber: Die geringere Schwankungsanfälligkeit des Kursverlaufs von Renten – also zum Beispiel Staatspapiere, Unternehmensanleihen oder Kommunalobligationen – macht diesen Fondstyp besonders attraktiv für vorsichtige Anleger. Die Fondsmanager müssen vor allem den Kapitalmarktzins und seine Entwicklung voraussehen. Der Zins spielt die entscheidende Rolle für die Kurswerte der Anteile. Sinkende Zinsen bringen steigende Kurse für die Anteile des Anlegers und steigende Zinsen fallende Kurse. Das gilt vor allem für die Rentenfonds, die in inländische Anleihen investieren. Bei Rentenfonds mit internationaler Ausrichtung gibt es noch die Währungschancen und -risiken einzuschätzen. Die Entwicklung der Währungen, auf die jeweils die im Fonds gehaltenen Anleihen laufen, hat entscheidenden Einfluss auf den Wert der Anteile. Eine fallende Währung drückt auf den Kurs. Mit der Einführung des Euro sind dem Anleger in Rentenfonds Vorteile entstanden. Damit ist der zweitgrößte Markt der Welt für verzinsliche Wertpapiere entstanden. Auf diesem neuen europäischen Gesamtmarkt decken Tausende von Emittenten, also Staaten, Organisationen, Unternehmen und Kommunen, ihren Finanzbedarf.

Neue Anlagefelder bei Rentenfonds – Kreditanalyse gewinnt an Bedeutung

Was nehmen Rentenfondsmanager dem Anleger ab? Die Märkte für verzinsliche Wertpapiere sind komplexer geworden. Heute reicht es nicht mehr aus, sich für kurze oder lange Laufzeiten zu entscheiden und auf den Heimatmarkt zu setzen. Auf der Suche nach ertragsstarken Anleihen schauen die Fondsteams sowohl auf gesamtwirtschaftliche Faktoren als auch auf titelspezifische Merkmale. Das heißt: In den Entscheidungsprozess fließen beispielsweise sowohl Währungseinschätzungen oder Erwartungen für das Wirtschaftswachstum eines Landes als auch Bonitätsanalysen einzelner Schuldner ein. Erst wenn die Fondsmanager sich eine Meinung zu Märkten gebildet und einen Überblick über alle relevanten Emissionen verschafft haben, wählen sie Anleihen aus. Gegen Schwankungen an den Renten- und Devisenmärkten sichern sie sich gegebenenfalls durch Zins- und Währungsderivate ab. Die Bandbreite

von Rentenfonds, die inzwischen sehr unterschiedliche Chancen und Risiken für den Anleger bieten, reicht von
- geldmarktnahen Fonds,
- Rentenfonds mit kurz laufenden verzinslichen Wertpapieren,
- in Euro-Anleihen anlegenden Fonds und
- internationalen Rentenfonds über
- Fonds mit Hochzinsanleihen bis hin zu
- Investmentfonds, die Anleihen aus den EU-Betrittsländern kaufen.

Wer zum Beispiel die Werterhaltung seines Geldes anstrebt und eine Anlage sucht, die nur geringen Wertschwankungen unterliegt, sollte Rentenfonds mit kurz laufenden Anleihen wählen. Dagegen können Anleger, die auch bei der Rentenanlage erhöhte Wertschwankungen akzeptieren, überdurchschnittliche Renditen erzielen. Die Chance dazu bieten so genannte High-Yield-Fonds, die in Hochzinsanleihen aus aufstrebenden Schwellenländern und in Unternehmensanleihen investieren.

Die Spreu vom Weizen trennen

Für eine Anlage in Hochzinsfonds spricht, dass immer mehr Staaten, Organisationen, Kommunen und Unternehmen ihren Finanzierungsbedarf über den Markt für verzinsliche Wertpapiere abdecken. Die Anlagevarianten steigen somit.

Bei der Vielfalt der neuen Anlagemöglichkeiten wird es wichtiger, die Spreu vom Weizen zu trennen. Für den Fondsmanager gewinnt neben dem klassischen Aufbau von Fonds mit festverzinslichen Wertpapieren nach Länder- und Währungskriterien die sorgfältige Auswahl von Einzelwerten und damit die Kreditanalyse der Emittenten an Bedeutung. Daher kombinieren die Rentenfondsmanager die volkswirtschaftliche Analyse mit einer Kreditwürdigkeitsprüfung der Emittenten, um Anleihen mit langfristig überdurchschnittlichem Kurspotenzial herauszufiltern.

WISO empfiehlt: Ein Rentenfonds im Vermögensdepot als eine Art Gegengewicht zu einem riskanteren Aktienfonds ist grundsätzlich in Ordnung. Wer stets ein Auge auf die Zinsentwicklung am Kapitalmarkt hat, dürfte auch seine Chancen steigern, den Einstiegszeitpunkt für einen Rentenfonds richtig auszuwählen.

Mischfonds

Solche Fonds mischen Aktien- und Rentenpapiere. Sie streuen also das Risiko des Sparers. Im Gegensatz zu Aktien- und Rentenfonds setzt das Depot eines Mischfonds nicht allein auf eine Wertpapiergattung. Hier versucht das Management, die größeren Gewinnchancen bei Aktien mit der höheren Sicherheit der Anlage in Rentenpapiere zu kombinieren. „Sicherheit plus Gewinn" – so könnte die Hauptformel für die Anlage in einen Mischfonds lauten, und zwar in dieser Reihenfolge. Aus der Zwitterkonstruktion dieses Fondstyps ergibt sich logischerweise eine besondere Anlagestrategie. Die Anlageschwerpunkte variieren jeweils je nach der Situation an den Aktien- und Rentenmärkten. Die Struktur eines Mischfonds setzt sich gewöhnlich zusammen aus:
- öffentlichen Anleihen,
- Pfandbriefen,
- Kommunalobligationen,
- Geldmarktpapieren,
- Aktien aus allen Ländern und Regionen,
- Barreserven und
- Sonstigem.

Die starke Diversifikation bei einem gemischten Fonds trägt dem Investmentgedanken Rechnung. Dieser Zwitter unter den Fondstypen ermöglicht es den Fondsverwaltern, nahtlos zwischen Aktien und Rentenpapieren zu wechseln. Gegenüber reinen Aktien- oder Rentenfonds hat er Vor- und Nachteile:
- Seine Anteilsscheine zeichnen in der Regel geringere Schwankungen des Anteilswertes aus. Sie haben also eine geringere Volatilität. Das schont die Nerven der Anleger.
- Die Erträge fallen meist niedriger aus.

Beim Management von Mischfonds ist das Geschick der Manager besonders gefragt. Denn in Zeiten florierender Aktienmärkte heißt es, früh genug den Aktienanteil hochzufahren, und in Zeiten fallender Zinsen sollte bereits vorher der Rentenanteil verstärkt worden sein, um an den damit verbundenen höheren Kursen zu partizipieren. Je unsicherer die Börsenzeiten sind, desto gefragter sind Mischfonds. Sie sind eher für passive Sparer geeignet, denen meist die Kenntnis und die Zeit fehlen, sich den geeigneten Mix aus Aktien- und Rentenfonds zusammenzustellen. Dass sie damit durchaus nicht falsch liegen, zeigt die beachtliche Wertentwicklung vieler Mischfonds. Kapitalanlegern geht es mit ihren Wünschen meist um zwei grundsätzliche Anliegen:

- Sicherheit auf der einen Seite mit Renten, Obligationen und allen Arten festverzinslicher Papiere sowie
- spekulative Kursgewinne mit Aktien.

Die Fondsmanager können bei Mischfonds unter den angebotenen Papieren grundsätzlich kaufen, was ihnen passt. Dabei entscheiden sie über das geeignete Verhältnis von Renten und Aktien. Drei verschiedene Gruppen unterscheidet man dabei:
- gemischte Fonds mit offensiver Ausrichtung, also hohem Aktienanteil,
- gemischte Fonds mit ausgeglichenen Anteilen von Renten und Aktien sowie
- gemischte Fonds mit defensiver Ausrichtung, also hohem Rentenanteil.

Wichtig für Anleger: Sie können bei einigen Gesellschaften schon aus dem Namen ablesen, welche der drei Strategien sie wählen, zum Beispiel die schweizerische UBS. Sie signalisiert mit Namenszusätzen die grundsätzliche Anlagestrategie bei Mischfonds:
- „Growth" bedeutet einen höheren Aktienanteil (rund 65 Prozent);
- „Balanced Fonds" heißt ausgeglichene Mischung (rund 45 Prozent in Aktien);
- „Yield" meint niedrigen Aktienanteil (rund 25 Prozent).

Statt „Yield" für niedrigen Aktienanteil verwenden viele Anbieter auch den Namenszusatz „Income". Es gibt noch weitere Fondstypen, die mit den Mischfonds verwandt sind: AS-Fonds, Dachfonds oder VL-Fonds. Sie werden im Kapitel „Fondslexikon" ausführlich erläutert.

WISO empfiehlt: Wer diese Fondsart wählt, sollte die Vertragsbedingungen genau kennen. Häufig sind die Mischfonds nämlich in ihren Anlagemöglichkeiten eingeschränkt. Was nutzt die schönste Aktienhausse, wenn der Fondsvertrag nur einen maximalen Aktienanteil von einem Drittel vorschreibt? Die Fondsmanager sollten also, wenn schon – denn schon, frei schalten und walten können, wie sie das Depot des Fonds im Einzelnen gewichten. Denn nur bei flexibler Anlagepolitik bringt der Mischfonds auch volle Leistung!

Geldmarktfonds

Geldmarktfonds sind eine Anlageform für kurzfristige Gelder, die nicht als Festgelder bei der Bank „geparkt" werden sollen. Seit 1994 sind Geldmarktfonds auch in Deutschland zulässig. In unruhigen Börsenzeiten rücken die als verhältnismäßig sicher geltenden Geldmarktfonds verstärkt ins Blickfeld der Anleger. Anders als bei Festgeld kennt der Geldmarktfonds keine starren Anlagezeiträume. Das Kapital ist täglich verfügbar und die Zinsen orientieren sich an den kurzfristigen Geldmarktsätzen. Auf Grund der sehr kurzen Restlaufzeiten haben sie praktisch keine Kursrisiken. Die vom Gesetzgeber maximal erlaubte Restlaufzeit von zwölf Monaten wird in den meisten Fällen deutlich unterschritten. Ausgabeaufschläge werden in der Regel keine erhoben. Die Geldmarktfonds erfreuen sich immer größerer Beliebtheit und sind eine echte Alternative zu allen anderen Formen der kurzfristigen Geldanlage geworden. Sie investieren in großem Stil in

- kurzfristige Termingelder (Tages- und Monatsgelder),
- Pfandbriefe (Anleihen zur Finanzierung von Hypotheken),
- Commercial Papers (kurzfristige Schuldentitel von Unternehmen) und
- Floater (kurzfristige Anleihen mit variablem Zins).

Die Geldmarktfonds profitieren von ihrem starken Marktauftritt. Sie erhalten bessere Konditionen als Kleinanleger, da sie ja in großem Stil, in Millionenhöhe, investieren. Viele Kleinanleger machen so aus dem Geldmarktfonds einen starken Großanleger mit entsprechenden Renditevorteilen. Davon profitiert der Einzelne mit seinen Fondsanteilen. Die Tendenz bei den Mittelzuflüssen in die Geldmarktfonds ist stark steigend. Die Anleger begrüßen sie offenbar als liquide Anlageform. Der Vorteil: Diese Anlage lässt alle Dispositionsmöglichkeiten seitens des Anlegers offen. Das Geld ist jederzeit frei verfügbar, sozusagen von einem Tag auf den anderen, und gewährt, jedenfalls statistisch betrachtet, in der Regel etwas mehr Rendite als Festgeld oder Sparbuch.

WISO empfiehlt: Die Anteilswerte unterliegen in der Regel nur geringen Schwankungen. Das macht einen solchen Fondstyp attraktiv für Anleger, die das Geld nur eben mal „parken" oder sich noch ein wenig Zeit lassen wollen, bevor sie sich definitiv für einen oder mehrere langfristig orientierte Fonds entscheiden. Allerdings sollte man nicht vergessen, auf die Kosten zu achten, damit man die wirkliche Rendite im Vergleich zum Tages- oder Festgeld errechnen kann.

Immobilienfonds

Geworben wird in der Branche mit „Anlegen in inflationsgeschützte Sachwerte" oder „Wer an Immobilien verdienen will, braucht sich nicht gleich ein Haus zu kaufen". Die Zielgruppe ist klar: Wer sich nicht ein eigenes Haus leisten kann, soll auch mit kleineren Anlagesummen an der Ertragskraft von Grund- und Hauseigentum beteiligt werden. Die Motive für ein Investment im Immobiliensektor sind stets die gleichen. Die Immobilie stellt einen Sachwert dar und bietet ein gewisses Maß an Wertbeständigkeit und Inflationsschutz. Wer sich mit einem direkten Erwerb einer Immobilie nicht zu sehr festlegen will, dem können Immobilienfonds einiges bieten.

Dazu kommt das Steuerargument: Seit Anfang 2000 hat der deutsche Gesetzgeber die Veräußerungsgewinne aus Immobilien erst nach zehn Jahren (bis dahin zwei Jahre) freigestellt. Damit sind Immobilien mit Wertsteigerungen innerhalb von zehn Jahren faktisch unverkäuflich. Wer innerhalb von fünf Jahren drei oder mehr Immobilien verkauft, dem unterstellen die Finanzbehörden sogar ein gewerbsmäßiges Handeln mit allen steuerlichen Konsequenzen. Da ist natürlich der Kauf von Anteilen an einem Immobilienfonds im Vergleich zu einer Direktanlage in eine Immobilie zu Renditezwecken nicht ohne Reiz. Immobilienfonds investieren in Häuser, Bürogebäude, Einkaufscenter usw. Doch in Zeiten sinkender Renditen auf diesem Gebiet darf ein großer Teil des Fondsvermögens auch in Wertpapiere und Anleihen oder liquide angelegt werden. Dann aber hat er mit einem Immobilienfonds eigentlich nicht mehr allzu viel zu tun. Wichtig ist die Unterscheidung in offene und geschlossene Immobilienfonds. Für Fondssparer sind vor allem die erstgenannten von Interesse.

Offene Immobilienfonds

Sie investieren in der Regel in viele verschiedene Objekte. Durchschnittlich 70 Prozent der Anlegergelder werden in Gewerbeimmobilien (bebaute Geschäfts- und Mietwohngrundstücke) investiert. Die restlichen 30 Prozent dienen als Liquiditätsreserve für Neuinvestitionen. Die ausschüttungsfähigen Erträge stammen aus Miet- und Zinseinnahmen. Wer Anteile besitzt, kann sie jederzeit veräußern. Die Fondsgesellschaft ist verpflichtet, sie zurückzunehmen.

Außerdem sind die Fondsgesellschaften an strenge Anlegerschutzvorschriften gebunden. Ein Fonds (nach dem Wortlaut des Gesetzes ist er ein „Grundstück-Sondervermögen) besteht aus mindestens zehn, meist jedoch mehr als 50 unterschiedlichen Einzelobjekten. Keines der Einzelobjekte darf

15 Prozent des gesamten Fondsvermögens übersteigen. Sie sind gestreut nach Nutzungsart, Größe und Region. Der jährliche Anlageerfolg besteht aus Mieterträgen, Zinsen und Wertsteigerungen von Grundstücken. Das Risiko dabei bezieht sich vor allem auf Leerstände, sich verzögernde Erstvermietungen und auslaufende Mietverträge.

Schwierig zu beurteilen ist die Preisbildung der Anteile, da Immobilien ja nicht wie Aktien an der Börse gehandelt werden. Das Gesetz schreibt daher einen Sachverständigenausschuss vor. Dieser bewertet mindestens einmal im Jahr sämtliche Grundstücke. Das heißt, anstelle eines transparenten Marktes treten Sachverständige, die die Objekte unter die Lupe nehmen. Wie das geschieht, darüber dringt allerdings nichts an die Öffentlichkeit. Offene Immobilienfonds sind unter staatlicher Aufsicht stehende, treuhänderisch verwaltete Investmentfonds, die überwiegend aus gewerblich genutzten Grundstücken und Gebäuden bestehen und von Grundstücks-Investmentgesellschaften verwaltet werden.

Der Anleger erwirbt über den Kauf eines Anteils an einem offenen Immobilienfonds wirtschaftliches Miteigentum an den Vermögensgegenständen des Immobilienfonds. Offene Immobilienfonds geben eine unbegrenzte Zahl von Anteilen aus, die börsentäglich erworben und zurückgegeben werden können. Die Rückgabe an die Grundstücks-Investmentgesellschaft erfolgt zum börsentäglich veröffentlichten Rücknahmepreis. Dieser wird auf der Grundlage der im Investmentfonds enthaltenen Vermögensgegenstände ermittelt.

Welche Vorteile bieten offene Immobilienfonds?

Offene Immobilienfonds erlauben den Aufbau eines Immobilienvermögens über den Erwerb von Anteilen, die bereits mit kleineren Beträgen von 25 Euro (ca. 50 DM) bis 75 Euro (ca. 150 DM) erworben werden können. Der Anleger erspart sich die konkrete Auswahl der Objekte und die ständige Beschäftigung mit Mietern und Behörden. Der offene Immobilienfonds erwirbt seine Grundstücke nach dem Grundsatz der Risikomischung und Anlagestreuung. Er hat daher die Möglichkeit, seine Anlagen international zu streuen und damit die Chancen der Immobilienanlage zu erhöhen.

Die Anlage in offenen Immobilienfonds ist geeignet für Personen, die einen stetigen Wertzuwachs ihrer Anlage wünschen und eine hohe Sicherheit bei der Anlage anstreben. Besonders interessant sind Sparpläne für die regelmäßige Anlage und zusätzliche Altersvorsorge. Verbunden mit Ansparplänen werden in der Regel auch Auszahlpläne, die dem Anleger eine zusätzliche, regelmäßig wiederkehrende Zahlung, beispielsweise als Zusatzeinkommen im Alter, ermöglichen.

Offene Immobilienfonds sind eine professionell gemanagte Anlage in ganz überwiegend gewerblich genutzte Grundstücke und Gebäude. Diese Fonds bieten grundsätzlich eine stetige positive Wertentwicklung. Sie eignen sich insbesondere für langfristig orientierte Anleger. Die Einzahlungen in offene Immobilienfonds können in gleichbleibenden oder auch in variabel gestalteten Beträgen vorgenommen werden. Eine Mindestanlagefrist besteht nicht. Es sind sowohl Einmaleinzahlungen größerer Beträge als auch regelmäßige Einzahlungen möglich.

Wertsteigerung: Offene Immobilienfonds haben dem Anleger in der Vergangenheit eine stetige positive Wertentwicklung gebracht. Trotz der Veränderungen in der Konjunktur, den Zinssätzen, den Preisen und den Beschäftigungszahlen entwickelten sich Anteile an offenen Immobilienfonds kontinuierlich positiv. Auf diese Kontinuität, das Fehlen starker Kursausschläge und die stabile Ertragslage bei Steuerfreiheit eines großen Teils der jährlichen Rendite kann der Anleger vertrauen.

Bei offenen Immobilienfonds handelt es sich um eine sachwertgestützte, langfristig orientierte Anlageform. Im Vordergrund steht deshalb der langfristig erzielbare Wertzuwachs und nicht kurzfristige Wertsteigerungen. Bei der Auswahl der Fonds sollten die Vergangenheitsergebnisse für längere Zeiträume Grundlage der Anlageentscheidung sein. Bei einer Entscheidung für einen offenen Immobilienfonds ist neben den Chancen auf kontinuierliche Wertzuwächse auch die Möglichkeit von Schwankungen beim Anteilspreis zu berücksichtigen.

Was unterscheidet offene von geschlossenen Immobilienfonds?

Geschlossene Immobilienfonds werden, anders als offene Immobilienfonds, in der Regel für einzelne, in Ausnahmefällen auch für mehrere Grundstücke aufgelegt. Sie unterliegen bei ihrer Auflegung keinen speziellen gesetzlichen Vorschriften und auch keiner Aufsicht. Bei der Auflage eines geschlossenen Immobilienfonds mit begrenzter Anlagezielsetzung kann naturgemäß das Prinzip der Risikostreuung kaum beachtet werden. Geschlossene Immobilienfonds sind nicht verpflichtet, Anteile zurückzunehmen. Die Verkehrsfähigkeit der Anteile geschlossener Immobilienfonds ist deshalb stark eingeschränkt. Dies hat zur Konsequenz, dass Anteile an geschlossenen Immobilienfonds nur verkauft werden können, wenn hierfür ein Käufer gefunden wird. Dies ist in der Regel mit großen Schwierigkeiten verbunden. Versuche, einen funktionierenden Zweitmarkt für derartige Anteile zu schaffen, haben meist fehlgeschlagen. Geschlossene Immobilienfonds wurden – jedenfalls bis zur Verschärfung der Steuergesetze – häufig auch unter dem Gesichtspunkt der Steuerersparnis mit erheblichen Verlustzuweisungen aufgelegt. Eine Sicherheit für den Erwerber eines Anteils an einem geschlossenen Immobilienfonds, ob diese steuerlichen Verlustzuweisungen auch in der Zukunft Wirkung entfalten, besteht nicht, da die Rechtsprechung der Finanzgerichte derartige Konstruktionen des Öfteren überprüft. Auch bestehen keine speziellen gesetzlichen Anlegerschutzregeln, so dass der Anleger auf die allgemeinen gesetzlichen Vorschriften zurückgreifen muss, wenn Probleme auftreten.

Demgegenüber unterliegen offene Immobilienfonds dem „Gesetz über Kapitalanlagegesellschaften" (KAGG), einem dem Anlegerschutz verpflichteten Gesetz, und einer staatlichen Aufsicht durch das Bundesaufsichtsamt für das Kreditwesen (BAKred), das die Einhaltung der gesetzlichen Vorschriften überprüft. Die Anlagevorschriften für offene Immobilienfonds sind in den §§ 27 ff. KAAG geregelt.

Anders als bei geschlossenen Immobilienfonds hat ein Anleger in offenen Immobilienfonds die Möglichkeit, bei Geldbedarf börsentäglich seine Anteile zum täglich veröffentlichten Rücknahmepreis zurückzugeben. Offene Immobilienfonds werden nicht unter dem Aspekt der Steuerersparnis aufgelegt, sondern unter dem Gesichtspunkt der regelmäßigen Ertragserzielung und Wertsteigerung.

Wissenswertes rund um offene Immobilienfonds

Die Kosten: Bei der Ausgabe von Anteilen an offenen Immobilienfonds fallen Ausgabeaufschläge an. Werden Immobilienfondsanteile in einem Depot bei einer Bank, Sparkasse oder Investmentgesellschaft verwahrt, so fallen Depotgebühren an. Die Verwahrung bei Investmentgesellschaften ist in der Regel depotgebührenfrei. Informationen hierzu können Sie sowohl den Verkaufsprospekten entnehmen als auch bei den Stellen erhalten, die Ihnen die Fondsanteile verkaufen. Bei der Rückgabe von Anteilsscheinen an die Investmentgesellschaft fallen keine zusätzlichen Kosten an. Des Weiteren ist bei der Anlage in offenen Immobilienfonds auch eine Verwaltungsvergütung für die Verwaltung der im Sondervermögen enthaltenen Vermögensgegenstände zu zahlen. Über die jeweilige Höhe informiert zum Beispiel der Verkaufsprospekt, der vor Erwerb dem Anleger zur Verfügung zu stellen ist.

Wichtig: Offene Immobilienfonds veröffentlichen Halbjahresberichte sowie einmal im Jahr einen Rechenschaftsbericht. In beiden finden Sie eine komplette Vermögensaufstellung und Angaben zu den Objekten, in die der Fonds investiert hat. Diese Berichte werden dem Anleger auf Verlangen zur Verfügung gestellt. Oftmals veröffentlichen die einzelnen Gesellschaften darüber hinaus zusätzliche Informationen, beispielsweise über neu erworbene Objekte.

Die Steuern: Bei der steuerlichen Behandlung von offenen Immobilienfonds gibt es zunächst keine Unterschiede zu anderen Investmentfonds. Somit sind offene Immobilienfonds auch unter steuerlichen Aspekten attraktiv. Wertsteigerungen der Immobilien sind steuerfrei, sofern sie nicht innerhalb der Spekulationsfrist von zehn Jahren veräußert werden. Zu versteuern sind lediglich die vereinnahmten Zinsen und Mieterträge. In der Mehrzahl der Fälle ist jedoch bei offenen Immobilienfonds ein Teil der Ertragsausschüttung auf Grund der Abschreibung für Abnutzung (AfA) steuerfrei. Zu berücksichtigen ist auch, dass jeder Sparer hinsichtlich seiner Einkünfte aus Kapitalvermögen einen Sparerfreibetrag von derzeit 3.000 DM plus 100 DM Werbungskostenpauschbetrag (6.200 DM bei zusammen veranlagten Ehepaaren) in Anspruch nehmen kann. Bis dieser Freibetrag ausgeschöpft ist, also eine tatsächliche Steuerpflicht eintritt, müssen schon erhebliche Beträge in offenen Immobilienfonds angelegt sein. Weiterhin gilt es zu beachten, dass eine voll steuerpflichtige Vermögensanlage (vor Steuern) einen erheblich höheren Ertrag als der offene Immobilienfonds aufbringen müsste, um nach Steuern den gleichen Ertrag zu erzielen.

Staatliche Förderung: Grundsätzlich können vermögenswirksame Leistungen (VL) in offene Immobilienfonds angelegt werden, jedoch können Sie keine Arbeitnehmer-Sparzulage erhalten, da der Gesetzgeber unter anderem eine Mindestaktienquote von 60 Prozent des Fondsvermögens vorschreibt, um eine Förderung zu bekommen.

Anfälligkeit bei kurzfristigen Mietschwankungen: Die in offenen Immobilienfonds enthaltenen, gewerblich genutzten Gebäude sind in der Regel langfristig vermietet. Die Mietverträge sind üblicherweise indexiert und folgen deshalb in ihrer Höhe der allgemeinen Preisentwicklung. Hinzu kommt, dass bei der Bewertung von in einem Grundstück-Sondervermögen befindlichen Grundstücken nach dem Ertragswertverfahren der nachhaltig erzielbare Ertrag zugrunde gelegt wird, so dass kurzfristige Mietpreisschwankungen nicht den Wert der Immobilie beeinflussen. Da die Grundstücke längerfristig vermietet werden und der Wert des Grundstücks auf der Basis des nachhaltig erzielbaren Mietzinses ermittelt wird, wirken sich kurzfristige Mietpreisschwankungen – wenn überhaupt – nur minimal auf die Wertentwicklung offener Immobilienfonds aus.

Transparenz: Die offenen Immobilienfonds gewähren grundsätzlich Transparenz. Zum einen wird durch das Anlegerschutzgesetz KAGG festgelegt, dass offene Immobilienfonds eine Reihe von Publizitätspflichten zu erfüllen haben. Dazu zählt beispielsweise der Halbjahres- und Rechenschaftsbericht. In dessen Vermögensaufstellungen ist der Bestand der zum Sondervermögen gehörenden Grundstücke und sonstiger Vermögensgegenstände unter Angabe von Grundstücksgröße, Art, Lage, Bau- und Erwerbsjahr sowie Gebäudenutzfläche anzugeben. Die Einhaltung der Publizitätspflichten in den Fondsberichten wird vom Bundesaufsichtsamt für das Kreditwesen (BAKred) beaufsichtigt.

Über diese weitreichenden Pflichten hinaus stellen einige offene Immobilienfonds weitere Informationen zur Verfügung. So wird beispielsweise die Fondsrendite nach Immobilienrendite im In- und Ausland sowie nach der Liquiditätsrendite aufgeteilt und die regionale Streuung des Immobilienbestands sowie die Zusammensetzung des Immobilienbestands nach Altersstruktur und Größenklassen angegeben. Hinzu kommt eine Übersicht über die Mehr- und Minderwerte des Immobilienbestands nach In- und Ausland sowie der Prozentsatz der jeweils ausgelaufenen Mietverträge. Wesentlich zur Transparenz trägt die regelmäßige Veröffentlichung des Rücknahmepreises bei. Daraus kann jeder Anleger leicht den Wert seines angesammelten Vermögens ableiten.

Rechenschaftsbericht: Der Rechenschaftsbericht wird durch einen unabhängigen Abschlussprüfer (Wirtschaftsprüfungsgesellschaft) geprüft. Die Prüfung erstreckt sich auch darauf, ob bei der Verwaltung des Sondervermögens die Vorschriften des KAGG und die Bestimmungen der Vertragsbedingungen beachtet wurden. Das Ergebnis wird in einem besonderen Vermerk festgelegt, der im vollen Wortlaut im Rechenschaftsbericht wiederzugeben ist. Er wird auch beim BAKred eingereicht. Anteilsinhabern wird der Rechenschaftsbericht auf Verlangen kostenlos zur Verfügung gestellt.

Warum veröffentlichen die offenen Immobilienfonds nicht die Verkehrswerte der Gebäude?

Die Veröffentlichung der Anschaffungskosten oder Verkehrswerte einzelner Immobilien würde beim Verkauf der Immobilien erhebliche Probleme für die Investmentgesellschaften mit sich bringen. Das jedenfalls ist die Argumentation des Bundesverbands Deutscher Investmentgesellschaften. Damit würden die Interessen der Anleger in offenen Immobilienfonds erheblich beeinträchtigt. Denn diese wünschen natürlich beim Verkauf einen Preis zu erzielen, der der Marktlage entspricht. Würde ein potenzieller Käufer den Anschaffungswert der Immobilien kennen, so hätte er bei Vertragsverhandlungen eine gute Argumentationsbasis, um den von der Investmentgesellschaft gewünschten Preis zu drücken. Würde der Käufer den Verkehrswert kennen, so würde er kaum einen höheren Preis als diesen Verkehrswert zahlen. Im Übrigen ist diese Angabe für den Wert des Anteils ohne Bedeutung. Bei der Vielzahl der in einem offenen Immobilienfonds enthaltenen Objekte würde eine Angabe der Anschaffungskosten oder der Verkehrswerte nur zu Missverständnissen beim Anleger führen. Sie könnten auch nur unter Zugrundelegung aufwändiger Prüfprogramme analysiert werden. Bei den Anschaffungskosten beziehungsweise Verkehrswerten handelt es sich um sensible, unternehmensinterne Daten, wie sie bei jedem anderen Unternehmen auch anzutreffen sind. Ihre Preisangabe würde die Marktposition nachhaltig schwächen und damit dem Anleger schaden. Dies würde der Verpflichtung der Investmentgesellschaft, die Anlagen im ausschließlichen Interesse des Anlegers zu verwalten, widersprechen.

Nur scheinbar ein Gegensatz

Auf dem Immobilienmarkt fallen die Preise – warum steigen dann teilweise die Immobilienpreise bei den Fonds? Die auch in Presseveröffentlichungen teilweise herangezogenen Immobilienindizes basieren oftmals auf nicht vergleichbaren Märkten. Beispielsweise berücksichtigen Indizes unter „gewerblichen Immobilien" auch Industrieflächen. Diese werden allerdings von keinem offenen Immobilienfonds gehalten. Zudem werden oftmals nur Mietansätze für Neuvermietungen zugrunde gelegt, Altverträge bleiben jedoch unberücksichtigt. Daher besteht hier leicht die Gefahr, dass „Äpfel mit Birnen" verglichen werden.

Bei den Wertsteigerungen innerhalb der Fonds ist zudem zu berücksichtigen, dass hier auch Auslandsengagements einfließen. So ist es möglich, dass beispielsweise auf die deutschen Objekte im Bestand eines Fonds Wertabschreibungen vorgenommen werden, denen aber größere Wertzuwächse bei ausländischen Objekten gegenüberstehen. In der Summe ergeben sich dadurch Wertzuwächse beim Immobilien-Gesamtbestand. Schließlich sollte man den Ehrgeiz der Fondsmanager nicht vergessen, nämlich dass sie bewusst qualitativ hochwertige Objekte auswählen, also von vornherein darauf aus sind, den Markt zu schlagen.

Die Bewertung der Grundstücke der offenen Immobilienfonds

Liegenschaften haben, anders als Rentenpapiere oder Aktien, keinen Börsenkurs. Daher hat der Gesetzgeber die Bewertung der Anlageobjekte einem unabhängigen Sachverständigenausschuss aus mindestens drei Sachverständigen übertragen (§ 32 KAGG). Die Anforderungen an die Qualifikation der Sachverständigen sind gesetzlich verankert, die Bestellung der Sachverständigen ist der Bankaufsichtsbehörde anzuzeigen, die ein gesetzliches Vetorecht hat. Die Bewertung selbst erfolgt auf der Basis der Wertermittlungsverordnung. Diese schreibt die Bewertung von Liegenschaften unter Einsatz der nachhaltigen Mieterträge vor. Durch dieses Verfahren wird sichergestellt, dass ausnahmebezogene Spitzenmieten nicht als nachhaltige Mieten in die Bewertung einfließen. Das Bewertungsverfahren geht von einer langfristigen Immobilieninvestition aus, deren Hauptziel die langfristige Erzielung von Erträgen ist. Eine kontinuierliche Bewertung sichert zudem die permanente Kontrolle der Sachverständigenwerte.

Wie realistisch sind die Preisschätzungen der unabhängigen Sachverständigen?

Die in den Sachverständigengutachten festgestellten Verkehrswerte werden beim An- beziehungsweise Verkauf von Liegenschaften durch den Markt überprüft, da Objekte nur dann erworben werden, wenn der Kaufpreis nicht oder nur unerheblich von dem vom Sachverständigenausschuss ermittelten Wert abweicht. Das Gleiche gilt für den Verkauf von Objekten. Er ist gemäß § 37 (1) KAGG nur zulässig, wenn die Gegenleistung den vom Sachverständigenausschuss ermittelten Wert nicht oder nur unwesentlich unterschreitet. Die Erfahrungen der Vergangenheit haben gezeigt, dass bei Verkäufen der Verkehrswert nicht nur erreicht, sondern teilweise auch übertroffen wurde. Dies bestätigt im Nachhinein die Preisermittlung der Sachverständigen.

Wer wacht über die Unabhängigkeit der Sachverständigen?

Im KAGG ist geregelt, dass die einzelnen Sachverständigen unabhängig, zuverlässig und fachlich geeignet sein müssen. Zudem müssen sie über besondere Erfahrungen in Fragen der Grundstücksbewertung verfügen. Dem BAKred ist die Bestellung der Sachverständigen durch die KAG anzuzeigen. Das Aufsichtsamt kann ein Vetorecht ausüben. Die Unabhängigkeit der Sachverständigen ist gesetzlich gefordert, da sie nicht wirtschaftlich von der KAG abhängig sein dürfen.

Zum Vorwurf, dass einzelne Immobilien-Fondsgesellschaften notwendige Abschreibungen auf ihren Bestand nicht durchgeführt haben

Laut BVI ist dieser Vorwurf nicht haltbar. Zwar sei in den Rechenschaftsberichten in einigen Fällen nicht erkennbar gewesen, dass zum Beispiel bei Immobilien in Deutschland Abschreibungen vorgenommen wurden, während die ebenfalls im Fonds befindlichen ausländischen Objekte Wertsteigerungen verzeichneten. Durch die neue Angabe über die Mehr- und Minderwerte des Immobilienbestands, untergliedert nach In- und Ausland, werde sich hier aber die Transparenz erhöhen. Es sei auch darauf hingewiesen, dass die von offenen Immobilienfonds gehaltenen Spitzenimmobilien in 1a-Lagen nicht im gleichen Maß von Abschreibungsbedarf betroffen sind wie Objekte in den – von offenen Immobilienfonds regelmäßig gemiedenen – Nebenlagen.

Übersicht der in Deutschland aufgelegten offenen Immobilienfonds

Fonds	Gesellschaft	Telefon-Nr.:
BfG ImmoInvest	BfG Immobilien-Invest	069/78 07 01-0
CS EUROREAL	CSAM IMMOBILIEN	069/7538-1200
CS-WV IMMOFONDS	CSAM IMMOBILIEN	069/7538-1200
DespaEuropa	DESPA	069/2546-0
DespaFonds	DESPA	069/2546-0
DIFA-Fonds Nr. 1	DIFA	040/349 19-0
DIFA-GRUND	DIFA	040/349 19-0
grundbesitz-invest	DGI	069/717 04-04
GRUNDWERT-FONDS	DEGI	069/975 64-0
HANSAimmobilia	HANSAINVEST	040/300 57-0
HAUS-INVEST	CGI	0611/7105-01
iii-Fonds Nr. 1	iii	089/121 73-0
iii-Fonds Nr. 2	iii	089/121 73-0
iii-Fonds Nr. 3	iii	089/121 73-0
WestInvest 1	WestInvest	0211/517 98-0

Quelle: Bundesverband Deutscher Investmentgesellschaften e.V. (BVI)

WISO empfiehlt: Aufschlussreich ist eine Bewertung offener Immobilienfonds durch die Stiftung Warentest in ihrer Ausgabe vom Februar 2000. Sie zeigt, dass diese Form der Kapitalanlage zwar ein „sicherer Hafen" ist, aber keine Garantie für eine stetige Wertentwicklung. Zu dem Thema heißt es: „Sparer, die sich für einen offenen Immobilienfonds entschieden hatten, mussten noch nie um ihr Geld zittern. Es ging kontinuierlich aufwärts. Doch während der Aktienmarkt in den letzten fünf Jahren vorpreschte und denen, die in Aktienfonds angelegt hatten, traumhafte Renditen bescherte, blieben die Immobilienfonds zurück."

Geschlossene Immobilienfonds

Die geschlossenen Immobilienfonds werden anders als die offenen zur Finanzierung von nur einem, zwei oder drei Investitionsobjekten aufgelegt. Das können Gewerbeimmobilien, Seniorenwohnheime, Supermärkte oder besonders geförderte Wohnimmobilien sein. Ihr Anlagezweck ist eigentlich nur das Steuersparen. Sie sind für Anleger konzipiert, die steuerliche Verluste aus Anfangsinvestitionen in eine gewerblich genutzte Immobilie nutzen können. In diesem Fall ist die Anzahl der Fondsanteile festgelegt und damit der Kreis der Anleger von vornherein begrenzt. Aussteigen ist nicht einfach, weil die Anleger in einem geschlossenen Immobilienfonds quasi zu Unternehmern werden. Wer also Anteile kauft, ist dann Kommanditist einer KG, also beschränkt haftbarer Teilhaber des Unternehmens. Und KG-Anteile lassen sich nicht so leicht wie normale Fondsanteile verkaufen. Nach Ende der vereinbarten Laufzeit von zehn bis 30 Jahren wird der Fonds aufgelöst und die Immobilie verkauft. Geschlossene Immobilienfonds eignen sich eher für Spitzenverdiener mit hohen zu versteuernden Einkommen.

Achtung: Bei den geschlossenen Immobilienfonds sollte jeder Anleger besonders vorsichtig sein. Dort besteht keine Rücknahmeverpflichtung seitens der Anlegergesellschaft. Das heißt: Vor der Investition müssen die Seriosität, die Bonität und die Sachkompetenz des Fonds auf „Herz und Nieren" geprüft werden. Wichtig für Fondssparer: Informationen zu geschlossenen Immobilienfonds sind beim BVI nicht zu erhalten. Geschlossene Immobilienfonds dürfen nicht von den Mitgliedsgesellschaften des BVI aufgelegt werden.

WISO empfiehlt: Die Lehren aus den Krisen am Bau sollten auch für die Zukunft jeden Anleger vorsichtig stimmen vor dem Engagement in einen geschlossenen Immobilienfonds.

IV.
MITTELAUFKOMMEN UND FONDSVERMÖGEN

Jubelstimmung in der Investmentbranche

Nach den neuesten Statistiken des BVI verzeichnete die Investmentbranche in den vergangenen Jahren Mittelzuflüsse in Rekordhöhe. Danach war 1999 offenbar ein Jahr der Extraklasse. Private und institutionelle Anleger investierten in diesen zwölf Monaten 110,2 Milliarden Euro (1998: 90,7 Milliarden Euro) – so viel wie nie zuvor – in 6.245 Fonds. Das insgesamt verwaltete Vermögen, also das Vermögen in Publikums- und Spezialfonds, legte um mehr als 30 Prozent zu und erreichte Ende 1999 einen neuen Höchststand von 865,6 Milliarden Euro. Ende 1998 waren es noch umgerechnet 657,6 Milliarden Euro. Privatanleger setzten zu einem regelrechten „Run" auf Investmentfonds an. 1999 floss in die 1.474 vom BVI registrierten Publikumsfonds mit der Rekordsumme von 45,6 Milliarden Euro doppelt so viel neues Geld wie im Vorjahr (1998: 22,6 Milliarden Euro). Das Publikumsfondsvolumen betrug zum Jahresende 1999 damit 391,5 Milliarden Euro (Vorjahr: 288,4 Milliarden Euro). Die folgende Tabelle zeigt in Milliarden Mark, wie sich dieses Publikumsfondsvermögen auf die grundlegenden Fondstypen aufteilt. Auch wenn die guten Börsenjahre der jüngsten Vergangenheit zu dem rasanten Anstieg bei den Aktienfonds beitrugen, steckt hinter dem Vermögenswachstum vor allem der stetig anwachsende Mittelzufluss. Und der ist Ausdruck des wachsenden Vertrauens der Sparer in die Geldanlage in Investmentfonds. Das zeigt die folgende Tabelle. Der stetige Vermögensanstieg untermauert mit Zahlen das wachsende Vertrauen der deutschen Sparer in Publikumsfonds (Die Branche ist auch für die Zukunft optimistisch. Sie spricht von weiteren Rekordjahren. Die halbjahreszahlen für das Jahr 2000 belegen das: Laut BVI liegt mit 38,2 Millionen Euro ein Rekordhalbjahr für Publikumsfonds vor.). Ähnliches gilt übrigens für alle anderen westlichen Länder.

Fondsvermögen der deutschen Publikumsfonds (*)							
	Aktienfonds	Rentenfonds	Gemischte Fonds	Geldmarktfonds	AS-Fonds	Offene Immobilienfonds	Sonstige Fonds	insgesamt
31.12.1995	51,2	218,9	5,4	58,3	0,0	58,1	0,0	391,9
31.12.1996	65,2	232,5	8,4	50,4	0,0	72,4	0,0	428,8
31.12.1997	117,4	240,7	11,8	43,2	0,0	79,2	0,0	492,3
31.12.1998	170,3	239,2	16,0	53,4	0,8	84,4	0,0	564,0
31.12.1999	344,2	219,7	29,0	65,2	3,1	98,6	6,9	766,7
per 31.3.2000	418,4	219,3	35,9	73,1	4,2	95,5	7,0	853,3

(*) inklusive Luxemburger und sonstige ausländische Fonds deutscher Provenienz
Angaben in Milliarden DM
Quelle: Bundesverband Deutscher Investmentgesellschaften e.V. (BVI)

Auch die institutionellen Anleger verstärkten ihre Engagements in Spezialfonds. Das ist für die Bedeutung und den Einfluss der Fondsbranche ein nicht zu unterschätzender Faktor. Hier war Ende 1999 ein Mittelzufluss von 64,6 Milliarden Euro zu verzeichnen. Damit lagen sie nur wenig unter der Rekordmarke aus dem Vorjahr (1998: 68 Milliarden Euro). Die deutschen Kapitalanlagegesellschaften hatten in den 4.771 Spezialfonds per ultimo 1999 ein Vermögen von 474,1 Milliarden Euro (1998: 369,2 Milliarden Euro) unter ihrer Verwaltung.

Aktienfonds sind Spitzenreiter

Bei den Publikumsfonds sammelten die 613 vom BVI aufgeführten Aktienfonds neue Anlagemittel in Rekordhöhe von 33,2 Milliarden Euro ein. Damit steigerten sie deutlich ihr bisheriges Spitzenergebnis aus dem Vorjahr mit 19,5 Milliarden Euro. Das Fondsvolumen verdoppelte sich im Jahresverlauf 1999 von 87,1 Milliarden Euro auf 176 Milliarden Euro. Aktienfonds repräsentierten somit etwa 45 Prozent des Vermögens aller in der BVI-Statistik erfassten Publikumsfonds. Noch vor einem Jahr hatten Rentenfonds die Spitzenreiter-Rolle innegehabt.

Aktienfonds mit Anlageschwerpunkt Euroraum oder Europa legen in der Beliebtheitsskala zu. Insgesamt wiesen sie 1999 einen Mittelzufluss von 10,0 Milliarden Euro auf. Das Vermögen dieser 134 Fonds belief sich zum Jahresende auf 52,1 Milliarden Euro. Weltweit anlegende Aktienfonds sammelten 6,4 Milliarden Euro an neuen Geldern ein. Diese 117 Produkte verwalteten zum Stichtag 26 Milliarden Euro. Bei Aktienfonds mit Anlageschwerpunkt Deutschland kam es im vergangenen Jahr zu Mittelabflüssen in Höhe von 0,9 Milliarden Euro. Das Kursfeuerwerk am Jahresende lud offensichtlich viele Anleger zu Gewinnmitnahmen ein. Damit managten die 119 Fonds Ende 1999 ein Vermögen von 39,8 Milliarden Euro.

Zunehmendes Interesse bei den Anlegern verzeichneten branchenorientierte Aktienfonds (Mittelzufluss 1999: 9,7 Milliarden Euro). Insbesondere die Ausrichtungen Biotechnologie (Mittelzufluss: 2,9 Milliarden Euro) und Telekommunikation (Mittelzufluss: 2,6 Milliarden Euro) waren stark gefragt. Die besondere Dynamik dieses Segmentes wird im Jahresvergleich sichtbar: Das Volumen hat sich von 8,9 Milliarden Euro auf 29,7 Milliarden Euro mehr als verdreifacht.

Vor allem mit Blick auf die deutlichen Erholungstendenzen fernöstlicher Märkte nach der Asienkrise investierten wertpapiererfahrene und risikobereite Anleger in diesen aufstrebenden Wirtschaftsgebieten. Im Fokus der Interessen standen überwiegend Fonds mit Anlageschwerpunkt Japan. Ihnen flossen neue Mittel in Höhe von 2,1 Milliarden Euro zu.

Rentenfonds auf der Verliererstraße

Die früheren Lieblinge unter den Fonds, die Rentenfonds, verbuchten im Jahre 1999 dagegen Mittelabflüsse in Höhe von 3,8 Milliarden Euro. Die 579 Rentenfonds verwalteten zum Jahres-Ultimo allerdings noch immer ein Vermögen von 112,3 Milliarden Euro. Das Anlegerverhalten entwickelte sich in dieser Fondsgruppe jedoch völlig unterschiedlich. Immerhin einen Mittelzufluss von 1,2 Milliarden Euro verzeichneten die 315 deutschen Rentenfonds. Ihr Volumen betrug zum Stichtag 60,2 Milliarden Euro. Das Vermögen der 264 global ausgerichteten Rentenfonds verringerte sich auf 52,1 Milliarden Euro.

Geldmarktfonds sind im Kommen

Die Anleger investierten per saldo 4,3 Milliarden Euro an neuen Mitteln in Geldmarktfonds und damit in ähnlicher Größenordnung wie 1998 (4,8 Milliarden Euro). Diese Produkte eignen sich insbesondere für das kurzfristige „Parken" von Liquiditätsbeständen. Das von den 64 Fonds verwaltete Vermögen stieg auf 33,4 Milliarden Euro (Ende 1998 waren es noch 27,3 Milliarden Euro). Innerhalb dieser Gruppe konzentrierte sich die Nachfrage verstärkt auf die 40 Geldmarktfonds mit Euro-Ausrichtung (Mittelaufkommen: 4,1 Milliarden Euro – Fondsvermögen: 25,1 Milliarden Euro).

Mischfonds bleiben attraktiv

Der Mittelzufluss bei gemischten Fonds war mit 3,3 Milliarden Euro mehr als doppelt so hoch wie im Vorjahr (1,5 Milliarden Euro). Das Volumen dieser 147 Fondsprodukte betrug zum Stichtag 14,8 Milliarden Euro (Ende 1998: 8,1 Milliarden Euro). Die Fondsmanager nutzten offenbar die Marktchancen der Aktien- und Rentenmärkte, indem sie den Anlageschwerpunkt zwischen Dividendentiteln und festverzinslichen Wertpapieren im Rahmen der Vertragsbedingungen variierten.

Die neuen AS-Fonds etablieren sich

Das Mittelaufkommen der Altersvorsorge-Sondervermögen (AS-Fonds) resultiert überwiegend aus kleineren Beträgen, die Monat für Monat in einen Sparplan eingezahlt werden. Diesen 43 Anlagezielfonds flossen im vergangenen Jahr 0,9 Milliarden Euro zu. AS-Fonds verwalteten Ende 1999 ein Vermögen von 1,6 Milliarden Euro. Dabei darf nicht vergessen werden, dass die meisten AS-Fonds kaum älter als ein Jahr sind.

Offene Immobilienfonds weiterhin beliebt

Mit einem Mittelaufkommen von 7,1 Milliarden Euro erreichten offene Immobilienfonds fast ihr bisheriges Spitzenjahr 1993 (7,5 Milliarden Euro). Der mittelbare Immobilienbesitz ist für viele Anleger zu einem unverzichtbaren Portfoliobestandteil geworden. Das Fondsvolumen der 16 Fonds wuchs zum Jahresende auf 50,0 Milliarden Euro an (Ende 1998: 43,1 Milliarden Euro).

Favoritenwechsel

Der Investmentmarkt in Deutschland befindet sich zugleich im Aufstieg und im Umbruch. Das zeigt die folgende Tabelle. Sie belegt in Prozentzahlen die oben erfolgten Ausführungen. Der Favoritenwechsel ist vollzogen. Nicht mehr die Rentenfonds, sondern die Aktienfonds beherrschen die Szene. Der Kunde hat entschieden: Von Aktienfonds erwartet er sich mehr Rendite als von Rentenfonds.

	Aufteilung des Publikumsfondsvermögens (*)	
	Ende 1998	Ende 1999
Aktienfonds	30,2	44,9
Rentenfonds	42,4	28,7
Offene Immobilienfonds	15,0	12,9
Geldmarktfonds	9,5	8,5
Gemischte Fonds	2,8	4,7
AS-Fonds	0,1	0,4

(*) inklusive Luxemburger und sonstige ausländische Fonds deutscher Provenienz
Alle Angaben in Prozent
Quelle: Bundesverband Deutscher Investmentgesellschaften (BVI)

V.
SPARPLÄNE UND WERTENTWICKLUNG

„Spare in der Zeit, so hast du in der Not"

Immer mehr Menschen begreifen, dass es in den Sternen steht, wie es einmal um ihre Altersversorgung nach jahrzehntelangen Beitragszahlungen in die gesetzliche Rentenkasse bestellt sein wird. Die wichtigsten Fragen lauten:
- Wozu wird diese Einnahmequelle überhaupt ausreichen?
- Wie viel zusätzliches Einkommen muss ich noch ansparen, um ein ausreichendes Einkommen im Alter zu haben?

Die Vermögensfrage nach dem Ausscheiden aus dem Berufsleben stellt sich heute viel unmittelbarer als vor etwa 30 Jahren. Die Rentner damals hatten fast alle wirkliche Not durchlitten. Sie hatten einen oder auch zwei Kriege überlebt und am eigenen Leib erfahren, was es heißt, „jeden Pfennig mehrmals umzudrehen". Die künftigen Rentner aber sind häufig in finanziell geordneten Verhältnissen aufgewachsen. Bei ihnen steigt die Gefahr, dass sie im Alter große Probleme haben dürften, mit deutlich weniger Geld auszukommen. Denn der gegenwärtig verbreitete Konsum mit Auto, Urlaub, kreditfinanziertem Eigenheim, die Versorgung der Kinder und eventuell auch noch der „lieben Enkelkinder" sorgt dafür, dass bei vielen im Alter nicht viel auf der hohen Kante übrig bleibt – falls sie nicht konsequent Vermögen aufbauen.

Der Finanzanalytiker Volker Looman aus Reutlingen beschreibt dazu in einer seiner regelmäßigen Kolumnen in der Frankfurter Allgemeinen Zeitung zum Thema „Geldanlage" einen Fall, der deutlich macht, wie sogar ein dickes finanzielles Polster während des Erwerbslebens zu einem Problem im Alter werden kann: „Eine monatliche Pension von 5.000 DM, ein bezahltes Eigenheim und ein freies Vermögen von 500.000 DM sehen auf den ersten Blick nach viel Geld aus. Doch ein Manager, der 48 Jahre alt ist und brutto 240.000 DM im Jahr verdient, dürfte seine liebe Mühe und Not haben, in 17 Jahren mit dieser Rente seinen gegenwärtigen Lebensstandard aufrechtzuerhalten. Ihm bleiben zur Zeit nach Abzug von 75.000 DM Steuern und 20.000 DM an die Sozialkassen ungefähr 145.000 DM netto im Jahr übrig, also etwa 12.000 DM pro Monat. Im Vergleich dazu sieht eine monatliche Pension in Höhe der oben genannten 5.000 DM dann nicht mehr so großartig aus. Die Hoffnung, dass der Mensch am Lebensabend genügsam wird, ist nämlich trügerisch."

Looman weist anschließend nach, dass die Kluft zwischen der realen Versorgung und der Wunschrente zu den Hauptproblemen der privaten Altersvorsorge gehört. Die Wunschrente würde im Laufe des Erwerbslebens in Schritten von 500 DM nach unten angepasst. Dabei wachse der Glaube, dass es irgendwie doch nicht so schlimm kommen würde. Doch das sei ein Trugschluss. Die meisten heute Berufstätigen würden Kriterien wie Versorgungsdauer, Inflation und Steuern unterschätzen. Die nämlich zehren am monatlichen Einkommen und am Vermögen.

Alle Anbieter von Finanzprodukten wissen das und stellen sich darauf ein, dass sich die Bürger zunehmend fragen, wie viel Vorsorge sie treffen müssen, um später einmal den gleichen Lebensstil aufrechterhalten zu können wie heute. Ihnen schwebt also eine monatliche Rente aus einem angesparten Vermögen vor, die nach heutigen Verhältnissen soundso viel Mark beziehungsweise Euro betragen sollte. Dafür entwickeln sie einen Sparplan, der ihren Vorstellungen entgegenkommt. Vor diesem Hintergrund stellt sich jedem die Frage,

- ob er einen Sparplan für eine Altersrente mit einer Bank abschließt,
- ob er eine Immobilie ersteht, die er während der Finanzierung vermietet und später als schuldenfreie Wertanlage besitzt, oder
- ob er sein monatlich erspartes Einkommen so rentabel wie möglich in Investmentfonds anlegt.

Natürlich besteht auch bei dieser letzteren Form der Geldanlage ein Risiko. So kann zwischenzeitlich etwa die Börse einknicken. Trotzdem dürfte das regelmäßige Fondssparen für Leute, die Geduld und Zeit haben, eine gute Lösung sein. Man stelle sich nur vor: Ein junges Ehepaar spart 30 Jahre lang je 50 Euro in drei verschiedene Aktienfonds, und zwar verteilt auf Amerika, Europa und eine Branche, etwa einen weltweit anlegenden Fonds der so genannten TMT-Branche (Technologie/Multimedia/Telekommunikation). Von heute aus gesehen eröffnet das sehr interessante Perspektiven, denn eines ist unbestritten: Auf Dauer hatten Aktien immer die Nase vorn. Das zeigt eindrucksvoll die Tabelle „Wertentwicklung" weiter unten.

Weg vom Sparbuch und hin zum Fondssparplan

Das Wichtigste ist: Fondssparen geht schon mit kleinem Budget! Mit einem fixen monatlichen Betrag und einer Verzinsung deutlich über dem Sparzinssatz werden Sparziele schneller erreicht – dank eines Fondssparplans. Damit wird das traditionelle Sparbuch immer mehr vom zeitgemäßen Fondssparplan verdrängt. Dank regelmäßiger Sparbeträge ergibt das beim Wertschriftenkauf zusätzlich vorteilhafte Durchschnittskurse.

Die entscheidende Frage lautet: Wie viel Ertrag sollen die sauer erarbeiteten Spargelder denn abwerfen? Bloß 1,5 Prozent auf dem Sparbuch oder 20 Prozent entsprechend der Zunahme mancher Weltaktienfonds in der Vergangenheit? Wer mit dem Sparbuch in den letzten zehn Jahren reich werden wollte, muss spätestens jetzt feststellen: Trotz Zinseszins bleibt abzüglich Steuern und Inflation nicht mehr viel übrig. Viele überlegen sich deshalb, in die lukrativeren Fondsanlagen einzusteigen. Im ewigen Auf und Ab der Märkte die richtige Investmententscheidung zu treffen, ist aber schwieriger, als es die meisten Privatanleger zugeben. Der Trend für die Zielperiode muss richtig eingeschätzt werden. Und es erfordert Nerven, wenn der Markt sich entgegen der Erwartung entwickelt. Gerade wer sich nicht ständig mit Investmentlatein herumschlagen will, trotzdem aber seinem Spargeld eine gute Rendite gönnen möchte, ist mit einem Fondssparplan in der Regel gut bedient.

WISO empfiehlt: Die Zeit ist gekommen, Ersparnisse, die auf einem Sparbuch still vor sich hinschlummern, aus dem Dornröschenschlaf zu wecken. Denn die Anbieter von Anlagefonds (siehe das Kapitel über „Kosten und Vertrieb") haben den Kleinanleger entdeckt und umwerben ihn mit einer interessanten Alternative: dem Fondssparen über den Fondssparplan.

Langfristiges Sparziel anstreben

Der Fondssparplan kombiniert Fondsanlagen mit monatlichen Sparbeträgen schon ab 50 Euro. Diese fixen Beträge – in der Regel ein Dauerauftrag bei einer Bank oder einem Discountbroker – werden voll in Aktien-, Renten-, Immobilien- oder gemischte Fonds investiert. Die sollte der Anleger zuvor sorgfältig auswählen. Dabei gilt: Fondssparpläne sind auf ein langfristiges Sparziel ausgerichtet. Bei kurzfristigen Budgetproblemen können die monatlichen Einzahlungen allerdings in den meisten Fällen für eine gewisse Zeit ausgesetzt werden. Bei den meisten Fondssparplänen werden Fondsanteile in

Bruchteilen verbucht. Das heißt, der Sparplan ist immer voll in die gewünschten Anlagen investiert und nicht erst, wenn der Sparbetrag die Höhe eines Fondsanteils erreicht.

Mehr Aktien oder mehr Renten?

Wer sich für einen Fondssparplan entscheidet, kann bei den Anbietern unter vielen verschiedenen Fonds auswählen. Bei der Wahl eines Anlagefonds gilt es vor allem, die Aufteilung zwischen Renten (Anleihen, Obligationen usw.) und Aktien zu bestimmen. Je höher der Aktienanteil, desto größer das längerfristige Gewinnpotenzial, desto größer aber auch das Risiko von Kursrückschlägen. Während des phänomenalen Börsenbooms der vergangenen Jahre fuhr man mit Aktien um ein Vielfaches besser als mit Renten. Darüber darf man aber nicht vergessen, dass an den Aktienmärkten auch starke Einbrüche von 20 oder mehr Prozent möglich sind. Vorsicht ist also geboten! Gerade auf dem in der jüngsten Vergangenheit hohen Niveau sind gelegentliche Korrekturen nicht auszuschließen.

Bei monatlichen Zahlungen in einen Fondssparplan investiert man zudem automatisch nach dem Cost-Average-Effect (Durchschnitts-Preis-Methode). Die gestaffelte Einzahlung von Fondssparplänen bietet bei Kursschwankungen einen vorteilhafteren Durchschnittskurs. Statt zum Beispiel 6.000 Euro sofort in 60 Fondsanteile zu investieren, erhält der Investor bei gestaffeltem Kauf für den gleichen Betrag meist mehr Anteile.

WISO empfiehlt: Auch wenn auf einem hohen Kursniveau der Aktienmärkte gelegentliche Korrekturen nicht auszuschließen sind, so ist bei einem längerfristigen Anlagehorizont von fünf Jahren und darüber hinaus ein substanzieller Aktienanteil zu empfehlen. Kursrückschläge sind zwar auch bei Rentenfonds durchaus möglich, allerdings nur im Fall von stark steigenden Zinsen.

Unterschiedliche Gebühren und Kosten

Die Kosten für die Verwaltung des Fonds werden teils dem Fonds, teils dem Besitzer verrechnet (Einzelheiten darüber in dem Kapitel über „Kosten und Vertrieb"). Generell gilt: Die meisten Fondssparpläne sehen bei der Ausgabe einen Aufschlag von drei bis fünf Prozent vor. Unterschiedlich sind die Kosten für die Verwaltung, die dem Fonds teilweise auch direkt und unsichtbar verrechnet werden. Zusätzlich zu den Ausgabekosten verlangen einige Anbieter jährliche Verwaltungsgebühren. Neben den Spesensätzen ist aber vor allem die erwartete Rendite maßgeblich, auch wenn eine gute Performance in der Vergangenheit längst keine Garantie für die Zukunft ist.

Die Auszahlung kann wie eine Rente funktionieren

Für ganz spezielle Sparpläne (AS-Fonds zum Beispiel) gilt: Der Kunde soll bestimmen können, wie er sich das angesparte Kapital auszahlen lassen möchte. Der Auszahlungsmodus funktioniert ähnlich wie eine Rente. Dabei bestimmt der Anleger, wie viel und wann er sich einen Geldbetrag auszahlen lassen will. So legt er beispielsweise fest, ab dem Alter von 60 Jahren monatlich 300 Euro überwiesen zu bekommen. Die Auszahlungsweise kann dabei zeitlich und betragsmäßig beliebig abgeändert werden. Auch ein vorübergehender Auszahlungsstopp ist möglich. Einzige Bedingung ist, dass sich auf dem Fondssparplan eine Mindestsumme in Euro angesammelt hat.

Die Wertentwicklung von Fonds im langjährigen Vergleich

Im Folgenden ist die langjährige Wertentwicklung ausgewählter Aktien-, Renten-, Immobilien- und Mischfonds bei einer monatlichen Einzahlung von 50 Euro aufgeführt (Hinweis: Den jeweils aktualisierten Stand der Performance der BVI-Publikumsfonds finden Sie auf der monatlich erscheinenden WISO-CD-ROM).

Tabelle 1: Wertentwicklung von Fonds im langjährigen Vergleich

Wertpapier-kennnummer	Fonds	Investment-gesellschaft	10 Jahre 31.03.90–31.03.00	15 Jahre 31.03.85–31.03.00	20 Jahre 31.03.80–31.03.00	25 Jahre 31.03.75–31.03.00	30 Jahre 31.03.70–31.03.00	35 Jahre 31.03.65–31.03.00
	WERTPAPIERFONDS NACH ANLAGESCHWERPUNKTEN:							
	Aktienfonds mit Anlageschwerpunkt Deutschland							
847.136	AC Deutschland	AXA COLONIA KAG	20.622					
847.103	ADIFONDS	ADIG-INVESTMENT	18.407	35.282	75.131	127.692	199.244	286.094
847.160	Alte Leipziger Trust Fonds A	AL-TRUST	16.023					
848.348	AUFHÄUSER-UNIVERSAL-FONDS I	UNIVERSAL	14.684					
849.123	Citibank Invest Union	UNION INVESTMENT	16.831					
847.500	CONCENTRA	DIT	16.806	34.239	74.542	126.906	195.641	279.385
847.450	Dekafonds	DEKA	16.677	32.024	66.968	113.291	176.672	255.902
848.356	DEUTSCHER-BERENBERG-UNIVERSAL-FONDS	UNIVERSAL	15.887					
847.506	DIT-FONDS FÜR VERMÖGENSBILDUNG	DIT	13.770	29.631	60.205	100.211		
847.517	DIT-SPEZIAL	DIT	17.301					
847.516	DIT-WACHSTUMSFONDS	DIT	18.390					
847.101	FONDAK	ADIG-INVESTMENT	13.879	25.522	52.531	88.809	137.521	203.458
848.073	Frankfurter-Sparinvest Deka	DEKA	17.006					
847.805	FT Frankfurt-Effekten-Fonds	FRANKFURT-TRUST	14.259	28.251	65.033	118.882		
848.511	Gerling Aktiv	GERLING INVESTMENT	15.140					
847.910	HANSAeffekt	HANSAINVEST	15.390					
849.134	HAUCK-MAIN I-UNIVERSAL-FONDS	UNIVERSAL	15.790	30.194	58.378	96.131		
847.400	Investa	DWS	19.683	40.198	87.553	151.224	237.307	345.157
848.067	Köln-Aktienfonds Deka	DEKA	17.538					

849.087	Metallbank Aktienfonds DWS	DWS	14.893					
847.770	MK ALFAKAPITAL	MK	17.639	32.240	62.489	104.091		
976.529	MMWI-PROGRESS-FONDS	WARBURG INVEST	17.876	32.127	56.639	86.419		
847.122	NÜRNBERGER ADIG A	ADIG-INVESTMENT	25.360					
848.550	Oppenheim Select	OPPENHEIM	18.587	34.412	63.247	99.648		
847.415	Provesta	DWS	23.499					
847.405	Ring-Aktienfonds DWS	DWS	18.172	33.225	58.998	93.592		
848.820	SMH-Special-UBS-Fonds I	UBS INVEST	16.277	34.345	80.007	139.661		
847.501	THESAURUS	DIT	15.451	30.179	63.364	106.937	162.857	232.933
849.100	UniFonds	UNION INVESTMENT	15.626	30.055	62.188	106.558	168.164	245.729
849.000	Zürich Invest Aktien Deutschland	ZÜRICH INVEST	17.262					
	Durchschnitt		17.113	32.128	65.818	110.670	182.486	264.094
	Durchschnittliche jährl. Wertsteigerung in %		19,84	15,10	14,92	13,64	12,87	11,82
Aktienfonds mit internationalem Anlageschwerpunkt								
847.137	AC Welt	AXA COLONIA KAG	12.923					
847.402	Akkumula	DWS	15.819	31.808	70.762	126.319	192.334	248.762
848.323	BERENBERG-UNIVERSAL-EFFEKTEN-FONDS	UNIVERSAL	8.049					
849.148	BW-WARTBERG-UNIVERSAL-FONDS	UNIVERSAL	16.172	29.140	56.633	92.597		
847.466	DekaSpezial	DEKA	19.410	29.757	45.342			
847.102	FONDIS	ADIG-INVESTMENT	15.180	25.998	54.293	96.797	146.029	201.222
847.800	FT Interspezial	FRANKFURT-TRUST	15.099	29.375	60.568	104.889		
848.104	GERLING DYNAMIK FONDS	GERLING INVESTMENT	16.224	30.015	59.897	101.326	160.286	
846.337	HAUCK-MUNDUS-UNIVERSAL-FONDS	UNIVERSAL	16.748					
847.507	INTERGLOBAL	DIT	19.260	31.741	56.137	96.946		
847.401	Intervest	DWS	20.298	36.651	69.068	119.829	180.087	241.511

Nr.	Fonds	Gesellschaft					
848.101	ivera fonds	GERLING INVESTMENT	15.632	28.793	55.345	91.316	132.285	
848.102	KAPITALFONDS SPEZIAL	GERLING INVESTMENT	17.958	33.799	67.025	113.768	173.067	
848.500	MK INVESTORS Fonds	MK	12.613	20.820	33.814	50.058	64.848	
848.370	PEH-UNIVERSAL-FONDS I	UNIVERSAL	11.830					
848.821	SMH-International-UBS-Fonds	UBS INVEST	24.429	40.652	74.134	123.420		114.809
849.105	UniGlobal	UNION INVESTMENT	17.211	27.588	41.833	64.921	89.552	
848.473	WEKANORD	NORDINVEST	13.203	22.496	37.909	56.564	79.142	
	Durchschnitt		16.003	29.902	55.911	95.289	135.292	201.576
	Durchschnittliche jährl. Wertsteigerung in %		18,60	14,63	13,60	12,70	11,34	10,69
Aktienfonds mit Anlageschwerpunkt Europa								
847.451	AriDeka	DEKA	19.944	36.380	68.933	113.341	175.242	253.035
847.924	BB-Europa-INVEST	BB-INVEST	16.490					
847.438	BfG Invest Europafonds	BfG INVEST	15.572					
849.084	Eurovesta	DWS	17.202					
847.120	FONDIROPA	ADIG-INVESTMENT	15.291					
847.502	INDUSTRIA	DIT	19.385	36.769	74.759	123.573	182.587	246.602
848.884	MMWI-EURAK-FONDS	WARBURG INVEST	15.586					
848.623	Oppenheim Select Europa	OPPENHEIM	14.252					
847.950	VERMÖGENS-AUFBAU-FONDS (VAF)	DIT	18.166	32.162	58.395	90.042		
	Durchschnitt		16.877	35.104	67.362	108.985	178.915	249.818
	Durchschnittliche jährl. Wertsteigerung in %		19,58	16,47	15,11	13,54	12,74	11,59
Aktienfonds mit Anlageschwerpunkt Nordamerika								
847.118	FONDAMERIKA	ADIG-INVESTMENT	26.705					
847.804	FT Amerika Dynamik Fonds	FRANKFURT-TRUST	18.504	31.484	49.716	75.164		
848.886	MMWI-AMERAK-FONDS	WARBURG INVEST	23.321					

847.503	TRANSATLANTA	DIT	18.713	31.819	52.294	88.341	122.114	153.668
	Durchschnitt		21.811	31.652	51.005	81.752		
	Durchschnittliche jährl. Wertsteigerung in %		24,30	15,29	12,84	11,74	10,82	9,53
Aktienfonds mit Anlageschwerpunkt Japan								
847.511	DIT-PAZIFIKFONDS	DIT	11.284	15.488				
847.803	FT Nippon Dynamik Fonds	FRANKFURT-TRUST	9.157	13.650	24.808	43.079		
848.474	JAPAN-PAZIFIK-FONDS	NORDINVEST	9.401	12.645	17.313			
848.885	MMWI-ASIAK-FONDS	WARBURG INVEST	11.450					
	Durchschnitt		10.323	13.928	21.061			
	Durchschnittliche jährl. Wertsteigerung in %		10,45	5,57	5,30	7,60		
Aktienfonds Fernost mit Japan								
847.117	ADIASIA	ADIG-INVESTMENT	10.936					
	Durchschnittliche jährl. Wertsteigerung in %		11,53					
Aktienfonds Fernost ohne Japan								
971.254	DB Tiger Fonds	DWS S.A.	13.229					
971.261	DIT-LUX TIGER FUND	dam	10.468					
971.267	UniAsia	UNION S.A.	8.514					
	Durchschnitt		10.737					
	Durchschnittliche jährl. Wertsteigerung in %		11,19					
Aktienfonds Frankreich								
847.609	DIT-FONDS FRANKREICH	DIT	19.956					
	Durchschnittliche jährl. Wertsteigerung in %		22,67					
Aktienfonds Großbritannien								
847.604	DIT-FONDS GROSSBRITANNIEN	DIT	18.484					
	Durchschnittliche jährl. Wertsteigerung in %		21,26					

Aktienfonds	Italien			
847.608	DIT-FONDS ITALIEN	DIT	16.817	
	Durchschnittliche jährl. Wertsteigerung in %		19,52	
Aktienfonds	Schweiz			
847.601	DIT-FONDS SCHWEIZ	DIT	21.448	
	Durchschnittliche jährl. Wertsteigerung in %		23,99	
Aktienfonds	Spanien/Iberien			
847.605	DIT-FONDS IBERIA	DIT	19.538	
849.080	DWS Iberia-Fonds	DWS	19.692	
	Durchschnitt		19.615	
	Durchschnittliche jährl. Wertsteigerung in %		22,35	
Aktienfonds	(Branche): Rohstoffe/Energiewerte			
847.509	DIT-ROHSTOFFONDS	DIT	7.653	11.947
847.413	DWS-Energiefonds	DWS	12.843	22.732
847.412	DWS-Rohstoffonds	DWS	6.795	11.160
847.116	FONDIRO	ADIG-INVESTMENT	6.787	
848.389	PEH-UNIVERSAL-FONDS MIRO	UNIVERSAL	6.468	
	Durchschnitt		8.109	15.280
	Durchschnittliche jährl. Wertsteigerung in %		5,86	6,71
Aktienfonds	(Branche): Technologie			
847.110	ADITEC	ADIG-INVESTMENT	26.670	41.583
847.512	DIT-TECHNOLOGIEFONDS	DIT	39.344	67.319
847.414	DWS-Technologiefonds	DWS	31.712	49.921
	Durchschnitt		32.575	52.941
	Durchschnittliche jährl. Wertsteigerung in %		31,69	21,13

Rentenfonds mit Anlageschwerpunkt Euro (nur deutsche Emittenten)						
847.132	AC Renten-Inland	AXA COLONIA KAG	7.969	14.150	23.703	
847.107	ADIRENTA	ADIG-INVESTMENT	8.143	14.439	24.717	38.991	60.649
847.140	Allianz Rentenfonds	ALLIANZ	8.362	15.208		
847.161	Alte Leipziger Trust Fonds R	AL-TRUST	7.930			
847.514	ARA-Renditefonds DIT	DIT	8.025			
847.925	BB-DMrent-INVEST	BB-INVEST	7.912			
849.152	BERENBERG-UNIVERSAL-RENTENFONDS	UNIVERSAL	7.698	13.773	23.899	38.802
847.341	BfG Invest Rentenfonds	BfG INVEST	7.909			
847.475	DekaTresor	DEKA	7.820	13.955		
847.504	DEUTSCHER RENTENFONDS	DIT	8.422	15.146	25.518	39.508	61.122
971.117	FONDILUX	A.L.S.A.	7.715			
848.105	GERLING RENDITE FONDS	GERLING INVESTMENT	8.157	14.668	25.184	40.055
848.510	GERLING ZINS	GERLING INVESTMENT	7.701			
847.901	HANSArenta	HANSAINVEST	8.038	14.235	23.774	36.471	55.601
848.066	Köln-Rentenfonds Deka	DEKA	8.148			
848.068	LG-Rentenfonds Deka	DEKA	7.921			
848.801	MK RENTAK Fonds	MK	8.056	14.346	24.140	37.503
847.134	NB-RENTENFONDS OP	OPPENHEIM	7.975	14.183		
847.123	NÜRNBERGER ADIG R	ADIG-INVESTMENT	8.219			
848.566	Oppenheim Inland-Rent	OPPENHEIM	7.565	13.154	21.195	
848.554	Oppenheim Priva-Rent	OPPENHEIM	8.103	14.393	24.432	38.103
848.388	PEH-UNIVERSAL-FONDS IR	UNIVERSAL	8.615			
847.244	PVfrent-ALLFONDS INVESTMENT	ALLFONDS INVESTMENT	8.387			
847.453	RenditDeka	DEKA	8.186	14.613	24.599	38.189	58.625
848.077	S-BayRent Deka	DEKA	7.881			

848.822	SMH-Rentenfonds-UBS	UBS INVEST	8.011	13.865	23.496	36.471	
975.250	UBS (D) Rent-Euro	UBS INVEST	7.981				
849.106	UniZins	UNION INVESTMENT	8.046	14.343			
847.624	VEREINTE RENDITEFONDS DIT	DIT	8.248				
847.782	VOLKSWOHLBUND Rendite-CS	CSAM KAG	8.282				
847.119	WWK-Rent ADIG	ADIG-INVESTMENT	8.021				
849.001	Zürich Invest Renten Deutschland	ZÜRICH INVEST	8.111				
	Durchschnitt		8.049	14.298	24.060	38.233	58.999
	Durchschnittliche jährl. Wertsteigerung in %		5,72	5,89	6,48	6,80	7,01
Rentenfonds mit Anlageschwerpunkt Euro							
847.133	AC Renten-Inland Plus	AXA COLONIA KAG	8.010	14.159	23.605		
971.279	Activest Lux EuroRent Flex	ACTIVEST LUXEMBOURG	8.159				
847.416	Albingia Renditefonds DWS	DWS	8.248				
847.424	Barmenia Renditefonds DWS	DWS	8.237				
849.107	BBV-Fonds-Union	UNION INVESTMENT	8.038				
971.218	BHF-Europazins >>LUX<<	BHF LUX	8.521				
847.422	BL-Rent DWS	DWS	8.266				
849.154	BW-RENTA-UNIVERSAL-FONDS	UNIVERSAL	8.477	15.251	25.343	39.110	
849.124	Citibank Rendite Union	UNION INVESTMENT	7.978				
849.110	Condor-Fonds-Union	UNION INVESTMENT	9.041				
971.120	DekaLux-Bond	DEKA S.A.	8.501				
847.787	DEVK-SPARDA-RENT-CS	CSAM KAG	7.849				
848.533	EURONORDRENTA	NORDINVEST	8.182				
847.801	FT Interzins	FRANKFURT-TRUST	7.887	13.989	23.408	36.295	
847.044	Hanse-Merkur Rentenfonds INVESCO	INVESCO	8.076				
847.403	Inrenta	DWS	8.213	14.719	24.726	38.338	58.973

848.107	KAPITALFONDS PROZINS	GERLING INVESTMENT	8.534					
849.122	LIGA-Pax-Rent-Union	UNION INVESTMENT	8.350					
849.109	LVM-Fonds-Union	UNION INVESTMENT	8.545					
847.771	MK RENTEX Fonds	MK	8.230	14.898	25.606			
976.528	MMWI-ORDO-RENTENFONDS	WARBURG INVEST	7.871	14.011	23.379	36.054		
847.410	Nürnberger Rentenfonds DWS	DWS	8.199	14.718	24.004			
847.406	Ring-Rentenfonds DWS	DWS	8.031	14.399	24.234	37.338		
847.810	Stuttgarter Rentenfonds FT	FRANKFURT-TRUST	8.132					
849.128	Union Bond Baden	UNION INVESTMENT	7.966					
849.126	VR-Vermögensfonds	UNION INVESTMENT	8.252					
	Durchschnitt		8.223	14.518	24.288	37.427		
	Durchschnittliche jährl. Wertsteigerung in %		6,14	6,08	6,56	6,66	7,01	
Rentenfonds mit Anlageschwerpunkt Europäische Währungen								
847.121	ADIROPA	ADIG-INVESTMENT	8.335					
847.603	DIT-EUROPAZINS	DIT	9.412					
971.050	EURORENTA	DWS S.A.	8.913					
847.515	Magdeburger Wert-Fonds DIT	DIT	8.963					
847.613	MANNHEIMER RENDITEFONDS DIT	DIT	8.543					
976.167	METZLER RENTEN PLUS	METZLER INVESTMENT	8.583	15.421	26.024			
847.611	NB-EURORENT-DIT	DIT	9.144					
848.569	Oppenheim Extra Portfolio	OPPENHEIM	8.098	13.952	22.874			
975.221	PRIVATFONDS	METZLER INVESTMENT	13.215	24.129	46.949	76.641		
971.132	UniEuropaRenta	UNION S.A.	8.562					
	Durchschnitt		9.177	17.834	31.949			
	Durchschnittliche jährl. Wertsteigerung in %		8,23	8,58	8,94	11,33		

	Rentenfonds mit internationalem Anlageschwerpunkt							
847.135	AC Renten-Global	AXA COLONIA KAG	9.061					
971.217	Activest Lux WeltRent	ACTIVEST LUXEMBOURG	9.211					
847.112	ADIREWA	ADIG-INVESTMENT	9.314	16.595				
847.141	Allianz Inter-Rent Fonds	ALLIANZ	9.393					
847.921	BB-Multirent-INVEST	BB-INVEST	9.341					
972.058	BfG GlobalRent A	BfG LUXINVEST	8.604					
971.166	BfG GlobalRent B	BfG LUXINVEST	8.606					
847.431	BfG Invest Zinsglobal	BfG INVEST	8.708					
848.367	BW-RENTA-INTERNATIONAL-UNIVERSAL-FONDS	UNIVERSAL	8.567					
847.785	CS Renten I	CSAM KAG	7.562					
847.456	DekaRent-international	DEKA	9.153	16.594	27.920	43.848	67.177	
971.114	DIT-LUX BONDSPEZIAL A	dam	9.449					
847.808	FT Accuzins	FRANKFURT-TRUST	9.057	17.289				
848.108	GERLING GLOBAL RENTENFONDS	GERLING INVESTMENT	8.742					
847.908	HANSAinternational	HANSAINVEST	8.677	15.503				
847.505	INTERNATIONALER RENTENFONDS	DIT	9.273	16.726	30.312	51.252	82.289	
847.404	Inter-Renta	DWS	8.986	16.634	29.325	47.743	75.360	
971.260	LEO-FONDS	dam	8.311					
848.069	LG-International Rentenfonds Deka	DEKA	9.106					
971.297	Luxinvest ÖkoRent	BfG LUXINVEST	8.735					
971.191	M.M.Warburg-LuxBond	WARBURG-LUXINVEST	8.096					
849.050	Maffei Interrent OP	OPPENHEIM	8.805					
848.400	MAT Internationaler Rentenfonds	MAINTRUST	9.088					
848.495	NORDCUMULA	NORDINVEST	9.654	16.009				
848.480	NORDRENTA INTERNATIONAL	NORDINVEST	8.785	15.709	26.468			
971.173	OPPENHEIM INTERLUX B	OPPENHEIM LUX	8.810					

847.408	Re-Inrenta	DWS	9.697	17.689	30.485	48.718		
847.513	THESAURENT	DIT	9.950	17.666				
975.251	UBS (D) Rent International	UBS INVEST	8.651				71.754	
849.102	UniRenta	UNION INVESTMENT	9.113	16.548	28.639	45.779		
847.783	VOLKSWOHLBUND international-CS	CSAM KAG	8.128				74.145	
	Durchschnitt		8.924	16.633	28.858	47.468		
	Durchschnittliche jährl. Wertsteigerung in %		7,70	7,74	8,06	8,24	8,24	
Rentenfonds mit Anlageschwerpunkt US-Dollar								
971.109	Dollarrenta	DWS S.A.	9.810					
	Durchschnittliche jährl. Wertsteigerung in %		9,49					
Gemischte Fonds mit Anlageschwerpunkt Deutschland								
847.100	FONDRA	ADIG-INVESTMENT	12.261	21.759	40.958	66.112	100.740	145.810
847.409	GKD-Fonds	DWS	15.603	29.799	56.216			
847.108	PLUSFONDS	ADIG-INVESTMENT	20.141	39.483	82.593	137.004		
	Durchschnitt		16.002	30.347	59.923	101.558		
	Durchschnittliche jährl. Wertsteigerung in %		18,60	14,80	14,16	13,10	9,84	9,31
Gemischter Fonds mit Euro-Anlageschwerpunkt								
848.079	BerolinaRent Deka	DEKA	9.146					
848.626	KM Mitarbeiter-Fonds OP	OPPENHEIM	10.637					
976.530	MMWI-SELECT-FONDS	WARBURG INVEST	15.107	22.916				
849.104	UniRak	UNION INVESTMENT	12.163	21.029	37.365			
	Durchschnitt		11.763	21.972				
	Durchschnittliche jährl. Wertsteigerung in %		12,89	11,05	10,26			
Gemischte Fonds mit internationalem Anlageschwerpunkt								
848.450	BWK-Württembergischer Internationaler Rentenfonds	BWK	9.458					

848.373	FIDUKA-UNIVERSAL-FONDS I	UNIVERSAL	12.277			
848.512	GERLING FLEX	GERLING INVESTMENT	14.096			
849.143	HWG-FONDS	UNIVERSAL	16.584	30.762	63.623	110.567
848.080	Naspa-Fonds Deka	DEKA	10.581			
847.429	Ring-International DWS	DWS	15.021			
849.159	UNIVERSAL-EFFECT-FONDS	UNIVERSAL	14.235	24.610	49.599	84.984
	Durchschnitt		13.179	27.686	56.611	97.775
	Durchschnittliche jährl. Wertsteigerung in %		15,01	13,75	13,70	12,86
Offene Immobilienfonds						
980.230	BfG Immolnvest	BfG Immobilien-Invest	7.833			
980.950	DespaFonds	DESPA	7.529	13.737	22.397	34.123	50.679
980.550	DIFA-Fonds Nr. 1	DIFA	7.520	13.629	21.983	33.194	48.559
980.551	DIFA-GRUND	DIFA	7.582				
980.700	grundbesitz-invest	DGI	7.401	13.414	21.786	33.702	
980.780	GRUNDWERT-FONDS	DEGI	7.471	13.666	22.370	34.730	
981.770	HANSAimmobilia	HANSAINVEST	7.617				
980.701	HAUS-INVEST	CGI	7.680	13.885	22.538	34.859	
982.000	iii-Fonds Nr. 1	iii	7.360	13.299	21.318	31.759	45.316
982.001	iii-Fonds Nr. 2	iii	7.455	13.488	21.585	31.691	44.753
980.140	WestInvest 1	WestInvest	7.540				
	Durchschnitt		7.544	13.588	21.997	33.437	47.327
	Durchschnittliche jährl. Wertsteigerung in %		4,47	5,27	5,69	5,89	5,81	5,78

Die Angaben in dieser Statistik wurden vom BVI sorgfältig ermittelt, erfolgen jedoch ohne Gewähr

Mit einem Sparplan zum Vermögen

Die nächste Tabelle bietet Beispiele für das regelmäßige Fondssparen mit Renditen, die bewusst unter der Annahme der allgemein akzeptierten Formel liegen: „Andauerndes und ununterbrochenes Sparen in Fonds bringt durchschnittlich neun Prozent Rendite im Jahr. Wer sein Geld in einen reinen Aktienfonds steckt, kann sogar mit elf Prozent rechnen. Eine solche Rechnung legt zugrunde, dass der Anleger in einen Aktienfonds mit den 30 Standardwerten des DAX investiert."

Zur besonderen Anschaulichkeit geht es hier um die notwendigen monatlichen Einzahlungen zum Erreichen eines Vermögens von einer Million DM Kapital im Alter von 65 Jahren (vor Steuer und bei Ertragsthesaurierung). Die Tabelle ist so zu lesen: Wer zum Beispiel von seiner Geburt an 291 DM monatlich zu 4,0 Prozent Zinsen anlegt, der ist mit 65 Jahren Millionär. Legt er nur 46 DM an, aber zu einem Zins von 8,0 Prozent, so erreicht er mit 65 Jahren das gleiche Ziel. Die Statistiken des BVI verdeutlichen, dass es keine Hexerei ist, mit einer über Jahrzehnte kontinuierlichen Geldanlage in Fonds zu Renditen zwischen vier und acht Prozent zu gelangen. Im Rentenalter Millionär zu sein, ist also keineswegs nur den Betuchten in der Gesellschaft möglich.

Selbst wer erst mit 30 Jahren mit dem Fondssparen beginnt, hat noch eine Chance. Dann wäre ein monatlicher Betrag von 487 DM zu zahlen, um bei einem durchschnittlichen Zins von 8,0 Prozent im Alter von 65 Jahren noch Millionär zu werden. Wie die Erfahrung beim Fondssparen in den vergangenen 50 Jahren zeigt, ist das kein hoffnungsloses Unterfangen. Wichtig dabei ist: Die Million im Alter ist nur ein Beispiel. Weniger Vermögen tut es ja auch. Die Hälfte oder ein Viertel davon ist in den meisten Fällen noch immer ein angenehmes Sicherheitspolster neben dem regelmäßigen Einkommen durch eine Rente, eine Pension oder andere Einkommensarten.

Tabelle 2: Beginn der monatlichen Einzahlung in DM

im Alter von	bei einem Zinssatz von			im Alter von	bei einem Zinssatz von		
	4 %	6 %	8 %		4 %	6 %	8 %
bei Geburt	291	119	46	30 Jahren	1.163	761	487
1 Jahr	303	126	49	31 Jahren	1.226	813	529
2 Jahren	317	133	54	32 Jahren	1.294	872	575
3 Jahren	331	142	58	33 Jahren	1.366	933	626
4 Jahren	345	150	62	34 Jahren	1.444	1.000	680
5 Jahren	360	160	67	35 Jahren	1.528	1.072	741
6 Jahren	376	169	72	36 Jahren	1.617	1.152	807
7 Jahren	393	180	79	37 Jahren	1.715	1.237	880
8 Jahren	411	191	85	38 Jahren	1.820	1.330	961
9 Jahren	429	203	92	39 Jahren	1.933	1.433	1.049
10 Jahren	448	215	100	40 Jahren	2.057	1.546	1.148
11 Jahren	469	229	107	41 Jahren	2.192	1.668	1.257
12 Jahren	490	244	117	42 Jahren	2.339	1.804	1.378
13 Jahren	512	258	125	43 Jahren	2.501	1.954	1.513
14 Jahren	537	275	135	44 Jahren	2.680	2.120	1.664
15 Jahren	562	292	147	45 Jahren	2.877	2.305	1.833
16 Jahren	588	311	159	46 Jahren	3.095	2.511	2.024
17 Jahren	615	331	171	47 Jahren	3.340	2.743	2.240
18 Jahren	645	352	186	48 Jahren	3.614	3.004	2.485
19 Jahren	675	375	201	49 Jahren	3.925	3.301	2.766
20 Jahren	708	399	217	50 Jahren	4.278	3.641	3.089
21 Jahren	742	425	235	51 Jahren	4.683	4.033	3.464
22 Jahren	779	453	255	52 Jahren	5.151	4.489	3.902
23 Jahren	818	482	276	53 Jahren	5.700	5.024	4.419
24 Jahren	859	515	299	54 Jahren	6.351	5.661	5.039
25 Jahren	902	548	324	55 Jahren	7.134	6.430	5.790
26 Jahren	948	585	352	56 Jahren	8.093	7.375	6.717
27 Jahren	996	624	381	57 Jahren	9.296	8.563	7.886
28 Jahren	1.049	667	414	58 Jahren	10.844	10.097	9.400
29 Jahren	1.105	712	448	59 Jahren	12.913	12.150	11.432

Quelle: Bundesverband Deutscher Investmentgesellschaften (BVI)

Wie groß soll das Vermögen im Alter sein?

Wer regelmäßig mit Fonds spart, will wissen, wie hoch am Ende des Sparplans das Vermögen sein sollte, damit er noch über Jahre oder vielleicht sogar Jahrzehnte Ertrag und Kapital daraus verzehren kann, ohne im hohen Alter doch noch „arm wie eine Kirchenmaus" zu werden und auf andere angewiesen zu sein. Dabei sollte sich jeder bei der anvisierten privaten Altersvorsorge darüber im Klaren sein: Sie ist ein Spiel mit hohen Summen. Das Alter kostet nicht weniger als das Leben davor. Dafür sorgen nicht nur Krankheit oder Pflegebedürftigkeit. Einen gewohnten Komfort ohne regelmäßige Gehaltszahlungen aufrechtzuerhalten, verlangt in der Regel „ein hübsches Sümmchen".

WISO empfiehlt: Seien Sie nicht zu knauserig, wenn es um das Sparen für das Alter geht. Bei einer durchschnittlichen ständig steigenden Lebenserwartung können sich viele künftige Senioren auf zwei Jahrzehnte und mehr im Rentenalter freuen.

Ertrags- und Kapitalverzehr im Alter

Die folgende Tabelle zeigt, wie viel Geld Sie zehn, 15 oder 20 Jahre lang monatlich entnehmen können, wenn Sie neben den Erträgen auch das Kapital verbrauchen wollen. Sie ist zum Beispiel so zu lesen: Wer im Alter über ein Vermögen von 250.000 DM verfügt, kann bei einer jährlichen Verzinsung dieses abnehmenden Kapitals von 6,0 Prozent 20 Jahre lang 1.759 DM entnehmen, bis es endgültig aufgebraucht ist.

Tabelle 3: Bei einem Vermögen von DM ... beträgt Ihre monatliche Entnahme während einer Dauer von

	10 Jahren			15 Jahren			20 Jahren		
	und einer angenommenen Verzinsung von								
	6 %	7 %	8 %	6 %	7 %	8 %	6 %	7 %	8 %
DM	DM	DM	DM	DM	DM	DM	DM	DM	DM
50.000	548	572	595	416	441	467	352	379	407
100.000	1.097	1.143	1.190	831	882	933	704	758	814
150.000	1.645	1.715	1.785	1.247	1.322	1.400	1.055	1.137	1.220
200.000	2.193	2.286	2.381	1.662	1.763	1.866	1.407	1.516	1.627
250.000	2.741	2.858	2.976	2.078	2.204	2.333	1.759	1.895	2.034
300.000	3.290	3.429	3.571	2.493	2.645	2.799	2.111	2.274	2.441
400.000	4.386	4.573	4.761	3.324	3.526	3.733	2.815	3.031	3.254
500.000	5.483	5.716	5.952	4.155	4.408	4.666	3.518	3.789	4.068

Quelle: Bundesverband Deutscher Investmentgesellschaften (BVI)

Vorsicht: Der Trick mit dem Rechenschieber

Auf eine Feststellung legt der vorliegende Fondsführer besonderen Wert: Niemand darf bei einem Sparplan in Investmentfonds von sicheren Renditen ausgehen, also von vier, sechs, acht oder noch viel mehr Prozent Jahresrendite. Dies wäre Unsinn. Investmentfonds, besonders Aktienfonds, unterliegen Kursschwankungen! Dies ist eine eherne Regel, die stets im Hinterkopf des Investors Platz haben muss. Nun ist der Autor bei seiner Recherche auf ein Geldanlage-Buch gestoßen, das einen besonders raffinierten Trick der Geldbranche entlarvt: den Trick mit dem Rechenschieber!

Peter Fehrenbach und Helmut Kapferer nehmen in ihrem Buch „An Investmentfonds verdienen", Rudolf Haufe Verlag, Freiburg im Breisgau, Freiburg–Berlin–München–Zürich 1999, die Masche vieler Investmentgesellschaften aufs Korn, mit so genannten Rechenschiebern sichere Renditen vorzugaukeln. Vorweg ein Zitat aus dem Buch auf Seite 296: „Einer besonderen Form des Investmentfonds-Werbematerials wollen wir ein ganzes Unterkapitel widmen: Den so genannten Rechenschiebern. Dies nicht nur wegen der dadurch verursachten Anlegergefährdung, sondern auch, weil der offenbar anhaltende Erfolg dieses Verkaufstricks zeigt, dass wir uns .... noch in einer

Frühphase des Investmentfondsmarktes befinden, in dem ein so sehr vereinfachendes, geradezu plumpes Werbeargument zieht."

Die beiden Autoren weisen mit eigenen Tests nach, dass die Rechenschieberspielereien die Illusion vermitteln, man könne die Ergebnisse von Investmentfondsanlagen berechnen. Ihr Vorwurf: „Die Gesellschaften, die mit diesen Hilfsmitteln arbeiten, suggerieren eine Entwicklung, die es an den Wertpapiermärkten nur bei festverzinslichen Papieren gibt. Nicht aber bei Aktien- und Rentenfonds ... Rechenschieber täuschen Anleger." Fehrenbach und Kapferer haben überprüft, wie realistisch die Angaben auf diesen Rechenschiebern sind. Zu diesem Zweck haben sie die Ergebnisse der Werberechenschieber mit den tatsächlichen Ergebnissen entsprechender Einmalanlagen, Sparpläne und Entnahmepläne in der Vergangenheit verglichen. Bei der Methode wurden viele zeitlich verschobene Anlagezeiträume betrachtet und miteinander verglichen. Die Ergebnisse sind nach Meinung der Autoren erschreckend: „Zu mehr, als die Anleger zu täuschen, taugen die Rechenschieber nicht." Auf den Seiten 298 bis 302 vergleichen sie insgesamt neun Rechenschieber-Annahmen mit den historischen Fakten. Die Datenbankergebnisse der beiden Autoren zeigen, dass die Rechenschieber-Ergebnisse nichts mit der historischen Entwicklung der Wertpapiermärkte zu tun haben.

Das Fazit der Autoren: Bei allen Tests gäben die Rechenschieber-Ergebnisse keinen realistischen Eindruck der Chancen und Risiken bei der Anlage in Investmentfonds. Die wertpapiertypischen Kursschwankungen würden nicht berücksichtigt. Das Gleiche gelte für die Tests mit Entnahmeplänen mit Kapitalverzehr und/oder Kapitalerhalt. Auch da würde bei den Rechenschieber-Tests der falsche Eindruck erweckt, als ob Entnahmepläne unter den gegebenen Vorzeichen auf Jahre hin genau auszurechnen seien.

WISO empfiehlt: Wenn Ihnen Investmentfondsanlagen mit Hilfe eines Rechenschiebers angeboten werden, dann sollten Sie erwägen, sich von diesem Berater oder Anbieter zu verabschieden. Werden Sie misstrauisch, wenn man Sie mit Werbeslogans über Marktentwicklungen im Unklaren lassen will. Investmentprodukte sind Anlageprodukte, die speziell für den Nichtfachmann entwickelt wurden. Akzeptieren Sie nur Darstellungsweisen, die Ihnen ein akzeptables realistisches Bild von den Chancen und den Risiken Ihres Investments zeigen.

VI.

DIE PERFORMANCE – DARAUF SCHAUEN ALLE!

Performance ist nicht alles

Als Performance bezeichnet man die Wertentwicklung einer Kapitalanlage. Bei Fonds wird die prozentuale Veränderung der Anteilswerte während eines bestimmten Zeitraums gemessen. Dabei wird der beim Fondskauf gezahlte Ausgabeaufschlag meist nicht einbezogen. Der aber drückt die Rendite in jedem Fall. Die Wertentwicklung/Performance eines Fonds darf nicht allein an der Rendite gemessen werden. Für eine Analyse von Fonds sind neben der Performance auch die Volatilität, die Qualität des Fondsmanagements und der Vergleich mit der Konkurrenz heranzuziehen.

Der Durchschnitt der Fonds erwirtschaftet in der Regel weniger Rendite als eine Direktanlage an der Börse – dies zeigt zum Beispiel ein Vergleich der deutschen Aktienfonds mit der Entwicklung der 30 Aktien des DAX. Der Grund: Ein Indexfonds, der etwa den DAX nachbildet, bildet dessen Einzelwerte nach. Dabei erzielen die Anleger eine schlechtere Rendite, weil sie beim Fondskauf ja höhere Kosten haben als bei Aktien, also Ausgabeaufschläge, Gebühren und anderes mehr bezahlen müssen.

Der Vorteil des Anlegers bei der Kapitalanlage in Fonds liegt in der Risikostreuung. Kaum ein Privatanleger verfügt über soviel Kapital, um alle Aktien des DAX ins Depot zu legen. Er muss also eine Auswahl treffen. Ein Fonds hingegen schafft es mühelos, alle 30 Werte im Portefeuille zu haben. Damit ist seine Risikomischung deutlich weniger brisant. Doch auch das ist keine Versicherung auf dauerhaft positive Renditen, da sich die Fondswerte als Folge von Unternehmensentwicklungen, Zinsbewegungen, Konjunkturschwankungen und natürlich von Börsentrends ständig verändern.

Grundsätzlich gilt: Wer sein Geld wohldosiert und gut überlegt auf mehrere Fonds verteilt, der kann mittelfristig und langfristig mit einer vernünftigen Rendite – zumindest statistisch betrachtet – rechnen. Das zeigen nicht nur die

Statistiken des Bundesverbandes Deutscher Investmentgesellschaften (BVI), also des Interessenverbandes der Fondsbranche. So aufschlussreich diese auch sind, so muss dennoch immer wieder darauf hingewiesen werden, dass aus diesen empirischen Daten keine sicheren Prognosen abzuleiten sind. Was diese Statistiken zur Wertentwicklung der Fonds nämlich nicht enthalten, ist zum Beispiel eine Risikobewertung der Kapitalanlagestrategie des jeweiligen Fonds, also eine Analyse der Volatilität des Fonds oder ein Vergleich der einzelnen Fonds mit der direkten Konkurrenz.

Immer wieder Wechsel in der Spitzenposition

Fonds rutschen die Rendite-Hitlisten hinauf und hinunter. Das ist auch die Folge von Börsentrends. Wenn gerade Großunternehmen gefragt sind, dann profitieren Fonds, die auf Blue Chips gesetzt haben. Sind gerade Unternehmen aus der zweiten Reihe in der Gunst der Anleger, dann profitieren eben die so genannten Mid-Cap-Fonds. Deshalb legen die Kapitalanlagegesellschaften auch so viele Fonds auf, die sich im Grunde nur wenig voneinander unterscheiden. Nach der Wahrscheinlichkeitstheorie haben sie dann mehr Pfeile im Köcher, die – wiederum rein statistisch betrachtet – eine höhere Trefferquote garantieren.

Es gibt auch Fonds, die in der Vergangenheit über mehrere Jahre den Index geschlagen haben, weil sie auf bestimmte Werte spezialisiert waren. Doch garantiert dies nichts für die Zukunft. Ruhm ist vergänglich. Das zeigt etwa das Beispiel des Morgan Grenfell Capital Growth Fonds, des besten europäischen Aktienfonds des Jahres 1995. Nur wenige Monate nach der Bekanntgabe dieses guten Ergebnisses stürzte er jäh ab. Das Fondsmanagement hatte sich nämlich wild verspekuliert. Die Heftigkeit solcher Ausschläge spürt der Anleger dann besonders bitter, wenn er erst in der Phase großer Erfolge solcher Fonds eingestiegen ist. Die Kursrückschläge nach den Abstürzen der ehemaligen und längst gefeuerten Investmentstars werden dann erst nach Jahren – wenn überhaupt – wieder ausgeglichen.

WISO empfiehlt: Wer sein Geld in Fonds anlegt, ist gut beraten, tolle Ergebnisse von gestern nicht einfach auf morgen zu übertragen. Peter Lynch, einer der erfolgreichsten Fondsmanager aus den USA, der mittlerweile aus dem Geschäft ausgestiegen ist, prägte dazu den Satz: „Die Zukunft kann man nicht im Rückspiegel sehen!"

Eine Grundregel lautet: Nicht „alle Eier in einen Korb" legen! Eine wohlüberlegte Verteilung auf mehrere Fonds ist meist zielführender. In der folgenden Tabelle über Aktienfonds ist die Wertentwicklung nach Zehnjahresergebnissen (in Prozent) sortiert, und zwar absteigend. Aufgezeigt werden soll das Auf und Ab der Aktienfonds. Nicht jeder hält den gleichen Rang, den er ein oder mehrere Jahre zuvor innehatte. Alle Aktienfonds auf diese Weise miteinander zu vergleichen, würde zu viel Platz benötigen. Die Unterschiede in den Rangfolgen würden dann noch eklatanter zu Tage treten.

Wertentwicklung von Aktienfonds

Fonds	Investment-gesellschaft	1 Jahr 28.02.99– 29.02.00	3 Jahre 28.02.97– 29.02.00	5 Jahre 28.02.95– 29.02.00	10 Jahre 28.02.90– 29.02.00
Aktienfonds mit Anlageschwerpunkt Deutschland					
Provesta	DWS	111,0	216,0	365,8	530,4
NÜRNBERGER ADIG A	ADIG-INVESTMENT	69,4	222,3	432,4	449,0
Investa	DWS	55,0	137,3	273,6	378,9
AC Deutschland	AXA COLONIA KAG	58,4	158,9	287,7	360,5
DVG-Fonds Select-Invest	DVG	50,6	129,9	266,8	356,3
MMWI-PROGRESS-FONDS	WARBURG INVEST	60,8	135,2	242,2	343,0
Ring-Aktienfonds DWS	DWS	54,5	123,0	261,1	337,7
Trinkaus Capital Fonds INKA	INKA	47,1	108,7	213,5	322,5
ADIFONDS	ADIG-INVESTMENT	61,1	137,4	270,8	321,7
Oppenheim Select	OPPENHEIM	80,2	140,0	258,1	308,4
Alte Leipziger Trust Fonds A	AL-TRUST	51,8	113,6	215,8	306,2
Zürich Invest Aktien Deutschland	ZÜRICH INVEST	48,1	108,1	220,3	294,2
Köln-Aktienfonds Deka	DEKA	59,5	130,1	246,0	293,0
Citibank Invest Union	UNION INVESTMENT	43,9	121,6	238,7	292,1
DIT-WACHSTUMSFONDS	DIT	59,7	135,1	276,2	288,9
Frankfurter-Sparinvest Deka	DEKA	55,3	119,0	230,6	282,6
MK ALFAKAPITAL	MK	64,4	137,0	260,2	277,2
CONCENTRA	DIT	48,9	111,2	220,5	275,9
DekaFonds	DEKA	55,9	122,0	235,6	268,3
SMH-Special-UBS-Fonds I	UBS INVEST	53,0	124,8	239,0	256,6
DEUTSCHER-BERENBERG-UNIVERSAL-FONDS	UNIVERSAL	51,1	96,9	204,9	243,0

UniFonds	UNION INVESTMENT	46,5	104,4	209,3	239,4
DIT-SPEZIAL	DIT	98,8	201,9	245,7	238,6
FT Frankfurt-Effekten-Fonds	FRANKFURT-TRUST	45,2	89,7	171,3	236,8
HAUCK-MAIN I-UNIVERSAL-FONDS	UNIVERSAL	62,7	102,8	210,9	231,4
BfG Invest Aktienfonds	BfG INVEST	51,4	109,1	199,6	226,9
THESAURUS	DIT	46,9	107,6	204,6	223,9
DIT-FONDS FÜR VERMÖGENSBILDUNG*	DIT	43,7	76,2	153,4	217,3
Gerling Aktiv	GERLING INVESTMENT	57,7	115,4	216,1	214,2
NORIS	DeAM	47,5	107,8	219,3	211,5
Metallbank Aktienfonds DWS	DWS	34,9	97,9	176,4	209,4
AUFHÄUSER-UNIVERSAL-FONDS I	UNIVERSAL	46,7	107,5	202,1	202,6
HANSAeffekt	HANSAINVEST	47,1	104,8	210,7	200,1
FONDAK*	ADIG-INVESTMENT	44,8	93,6	182,3	190,9
HANSAsecur	HANSAINVEST	36,4	52,1	100,2	78,1
Aktienfonds mit internationalem Anlageschwerpunkt					
Deutscher Vermögensbildungsfonds I	DVG	108,3	250,4	424,8	539,5
Intervest	DWS	97,9	166,4	308,8	399,0
Deutscher Vermögensbildungsfonds A	DVG	78,1	143,3	423,8	385,1
KAPITALFONDS SPEZIAL	GERLING INVESTMENT	71,3	133,9	247,1	368,3
SMH-International-UBS-Fonds	UBS INVEST	109,6	249,8	497,1	356,2
INTERGLOBAL	DIT	62,8	166,5	317,4	330,0
ivera fonds	GERLING INVESTMENT	59,0	112,2	208,1	299,2
GERLING DYNAMIK FONDS	GERLING INVESTMENT	56,7	111,8	203,6	279,8
FT Interspezial	FRANKFURT-TRUST	51,8	102,9	177,1	268,7
BW-WARTBERG-UNIVERSAL-FONDS	UNIVERSAL	57,0	115,0	223,6	261,8
DekaSpezial	DEKA	74,3	194,9	330,8	261,8
HAUCK-MUNDUS-UNIVERSAL-FONDS	UNIVERSAL	39,3	99,9	237,3	261,5
Akkumula	DWS	54,9	112,3	207,7	260,5
UniGlobal	UNION INVESTMENT	44,3	127,7	261,5	235,9
BHF Trust Portfolio FT	FRANKFURT-TRUST	29,3	72,7	129,4	192,5
FONDIS	ADIG-INVESTMENT	42,2	110,4	205,3	189,7
MK INVESTORS Fonds	MK	31,8	78,2	173,2	153,2
AC Welt	AXA COLONIA KAG	32,6	61,1	128,8	148,8
WEKANORD	NORDINVEST	34,3	82,5	156,3	116,9

PEH-UNIVERSAL-FONDS I	UNIVERSAL	12,8	48,2	93,3	113,5
BERENBERG-UNIVERSAL-EFFEKTEN-FONDS	UNIVERSAL	17,7	24,3	34,0	37,6
Aktienfonds mit Anlageschwerpunkt Europa					
INDUSTRIA	DIT	58,2	149,6	329,3	392,5
AriDeka	DEKA	65,6	180,7	347,8	337,6
Eurovesta	DWS	47,6	105,0	232,9	304,6
VERMÖGENS-AUFBAU-FONDS (VAF)	DIT	46,6	137,2	307,2	298,7
BB-Europa-INVEST	BB-INVEST	40,5	114,5	227,4	255,6
BfG Invest Europafonds	BfG INVEST	33,2	113,2	220,4	221,8
FONDIROPA	ADIG-INVESTMENT	39,3	110,0	237,5	210,6
MMWI – EURAK – FONDS	WARBURG INVEST	36,4	100,7	210,6	192,1
Oppenheim Select Europa	OPPENHEIM	33,4	93,7	198,0	161,6
Oppenheim Spezial II	OPPENHEIM	34,7	-15,9	30,7	-11,8

Quelle: Bundesverband Deutscher Investmentgesellschaften (BVI)

Tabelle mit ausgewählten Rentenfondsgruppen: Die Wertentwicklungsergebnisse verlaufen nach Zehnjahresergebnissen sortiert, und zwar absteigend. Aufgeführt sind auch hier nur die Fonds, die ein Zehnjahresergebnis haben.

Wertentwicklung von Rentenfonds

Fonds	Investment-gesellschaft	1 Jahr 28.02.99–29.02.00	3 Jahre 28.02.97–29.02.00	5 Jahre 28.02.95–29.02.00	10 Jahre 28.02.90–29.02.00
Rentenfonds mit Anlageschwerpunkt Euro (nur deutsche Emittenten)					
Provesta	DWS	111,0	216,0	365,8	530,4
PEH-UNIVERSAL-FONDS IR	UNIVERSAL	-2,8	8,2	48,4	124,8
Allianz Rentenfonds	ALLIANZ	-3,0	13,2	39,7	116,6
DEUTSCHER RENTENFONDS	DIT	-1,8	14,4	42,3	115,2
NORIS RENDITE-FONDS	DeAM	4,4	22,0	55,2	114,8
VOLKSWOHLBUND Rendite-CS	CSAM KAG	-1,9	14,0	43,6	114,2
VEREINTE RENDITEFONDS DIT	DIT	-2,3	12,7	39,7	112,9
PVFrent-ALLFONDS INVESTMENT	ALLFONDS INVESTMENT	1,5	15,3	42,2	110,3
VICTORIA RENT-ADIG	ADIG-INVESTMENT	-3,0	11,7	37,6	108,1

Köln-Rentenfonds Deka	DEKA	-1,6	12,6	39,5	107,9
GOTHARENT-ADIG	ADIG-INVESTMENT	-3,0	11,8	37,5	107,8
Zürich Invest Renten Deutschland	ZÜRICH INVEST	-2,7	11,4	38,7	107,6
Inrenta	DWS	-2,0	12,2	39,0	106,6
WWK-Rent ADIG	ADIG-INVESTMENT	-3,2	11,2	37,6	106,2
GERLING RENDITE FONDS	GERLING INVESTMENT	1,4	13,2	37,4	105,0
ADIRENTA	ADIG-INVESTMENT	-2,8	11,2	37,9	104,4
NÜRNBERGER ADIG R	ADIG-INVESTMENT	-2,9	13,0	43,5	104,3
Oppenheim Priva-Rent	OPPENHEIM	-3,9	11,9	38,6	103,9
RenditDeka	DEKA	-2,8	12,4	38,8	103,8
ARA-Renditefonds DIT	DIT	-2,5	11,6	37,9	103,8
Alte Leipziger Trust Fonds R	AL-TRUST	-3,0	11,8	34,1	103,6
UniZins	UNION INVESTMENT	-2,6	11,6	35,6	102,4
HANSArenta	HANSAINVEST	-2,5	10,2	38,6	101,2
MK RENTAK Fonds	MK	-4,6	15,1	41,5	100,6
UBS (D) Rent-Euro	UBS INVEST	-3,4	11,4	37,3	100,6
AC Renten-Inland	AXA COLONIA KAG	-2,2	12,3	36,9	100,0
NB-RENTENFONDS OP	OPPENHEIM	-3,4	11,2	36,1	99,0
BfG Invest Rentenfonds	BfG INVEST	-2,3	11,7	36,0	98,7
INKA-Rent	INKA	-3,4	12,4	36,4	97,3
LG-Rentenfonds Deka	DEKA	-1,8	9,7	33,2	96,9
BB-DMrent-INVEST	BB-INVEST	-3,3	9,3	36,0	94,5
SMH-Rentenfonds-UBS	UBS INVEST	-2,7	11,4	37,2	93,2
MMWI-ORDO-RENTENFONDS	WARBURG INVEST	-3,6	10,3	33,0	92,2
DekaTresor	DEKA	1,2	11,8	30,8	90,3
S-BayRent Deka	DEKA	-2,7	12,3	34,9	89,9
Westrendit	WESTLB CM LUX	-2,5	10,0	35,2	88,5
FONDILUX	A.L.S.A.	-4,1	8,2	30,1	88,2
GERLING ZINS	GERLING INVESTMENT	-2,5	11,3	31,8	86,5
BERENBERG-UNIVERSAL-RENTENFONDS	UNIVERSAL	-4,2	9,3	32,0	85,1
Oppenheim Inland-Rent	OPPENHEIM	1,1	9,6	24,7	79,2
Oppenheim Spezial I	OPPENHEIM	-3,5	10,7	35,2	77,9
Rentenfonds mit Anlageschwerpunkt Euro					
Condor-Fonds-Union	UNION INVESTMENT	-3,0	17,9	64,3	147,0

KAPITALFONDS PROZINS	GERLING INVESTMENT	6,1	18,7	47,9	124,9
DekaLux-Bond	DEKA S.A.	-1,2	16,4	48,0	119,0
BW-RENTA-UNIVERSAL-FONDS	UNIVERSAL	-3,5	13,3	43,3	118,9
BL-Rent DWS	DWS	-1,5	13,4	41,1	113,6
Deutscher Vermögensbildungsfonds R	DVG	-1,7	14,8	43,0	113,5
Nürnberger Rentenfonds DWS	DWS	-1,8	13,4	41,0	112,2
LVM-Fonds-Union	UNION INVESTMENT	5,1	22,6	55,0	112,0
Albingia Renditefonds DWS	DWS	-1,8	13,3	40,5	111,0
LIGA-Pax-Rent-Union	UNION INVESTMENT	0,0	15,4	45,3	110,6
Barmenia Renditefonds DWS	DWS	-1,7	13,4	40,6	109,7
Ring-Rentenfonds DWS	DWS	-1,9	12,7	39,9	105,3
EURONORDRENTA	NORDINVEST	-0,3	13,8	46,1	105,1
Activest Lux EuroRent Flex	ACTIVEST LUXEM-BOURG	-1,5	12,8	36,5	104,7
VR-Vermögensfonds	UNION INVESTMENT	-0,6	15,5	42,9	103,9
Stuttgarter Rentenfonds FT	FRANKFURT-TRUST	-2,9	13,2	40,0	101,5
Hanse-Merkur Rentenfonds INVESCO	INVESCO	0,0	13,7	42,7	100,3
MK RENTEX Fonds	MK	-4,3	15,1	47,0	100,1
BBV-Fonds-Union	UNION INVESTMENT	-2,1	10,8	40,5	99,6
AC Renten-Inland Plus	AXA COLONIA KAG	-1,9	12,8	40,2	98,8
FT Interzins	FRANKFURT-TRUST	-2,6	11,0	34,2	96,7
Union Bond Baden	UNION INVESTMENT	-0,4	12,6	36,1	93,8
Citibank Rendite Union	UNION INVESTMENT	-1,4	11,6	38,6	93,8
DEVK-SPARDA-RENT-CS	CSAM KAG	0,3	14,8	39,5	88,5

Quelle: Bundesverband Deutscher Investmentgesellschaften (BVI)

VII.

VOR DEM KAUF: ACHTUNG BEI KOSTEN UND VERTRIEB

Vor der Rendite stehen die Gebühren

Fondsmanager lassen sich für ihre Dienste entlohnen. Ebenso wie bei der Direktanlage an der Börse über eine Bank oder Sparkasse fallen auch beim Erwerb von Fonds Kosten und Gebühren an. Der Anleger muss mit einem Katalog von „Spesen" rechnen. Experten kritisieren in diesem Zusammenhang die geringe Transparenz und die Höhe der Fondskosten. Dazu zählen:

- Ausgabeaufschlag: Je nach Fondsart, ob Aktien- oder Rentenfonds, werden zwischen ein und sechs Prozent verlangt. Dieser Betrag wird bei Einzahlung der Investitionssumme verlangt, also bei monatlicher Einzahlung jeden Monat neu und bei einmaliger Einzahlung alles auf einen Schlag. Beispiel: Bei einer Investitionssumme von 10.000 DM gehen bei fünf Prozent Ausgabeaufschlag 500 DM an die Fondsgesellschaft und nur 9.500 DM werden angelegt. Die Differenz von 500 DM geht für die Vertriebskosten drauf. Diese Gebühr erscheint in den meisten Fällen nicht auf den Kontoauszügen des Anlegers. Sie wird fondsintern abgerechnet. Es ist insofern eine Art unsichtbare Gebühr. Außerdem wird dieser Kostenpunkt in vielen Beratungsgesprächen noch immer nicht deutlich genug angesprochen.
- Depotgebühr: Werden die Fondsanteile bei einer Bank aufbewahrt, ist mit einer Gebühr von mindestens 20 DM pro Jahr zu rechnen.
- Verwaltungsvergütung: Das ist die Managementgebühr für die laufenden Kosten im Fonds selbst, also zum Beispiel Provisionen für An- und Verkauf der im Fonds gehaltenen Wertpapiere. Sie betragen in der Regel mindestens 0,5 Prozent, können aber auch deutlich darüber liegen.
- Sonstige Verwaltungsgebühren: Hierin enthalten sind Berichterstattungskosten und Kosten für die Fondsprospekte. Dadurch entfallen noch einmal mindestens 0,1 Prozent.

- Fonds-Wechsel-Kosten: Wer innerhalb einer Fondsgesellschaft wechseln will, also zum Beispiel sein Kapital von einem Aktienfonds in einen Rentenfonds umschichten will, zahlt je nach Fondsgesellschaft eine Gebühr (im Fachchinesisch auch Switchgebühr genannt). Beispiel: Bei einer Anlagesumme von 10.000 DM können sich die Kosten einmalig auf 500 DM und pro Jahr auf zusätzliche 200 DM summieren. Das muss der Fonds erst einmal erwirtschaften, bevor er aus der Sicht des Fondskäufers in die Gewinnzone gelangt.

Wichtig: Bei so genannten No-Load-Fonds werden keine Ausgabeaufschläge erhoben. In Deutschland wird derartigen Fonds die Bezeichnung „Typ 0" an den Fondsnamen angehängt. Doch Vorsicht: In diesen Fällen gilt meist eine erhöhte Verwaltungsvergütung plus eine erfolgsbezogene Vergütung, die dem jeweiligen Verkaufsprospekt zu entnehmen ist.

Beim Kauf von Fondsanteilen sollte man sich genau über die Kosten informieren. Am besten verlangt man eine Liste der anfallenden Gebühren. Glücklicherweise drückt die wachsende Konkurrenz unter den Anbietern auf die Kosten und Gebühren. Doch eines ist auch klar: Nur auf die Kosten zu starren, wäre kurzsichtig.

WISO empfiehlt: Wer nur auf die Kosten schaut, liegt falsch. Wichtiger noch als niedrige Fondskosten ist die Leistung des Anbieters und seiner Fondsmanager. Ein überdurchschnittliches Fondsmanagement holt die Kosten auf mittlere und längere Sicht wieder herein.

Preis- und Kostenvergleich sowie selbstbewusstes Auftreten bei der Bank können jedoch nicht schaden. Wichtig wird zunehmend der Blick auf eine neue Kennzahl für den Anleger: die Total Expense Ratio (TER). Sie zeigt mit einer Zahl, wie hoch der Prozentsatz ist, der aus dem Fondsvermögen jedes Jahr für Kosten abgezogen wird und auf dem Konto der jeweiligen KAG landet. Der Anleger hat mit der TER den Vorteil, die Kosten ähnlicher Fonds auf einen Blick erfassen und vergleichen zu können. Das ist nicht selten mitentscheidend für die Wahl eines Fonds.

Wie man bei den Gebühren sparen kann

Anleger müssen nicht alle Kosten hinnehmen. Zum Glück für die Sparer ist der Markt seit einiger Zeit kräftig in Bewegung. Seit sich Direktbanken, Fondsshops und freie Vermittler um die Anleger bemühen und der Fondsvertrieb sich verändert, sinken auch die Kosten. Der Markt wird nach und nach transparent. Nicht vergessen: Wer größere Beträge anlegen will, hat grundsätzlich immer die Chance, Kosten und Gebühren bei der jeweiligen Bank zu drücken. Wer die Bank umgeht und direkt bei der Fondsgesellschaft oder bei einer Direktbank kauft, kann oft den Ausgabeaufschlag reduzieren. Das ist unter Umständen auch möglich, wenn mit der Hausbank verhandelt oder das Kreditinstitut gewechselt wird.

Wer bei einer der Direktbanken oder einem Discountbroker ordert, erhält dafür häufig Rabatte. Dafür muss er allerdings meist auf jede Form von Beratung verzichten. Im Internet kann man die Tarife der Fondsanbieter durchstöbern. Advance Bank, Deutsche Bank 24, Comdirect, Consors, Direkt Anlage Bank, Allgemeine Direktbank oder Entrium haben alle umfassende Webseiten. Dort findet der Anleger auch Leitfäden zur Fondsauswahl mit den entsprechenden Kosten.

Wichtig: Auch die Direktbanken und Discountbroker sind keine Menschheitsbeglücker. Für ihre Dienste verlangen sie natürlich etwas. Deswegen sollte jeder Investor genau studieren,
- welche der Fonds überhaupt einen reduzierten Ausgabeaufschlag haben,
- wie hoch dieser ist,
- wie viel die Mindestgebühren pro Kauf betragen
- und wie hoch die Depotkosten liegen.

Denn der Fondskauf per Internet oder Fax, also an der alten Hausbank vorbei, ist zwar als zusätzlicher Vertriebsweg zu begrüßen, aber ohne Kosten läuft natürlich auch da nichts. Und die sind meist erst auf den zweiten Blick zu erschließen. Um einen Gebühren- und Kostenvergleich kommt der Anleger also nicht herum. Die folgende Tabelle hat den Zweck, zu zeigen, wie sich jeder Interessent eine persönliche Liste mit den wichtigsten Kostenpunkten erstellen und diese dann – zum Beispiel über das Telefon – abfragen kann. Wem das zu mühselig ist, dem sei gesagt: Der Aufwand zahlt sich am Ende aus! WISO hat sich die Mühe gemacht, zu beweisen, dass der Vergleich von Kosten und Gebühren immer lohnt. Schließlich will man sich ja für längere Zeit an einen Fonds über einen bestimmten Vertriebsweg binden. Dazu beispielhaft eine

WISO-Abfrage bei in Deutschland operierenden Direktbanken und Discountbrokern über die Höhe der Depotgebühren und die Kosten beim Kauf von Investmentfonds:

Kreditinstitut	Depotgebühr (incl. MwSt.)		Ausgabeaufschlag	Angebot an Investmentfonds
	Minimum pro Jahr:	50.000 DM Depot:		
Advance Bank	79,00 DM	79,00 DM	auf ca. 30 % reduzierter Ausgabeaufschlag	ca. 4.000
Allgemeine Deutsche Direktbank	keine	50,00 DM	2 %	alle in Deutschland zugelassenen
ConSors	keine	43,50 DM	in der Regel 5–6 % bei Aktienfonds, aber: 50 % der Fonds im Angebot haben einen um 25 bis 100 % reduzierten Ausgabeaufschlag	ca. 2.200
Comdirect Bank	23,20 DM	66,70 DM	5 % (davon ca. 50 % reduziert auf 2,5 %)	grundsätzlich alle
Deutsche Bank 24	25,00 DM, mindestens aber 0,5 % vom jeweiligen Kurswert	25,00 DM		
Brokerage 24	19,56 DM	37,06 DM		
Direkt Anlage Bank	keine	keine	von rund 3.800 etwa die Hälfte mit Preisreduktionen bis gegen null	grundsätzlich alle
Fimatex	keine	14,50 DM	bieten keine Aktienfonds an	
1822direkt	29,00 DM	29,00 DM	5 % (ab 5.000 DM –35 % vom Ausgabeaufschlag)	grundsätzlich alle
Entrium	10,00 DM	43,50 DM	bei ca. 800 Fonds reduzierter Ausgabeaufschlag	alle in Deutschland zugelassenen

Quelle: Tel. WISO-Abfrage bei den einzelnen Kreditinstituten, Stand: Mai 2000

Noch herrscht ein wahrer Tarifdschungel unter den Direktbanken und Discountbrokern (sie nennen sich auch Online-Broker). Immer mehr von ihnen öffnen ihre Pforten und wollen ein Stück vom Markt erobern. Die Unterschiede bei den Preisen und beim Service sind daher auch sehr groß. Deshalb ist diese telefonische Abfrage auch nur eine Momentaufnahme. Da sich die Tarife ständig ändern und gegenseitig unterbieten, muss der Fondskäufer besonders auf die Veränderungen im Wettbewerb von Direktbanken und Online-Brokern auf der einen Seite und den Fondsgesellschaften auf der anderen Seite achten. Eine Zahl über die Finanzgeschäfte per world wide web sagt eine Menge: Aktuelle Marktprognosen gehen davon aus, dass die gegenwärtig weltweit noch deutlich unter 50 Milliarden Euro liegenden, online verwalteten Vermögen auf weit über 500 Milliarden Euro im Jahr 2003 wachsen werden (Grundsätzliches zum Thema „Direktbanken und Discountbroker" im Kapitel „Informationsquellen").

Trends im Vertrieb

Der moderne Vertrieb von Fonds an den Filialen der Banken vorbei geht nicht nur über das Internet. Insgesamt geraten die alten Vertriebsstrukturen unter Druck. Mehr und mehr vertreiben Versicherungsvermittler, freie Vermittler und so genannte Strukturbetriebe die Investmentanteile im Direktgeschäft. In Zahlen ausgedrückt heißt das: Lag der Anteil der Banken 1998 noch bei 69 Prozent, so dürfte er im Jahr 2005 nur noch 54 Prozent betragen. Nach dieser Prognose des Beratungshauses Dr. Seebauer und Partner gibt der weitgehend filialbetriebene Bankvertrieb künftig deutlich Marktanteile ab, und zwar an Finanzmakler, Fondsshops, Internet-Anbieter, Versicherungen, Bausparkassen und Sonstige.

Das Fondsgeschäft zeigt alle Anzeichen einer Strukturveränderung unter den Bedingungen eines stürmischen Wachstums der Geschäftsvolumen. Die Anleger werden immer renditeorientierter. Das beweist alleine schon der Favoritenwechsel von den Renten- zu den Aktienfonds. Dafür sorgt aber nicht zuletzt die Medienberichterstattung, die beim Konsumenten immer mehr Gewinnerwartungen hervorruft. Auf der Ebene von Service und Vertrieb bleibt das natürlich nicht ohne Folgen. Dabei sind die wesentlichen Faktoren aus den USA vorgegeben:

- Professionell gemanagte Fondsanlagen werden immer populärer. Das Angebot an maßgeschneiderten Fondskonzepten nimmt zu. AS-Fonds, Vermögenszulage-Fonds, Dachfonds, Garantiefonds und Indexfonds sind Beispiele dafür. Diese bieten Sparpläne und Sparformen, die auch schon von kleinen Sparraten an gelten. Der Kleinanleger ist also keineswegs ausgeschlossen, im Gegenteil.

- Die neuen Kommunikationstechnologien verändern die Verhaltensweisen von Sparern und Managern dramatisch. Die Möglichkeit, sich über das Internet zu informieren, internationalisiert und revolutioniert den Vertrieb und das Service. Wer unter den Anbietern mithalten will, muss zum Full-Service-Provider, also zum „Alles-Anbieter" beziehungsweise „Vollsortimenter" werden. Er muss alles im Angebot haben: Fonds, Sparpläne, eigene Kontoführung und den ganzen Service drum herum. Der Kunde wird zunehmend anspruchsvoller.

- Die traditionellen Vertriebswege verändern sich grundlegend. Die Grenzen zwischen der klassischen Bank und der Versicherung verschwimmen. Die Entwicklung bei der DWS, der Fondstochter der Deutschen Bank, zeigt dies exemplarisch. Eine Übernahme durch die Allianz-Versicherung scheiterte zwar bisher. Doch die spektakulär gescheiterte Fusion von Deutscher und Dresdner Bank zeigte unmissverständlich: Die Allianz will neben dem Versicherungsgeschäft auch im Fondsgeschäft zum Marktriesen werden und sucht zum entsprechenden Marktauftritt einen geeigneten Vertriebsweg oder Vertriebspartner. Was bisher die alleinige Domäne der Banken war, gerät ins Wanken. Selbst Großunternehmen mischen demnächst über firmeneigene KAGs im Fondsgeschäft mit.

Eine Alternative: bankunabhängige Vermögensverwalter

Zunehmend mischen bankunabhängige Vermögensverwalter in der Fondsbranche mit. Sie bieten ihren Kunden eigene Investmentfonds an, arbeiten auf eigene Rechnung und fordern oft einen Anteil am Performanceerfolg. Früher waren sie nur für die besonders betuchte Klientel zuständig. Mittlerweile kommen sie, etwa mit monatlichen Mindesteinzahlungen von 100 Euro, auch dem breiten Publikum entgegen. Die Zugpferde unter den privaten Vermögensverwaltern versuchen mit großen Namen zu glänzen, wie bis vor kurzem noch der Aktienfonds Fiduka Universal I mit dem verstorbenen „Börsenpapst" André Kostolany als Partner oder wie der börsennotierte Frankfurter Börsenmakler Kling-Jelko mit dem bekannten Julius-Bär-Fondsmanager Kurt Ochner als Mitglied im Anlageausschuss.

Die wenigsten Fondssparer werden aber mit diesen Namen direkt in Kontakt treten. Die meisten kommen mehr oder weniger zufällig mit einem Außendienstmitarbeiter der Finanzdienstleistungsbranche zusammen, der Fonds im Angebot hat. Für den Anleger stellt sich dann die Frage, inwieweit er den Aussagen trauen kann. Dabei sollte er nach einem Gespräch mit einem sol-

chen Außendienstmitarbeiter prinzipiell eine Frage beantworten können: Wie war die Qualität von Beratung und Kundenservice? Eine Antwort darauf lässt sich anhand folgender Fragenliste finden. Je mehr positiv abgehakt werden kann, desto besser:
1. War der Außendienstler nicht nur ein reiner Produktverkäufer, sondern verfügte er über Lösungen für verschiedenste Finanzierungs- und Anlagebedürfnisse?
2. Konnte der Berater eine Anlagestrategie entwickeln, die auf mein Risikoprofil zugeschnitten war?
3. Hatte der Berater Fonds von mehreren Anbietern im Angebot?
4. Konnte der Berater mit den einschlägigen PC-Beratungsprogrammen umgehen?
5. Verfügte der Berater über einen Laptop, ein Notebook oder ein Handy, mit dem er sich direkt in den Großrechner einer Zentrale einwählen konnte, zum Beispiel um dort neueste Finanzierungskonditionen abfragen zu können?
6. Konnte der Berater mit grundlegendem Produkt-, Verkaufs- und Rechtswissen aufwarten?
7. Konnte der Außendienstmitarbeiter eine grundlegende Qualifikation mit Zertifikat zum Finanzdienstleister vorweisen?

Fondsshops statt Bankfiliale

Zu den interessanten Entwicklungen bei den freien Finanzdienstleistern gehören die so genannten Fondsshops, auch Fondsboutiquen oder Fondscenter genannt. Sie schossen in den vergangenen Jahren in Deutschland wie Pilze aus dem Boden. Es dürften inzwischen weit über 100 sein. Diese Fondsshops konzentrieren sich ausschließlich auf den Vertrieb von Investmentfonds. Fondsshops haben gegenüber einzelnen freien Vermittlern gewisse Vorteile. In der Regel bieten sie eine breite Palette an Fonds an. Dazu haben sie nicht nur Vertriebsverträge mit deutschen Investmentgesellschaften, sondern oft auch die ganze Palette der großen ausländischen Investmentgesellschaften im Angebot.

Fondsshops werben damit, dass in der Beratung der Kundschaft ein hohes Niveau angestrebt wird. So haben sich viele Shops im Bundesverband Deutscher Investmentberater (BVDI) zusammengeschlossen. Mitglied in diesem Verband können nur Fondsberater werden, die überprüfte Kenntnisse in diesem Bereich aufweisen. So verlangt der BVDI als Aufnahmekriterium eine abgeschlossene Bankausbildung oder ein abgeschlossenes Studium der Wirtschafts- oder Rechtswissenschaften oder auch eine Registrierung als Finanzdienstleistungsinstitut durch das Bundesaufsichtsamt für das Kreditwesen (BAKred). Ferner muss die Beratung in gewerblich genutzten Räumen stattfinden und das Haupttätigkeitsgebiet die Investmentberatung sein. Fragen Sie also beim BVDI nach, ob Ihr Fondsshop-Berater Mitglied ist. Der Verband gibt auf Anfrage auch eine Mitgliederliste heraus.

Adresse:
Kieler Straße 357–359
22525 Hamburg
Tel.: 040/54 54 52
Fax: 040/54 53 55

WISO empfiehlt: Fragen Sie Ihren Vermittler oder Fondsshop, ob sie Mitglied in einem Verband sind. Können sie eine solche Mitgliedschaft nicht nachweisen, ist zumindest Vorsicht angebracht.

Die Fondsshop-Betreiber streben an, als Qualitätssiegel die Registrierung als Finanzdienstleistungsinstitute beim BAKred zu erreichen. Dazu sind freie Finanzdienstleister nach der 6. Novelle des Kreditwesengesetzes (KWG) verpflichtet, wenn sie gewisse Kriterien erfüllen. Umfassen die Tätigkeiten eines Finanzdienstleisters folgende Bereiche, muss er sich beim BAKred eine Erlaubnis dafür holen:

- Die gewerbliche Vermittlung von Anlagen wie Investmentfonds.
- Die Verwaltung von Kundenvermögen mit eigenem Entscheidungsspielraum, wenn zum Beispiel eine Verwaltungsvollmacht des Kunden vorliegt.
- Den möglichen Zugang zum Vermögen des Kunden durch eine Kontovollmacht.

Auch Fondsshops machen nichts umsonst

Ähnlich wie bei den Banken sind die Möglichkeiten, Gebühren oder Kosten zu sparen, bei einem freien Vermittler oder einem Fondsshop eher gering. Der Grund dafür ist der fixe Ausgabeaufschlag. Der nämlich ist die Provision des Vermittlers, von der seine Existenz abhängt. Deshalb muss ein Anleger schon sehr hohe Anlagebeträge mitbringen, ehe sich ein Vermittler aufs Handeln einlässt.

Freilich hat der Kunde bei der laufenden Verwaltung weniger Kosten als bei der Bank. Denn beim Kauf von Fondsanteilen bei einem Vermittler oder Fondsshop fließt das Geld direkt auf ein Konto bei der Investmentgesellschaft.

Für diese Investmentkonten verlangen die Fondsgesellschaften entweder keine oder allenfalls eine geringe Depotgebühr. Das Investmentkonto hat außerdem weitere Vorteile: Will der Kunde von einem Fonds der Gesellschaft zu einem anderen Fonds der gleichen Gesellschaft wechseln (switchen), fällt oftmals kein oder nur ein verringerter Ausgabeaufschlag an. Außerdem kann der Anleger bei einem Investmentkonto Ausschüttungen zum Rücknahmepreis anlegen. Es entfällt also der Ausgabeaufschlag.

Was geschieht mit den Anlegergeldern?

Das Geld des Anlegers fließt direkt von seinem Konto bei seinem Fondsshop auf ein Konto der Investmentgesellschaft. Somit ist garantiert, dass der Vermittler das Geld des Anlegers nicht in falsche Kanäle leiten kann. Die Angst vieler Anleger, dass freie Vermittler oder Fondsshops Anlegergelder veruntreuen könnten, ist daher – theoretisch jedenfalls – nicht begründet. Nach Aussage der Fondsshops benützen Banken dieses Argument aber oft, um ihre Kunden bei der Stange zu halten. Lassen Sie sich also davon nicht beeindrucken.

Der Investmentmarkt wird kräftig durchgerüttelt

Als erste Filialbank in Deutschland bietet die Citibank seit Mai 2000 ihren Kunden Fonds von fast 20 renommierten internationalen Fondsgesellschaften, also auch Fremdfonds, und dazu umfassende individuelle Beratung. Dabei versteht sich die US-Bank als unabhängiger Fondsberater für ihre Kunden: Während andere Filialbanken ihren Kunden in der Regel nur hauseigene Fonds anbieten, bietet „CitiChoice" eine computerunterstützte Beratung und eine Liste von über 600 Fonds. Als unabhängiger persönlicher Fondsberater will das amerikanische Geldinstitut nach eigenen Angaben seine Kunden durch die Welt der Fonds lotsen und auf Basis der individuellen Kundenbedürfnisse die jeweils passende Anlage finden. Andere Banken dürfte dieses Angebot nicht ungerührt lassen. Für den Kunden jedenfalls erscheint es attraktiv. In den etwa 300 deutschen Zweigstellen der Citibank kann beim Fondskauf auf das CitiChoice-Programm zugegriffen werden.

Folgende nationale und internationale Fondsgesellschaften nahmen vom Start weg an CitiChoice teil: ACM Funds, ADIG Investment, Baring Asset Management, DWS, Fidelity Investments, Fleming Asset Management, Gartmore, Goldman Sachs, Henderson Investors, Invesco, Janus, Mercury Asset

Management, MFS Investment Management, Schroders, Scudder Investments, Threadneedle Investments und Vontobel.

Das Programm basiert auf den Bewertungen von Standard & Poor's Fund Management Rating und umfasst detaillierte Informationen zu den einzelnen Fonds sowie Musterportfolios. Die Bewertungen von Standard & Poor's gewährleisten eine gewisse Objektivität. Für den Kunden könnte das ein interessanter Weg zu „maßgeschneiderten" Anlagen in Fonds sein. Mehr über dieses Angebot im Internet unter www.citibank.de.

VIII.

STEUERN AUF FONDS – EINE VERZWICKTE ANGELEGENHEIT

Steuern auf Erträge von inländischen Fonds

„Steuern erheben heißt, die Gans so zu rupfen, dass man möglichst viele Federn mit möglichst wenig Geschnatter bekommt." Dieses Zitat des französischen Staatsmannes Jean Baptiste Colbert (1619–1683) kann leicht auf Deutschland umgemünzt werden: Kaum ein Jahr vergeht, wo nicht an irgendeiner Ecke des Steuersystems geschraubt oder angebaut wird. Daran hat sich auch nach dem Regierungswechsel im Oktober 1998 nichts geändert. Der Staatsanteil am Sozialprodukt ist deswegen auch weiterhin so hoch geblieben.

Steuern werden nicht beim Ausfüllen der Steuererklärung gespart, sondern bei der Wahl der finanziellen Strukturen. Machen Sie aber keine Anlagen, nur um Steuern zu sparen! Steuerersparnisse oder Steuerfreiheit sollen Sie wohl nutzen, aber nur dann, wenn das im Einklang mit Ihrer Vermögensstrategie ist. Es kann ins Auge gehen, wenn Anlagen nur aus Gründen der Steuerersparnis getätigt werden. Eine ausgewogene Strategie mit angemessener Steueroptimierung ist immer besser, als den letzten Pfennig wegen der Steuern auszureizen. Aber es kann sich natürlich lohnen, aus Gründen der Steuerplanung gewisse Vermögensumschichtungen vorzunehmen.

Das Gesetz über Kapitalanlagegesellschaften (KAGG) in Deutschland enthält eigene steuerliche Regelungen für Fonds. Grundsätzlich gibt es drei Einkommens- beziehungsweise Ertragsarten bei Fonds, die der Anleger im Inland versteuern muss: Zinsen, Dividenden und Veräußerungsgewinne. Die Erträge sind unabhängig davon, ob sie vereinnahmt oder thesauriert (reinvestiert) werden, entsprechend dem persönlichen Einkommensteuersatz beim privaten Anleger als „Einkünfte aus Kapitalvermögen" zu versteuern. Bei den folgenden Ausführungen zur Besteuerung von Fondserträgen sind nur die Gesetze für in Deutschland zum Vertrieb zugelassene Fonds erläutert. Für Erträge, die bei einem Investment im Ausland anfallen, finden die dort jeweils geltenden Gesetze

Anwendung (Näheres dazu weiter unten im gleichen Kapitel). Ein Beispiel: In der Schweiz etwa muss Quellensteuer in Höhe von 35 Prozent entrichtet werden. Steuerabkommen mit den jeweiligen Ländern ermöglichen es aber, dass mit der Einkommensteuererklärung diese Steuer teilweise zurückerstattet wird (siehe Näheres unter dem Stichwort „Quellensteuer" im Kapitel „Fondsglossar"). Folgende Punkte sind bei den zum Vertrieb zugelassenen Fonds deutscher KAGs gegenwärtig wichtig:

- Ausgeschüttete Gewinne sowie thesaurierte (im Fonds verbleibende erwirtschaftete) Zinserträge und Dividenden des jeweiligen Fonds unterliegen der Kapitalertragsteuer oder der Zinsabschlagsteuer. Die Sätze variieren, je nachdem, ob der Fonds Gewinne ausschüttet oder thesauriert. Bei Zinsen aus Rentenpapieren, Termingeschäften oder Anlagen in Geldmarktfonds oder Festgeld zahlt die Kapitalanlagegesellschaft 35 Prozent Zinsabschlagsteuer bei ausschüttenden und 30 Prozent bei thesaurierenden Fonds, jeweils zuzüglich des Solidaritätszuschlags. Bei Dividenden aus Aktienbesitz, die ein Fonds ausschüttet, müssen am Ende des Geschäftsjahres 25 Prozent Kapitalertragsteuer zuzüglich Solidaritätszuschlag abgeführt werden. Bei thesaurierenden Fonds erhält der Anleger hierüber eine Steuerbescheinigung. Denn in allen Fällen handelt es sich um eine Steuervorauszahlung des Privatanlegers, die auf die endgültige Einkommensteuerschuld angerechnet werden kann. Die Depotbank weist mit den Zinserträgen des Anlegers auch diese Steuer aus. Steuerinländer erhalten beim Bezug von Dividenden eine Steuergutschrift über die abgezogene Körperschaftsteuer. Bei der Einkommensteuererklärung ist dieses Steuerguthaben dann anzugeben. Dabei sind die gesetzlich festgeschriebenen Sparerfreibeträge und Werbungskostenpauschalen für Ledige und Verheiratete zu beachten. Der Anleger kann auch bei seiner Depotbank schon vor der Ausschüttung einen Freistellungsauftrag für die jeweiligen Freibeträge einreichen. Dann wird keine Kapitalertragsteuer auf Zinserträge einbehalten. Auch bei Vorlage einer Nichtveranlagungs-Bescheinigung (NS) für Anleger, die auf Grund entsprechend geringer Einkünfte (das sind gegenwärtig 27.000 DM Jahreseinkommen für Ledige und 54.000 DM für Verheiratete) nicht zur Einkommensteuer veranlagt werden, wird keine Zinsabschlagsteuer erhoben. Wird die NS dem depotführenden Institut rechtzeitig vor Ausschüttung vorgelegt, behält dieses bei der Ausschüttung keine Zinsabschlagsteuer ein und zahlt das Körperschaftsteuerguthaben sofort aus. Das jeweilige Finanzamt am Wohnsitz stellt die NS aus.

- Private Veräußerungsgewinne beim Verkauf von Fondsanteilen werden innerhalb der gesetzlich vorgeschriebenen Spekulationsfrist ähnlich wie bei Aktien versteuert. Sie müssen in der Anlage KSO der Einkommensteuererklärung angegeben werden. Das ist nach § 23 des Einkommensteuergesetzes (EStG) gesetzlich vorgeschrieben. Genau genommen werden die „Spekulationsgeschäfte" in den Zeilen 48 bis 50 behandelt: In Zeile 48 der Verkaufspreis der Fondsanteile, in Zeile 49 der Anschaffungspreis der Fondsanteile und in Zeile 50 steht der Gewinn. Die Spekulationsfrist dauert zwölf Monate. Danach sind Veräußerungsgewinne steuerfrei. Spekulationsgewinne unter 1.000 DM pro Kalenderjahr bleiben unabhängig von irgendwelchen Fristen steuerfrei. Spekulationsgewinne ab 1.000 DM unterliegen voll der Besteuerung. Bei kürzerer Besitzdauer als zwölf Monate sind die Veräußerungsgewinne in der privaten Einkommensteuererklärung in der Anlage KSO anzugeben, sofern der Gewinn mindestens 1.000 DM beträgt.

Achtung: Bei Steuerhinterziehung drohen saftige Strafen. Steuersünder, die ihre Spekulationsgewinne verschweigen und erwischt werden, müssen nachzahlen. Außerdem wird ein Hinterziehungszins von sechs Prozent pro Jahr fällig. Die Verjährungsfrist für Steuerhinterziehung beträgt zehn Jahre. Das heißt: Die Steuerfahnder haben genügend Zeit, den Steuersündern auf die Schliche zu kommen.

- Ergibt sich aus den Veräußerungsgeschäften ein Verlust, kann dieser mit Veräußerungsgewinnen des vorigen Jahres oder zukünftiger Jahre verrechnet werden, um die Steuern zu reduzieren. Hat also ein privater Anleger im Vorjahr einen Spekulationsverlust von 2.000 DM ausgewiesen, und liegen seine Spekulationsgewinne in diesem Jahr bei 2.999 DM, ergibt sich ein Restbetrag von 999 DM. Dieser befindet sich innerhalb der Freigrenze und bleibt vom Finanzamt verschont. Wichtig in diesem Zusammenhang: Eheleute und Familien dürfen Wertpapiere dem Partner oder den Kindern überschreiben. Diesen stehen dann ebenfalls Spekulationsgewinne bis zur Höhe von 999,99 DM steuerfrei zu. Für ein Ehepaar verdoppelt sich damit der Freibetrag.

- Zwischengewinne, die ein Fonds während des Verlaufs eines Geschäftsjahres durch Kursgewinne bei Veräußerung von Aktien macht, bleiben fondsintern steuerfrei.

Achtung: Zwei goldene Regeln:
1. Ein Tag weniger als zwölf Monate oder ein Pfennig mehr als 999,99 DM führen sofort zur vollen Steuerpflicht bei Spekulationsgewinnen! Denn es handelt sich um eine Freigrenze, nicht um einen Freibetrag!
2. Für die Dauer der Spekulationsfrist gilt: Wer auch nur einen Tag zu früh verkauft, hat das dem Finanzamt zu melden. Deshalb sollte man sich merken, dass die Tageszahl, an der man im Vorjahr gekauft hat, vorbei sein muss, wenn man Steuern umgehen will. Beispiel: Hat jemand am 31. März 2000 Fondsanteile gekauft, dann darf er sie erst am 1. April 2001 ohne Zugriff des Finanzamts verkaufen!

- Solidaritätszuschlag: Seit dem 1. Januar 1998 wird der ermäßigte Solidaritätszuschlag von 5,5 Prozent (bis dahin 7,5 Prozent) auf die Körperschaftsteuer und die Zinsabschlagsteuer erhoben. Er ist ebenfalls bei der Einkommensteuer anrechenbar. Sofern ein Freistellungsauftrag oder eine Nichtveranlagungs-Bescheinigung vorliegt, wird kein Solidaritätszuschlag einbehalten.

- Erbschaftssteuer: Bei einem Nachlass, zu dem auch Fondsbeteiligungen gehören, greift die Erbschaftssteuer. Ihre Höhe ist abhängig von der Höhe des zu versteuernden Nachlasses. Angesetzt wird der Fondsanteil mit dem Rücknahmepreis. Es gelten außerdem gesetzlich festgelegte Freibeträge für Ehegatten, Kinder, Stiefkinder und Enkel. Gegenwärtig sind dies für Ehegatten 600.000 DM, für Kinder und Stiefkinder 400.000 DM sowie für Enkel 10.000 DM.

Sparerfreibetrag und Werbungskostenpauschbetrag

Jedem Anleger steht ein Sparerfreibetrag zu. Bei Ledigen sind dies seit 1. Januar 2.000 3.000 DM, bei Verheirateten das Doppelte (vorher galten 6.000/ 12.000 DM Freibetrag). Dadurch sind Einkünfte aus Kapitalvermögen bis zur Höhe von 3.000/6.000 DM steuerfrei. Bis zu dieser Höhe kann also der Freistellungsauftrag gestellt werden.

Wichtig: Die Höhe der Freibeträge ist gesetzlich geregelt. Sie kann sich also auch in Zukunft nach unten wie nach oben hin ändern. Es empfiehlt sich, die sich ständig ändernde Steuergesetzgebung in diesem und anderen Punkten aufmerksam zu verfolgen, um keine finanziellen Nachteile zu erleiden und um Ärger mit dem Finanzamt auszuschließen. Auch unter steuerlichen Gesichtspunkten sollte stets versucht werden, die Anlageentscheidungen zu optimieren.

Zum Sparerfreibetrag kommt der Werbungskostenpauschbetrag hinzu: Bei der Steuererklärung kann zur Vereinfachung ein Werbungskostenpauschbetrag von gegenwärtig 100/200 DM für Ledige/Verheiratete abgesetzt werden. Für die Höhe gilt das Gleiche wie beim Sparerfreibetrag: Der Gesetzgeber legt sie fest; sie kann sich also ändern. Damit sind die Kosten berücksichtigt, die bei der Geldanlage anfallen, ohne dass ein Einzelnachweis erforderlich ist. Höhere Werbungskosten können, wenn sie belegt werden, bei der Einkommensteuererklärung geltend gemacht werden. Wichtig: Der Ausgabeaufschlag zählt nicht zu den Werbungskosten. Grundsätzlich aber gilt: Anleger, die die Pauschale ignorieren und dafür ihre Ausgaben detailliert dem Fiskus vorlegen, fahren meistens besser. Als Werbungskosten, die im Zusammenhang mit dem Investmentsparen auftreten können, kommen in Betracht: Bücher- und Aktenschränke, Computer mit spezieller Börsen- und Fondssoftware, Fachliteratur oder Beiträge zu Vereinen, die durch ihre Aktivitäten den Mitgliedern möglichst hohe Erträge aus Kapitalvermögen verschaffen möchten. Dazu zählt zum Beispiel der Mitgliedsbeitrag zur Deutschen Schutzvereinigung für Wertpapierbesitz (DSW), deren Zeitschrift „Wertpapier" zu den Klassikern unter den Finanzzeitschriften gehört.

Wichtig: Die Attraktivität eines Investments in Fonds hängt sicher auch von den steuerlichen Rahmenbedingungen ab. Deshalb sollte jeder Investor über die gerade geplanten Gesetzesänderungen auf dem Laufenden sein. Seit 1997 wird um immer neue Steuerreformvorschläge zwischen der jeweiligen Regierung und Opposition gerungen. Für die Fondssparer ist dabei von besonderem Interesse, wie künftig Veräußerungsgewinne innerhalb der Spekulationsfrist besteuert werden (Stichwort: Halbeinkünfteverfahren) und ob das Fondssparen zur Altersvorsorge ebenso nachgelagert besteuert wird wie das Sparen in Lebensversicherungen. (Mehr dazu am Ende des Kapitels.)

Steuerliche Überraschungen bei ausländischen Fonds

Wer in Deutschland ausländische Fonds kaufen will, sollte vorher klären, ob sie vom Bundesaufsichtsamt für das Kreditwesen (BAKred) in Berlin zugelassen sind oder zumindest einen steuerlichen Vertreter hier zu Lande haben. Wenn beides nicht zutrifft, kann es nach dem Kauf zu unangenehmen Überraschungen kommen. In der Praxis nämlich stehen ausländische Fonds ohne Zulassung steuerlich im Abseits: Ausländische Investmentfonds, die weder eine Vertriebszulassung noch einen steuerlichen Vertreter in Deutschland haben, werden nach § 18 Abs. 3 Auslandsinvestmentgesetz behandelt, und das heißt: Der Erwerb eines solchen Fonds lohnt sich in der Regel nicht, weil die Besteuerung in diesem Fall viel höher ist als bei einem deutschen Fonds. Es gilt nämlich:

- volle Besteuerung der Ausschüttungen einschließlich der Kursgewinne beim Verkauf von Wertpapieren, etwa innerhalb eines Aktienfonds;
- eine alljährliche Besteuerung von 90 Prozent des Wertzuwachses oder Kursgewinnes des jeweiligen Fonds am Ende eines Kalenderjahres.
- Sogar wenn der Kurs eines Fondsanteils innerhalb eines Jahres sinkt, wird der letzte Kurs am Ende des Kalenderjahres zu Grunde gelegt und mit zehn Prozent besteuert. Das bedeutet: Zusätzlich zu dem Verlust auf dem Papier wird der Anleger auch noch durch eine Steuer belegt, da der Fonds ja nicht verkauft wurde.
- Wird der Fonds verkauft, müssen 20 Prozent vom Rücknahmepreis versteuert werden.

Achtung: Ein ausländischer Fonds nach § 18 Abs. 3 des Auslandsinvestmentgesetzes muss schon unglaubliche Renditen erzielen, wenn er sich für einen steuerehrlichen Anleger in Deutschland noch lohnen soll.

Nicht ganz so hart trifft es ausländische Fonds, die hier zu Lande nicht zum Vertrieb zugelassen sind, aber einen steuerlichen Vertreter in Deutschland haben. Als steuerlicher Vertreter gilt, wer die ausländische Fondsgesellschaft gegenüber Finanzbehörden und vor Finanzgerichten vertreten kann. Dann gilt § 18 Abs. 1 und 2 Auslandsinvestmentgesetz. In einem solchen Fall beschränkt sich der Steuernachteil auf die Kursgewinne, die der Fonds bei der Transaktion eines Managers innerhalb der zwölfmonatigen Spekulationsfrist erzielt hat. Immerhin ein dicker Nachteil. Die ursprünglichen Pläne der Bundesregierung, diese Besteuerung auch auf deutsche Fonds anzuwenden, wurden erst nach einer langwierigen Debatte fallen gelassen.

WISO empfiehlt: Wer sich für ausländische Fonds interessiert, die weder eine Vertriebszulassung noch einen steuerlichen Vertreter in Deutschland haben, sollte sich über den genauen Status von deren Zulassung informieren. Dazu veröffentlicht das BAKred im Internet eine Liste auf der Seite www.bakred.de.

Keine Probleme bei ausländischen Fonds „deutscher Provenienz"

Eine nicht zu vernachlässigende Gruppe ausländischer Fonds sind diejenigen, die vom BAKred zum Vertrieb in Deutschland zugelassen sind. Man nennt sie ausländische Fonds deutscher Provenienz. Diese Investmentfonds werden nach § 17 Auslandsinvestmentgesetz steuerlich wie deutsche Fonds behandelt – mit einer wesentlichen Ausnahme: Im Gegensatz zu deutschen Fonds können diese ausländischen Fonds dem Anleger keinen Anspruch auf Vergütung der Körperschaftsteuergutschrift verschaffen.

Zu dieser großen Gruppe gehören auch die immer wieder in Zeitungsberichten oder Statistiken auftauchenden so genannten Sicaf- oder Sicavfonds. Die genaue Übersetzung dieses Begriffs aus dem Französischen ist hier ohne Bedeutung. Entscheidend ist: Es handelt sich dabei um französische oder luxemburgische Investmentgesellschaften, die man mit den deutschen Fondsgesellschaften nach KAGG vergleichen kann. Sie haben häufig ihren Sitz in Luxemburg und sind damit Wertpapier- und Geldmarktfondsgesellschaften nach Luxemburger Recht und somit ausländische Fonds deutscher Provenienz. In der Regel bedarf es für deren Genehmigung nur eines Antrags auf Vertriebszulassung beim BAKred, dem dann nach einigen Wochen Bearbeitungsfrist zugestimmt wird.

Die Zulassung der ausländischen Fonds deutscher Provenienz zum Vertrieb ist ein wesentlicher Schritt auf dem Weg zu einem gemeinsamen europäischen Fondsmarkt. Doch bis zu einer Harmonisierung der steuerrechtlichen Fragen in Euroland oder im Gebiet der 15 EU-Staaten ist es noch ein weiter Weg. Hemmnisse sind die komplizierten nationalen Steuergesetzgebungen und die faktischen Probleme beim Vertrieb in den Mitgliedsländern.

Geplante Änderungen nach der Steuerreform ab 2001

Besteuerung der in- und ausländischen Dividenden eines Fonds

Für den folgenden Abschnitt wurden bürokratische Formulierungen gewählt, wie sie auch im Steuersenkungsgesetz in der Fassung vom 6. Juli 2000 (Bundesratsdrucksache 410/00) verwendet wurden. Der Bundesrat, also die Länderkammer, hatte zwar die Steuerreform zum Zeitpunkt der Drucklegung dieses Werkes bereits abgesegnet, eine endgültige Abstimmung im Bundestag stand jedoch noch aus. Daher sind auch alle folgenden Anmerkungen ohne Gewähr des Autors. Es ist zwar nicht sehr wahrscheinlich, aber auch nicht auszuschließen, dass am Ende doch noch Änderungen vorgenommen wurden.

Nach dem voraussichtlichen Steuersenkungsgesetz zur Besteuerung von Investmentfonds bleiben in- und ausländische Dividenden eines Fonds sowohl bei Ausschüttung als auch bei der Thesaurierung steuerfrei, und zwar für die Kapitalgesellschaften als Fondsanleger. Für die in Privatvermögen gehaltenen Fondsanteile gilt aber: In- und ausländische Dividendenerträge sind bei Ausschüttung oder Thesaurierung nur zur Hälfte steuerpflichtig, §§ 40 II KAGG, 3 Nr. 40 EStG. Die andere Hälfte bleibt steuerfrei nach dem neuen, so genannten Halbeinkünfteverfahren. Danach sind künftig folgende grundsätzlichen Regeln geplant:

- Die von Aktiengesellschaften ausgeschütteten Dividenden sind zukünftig mit 25 Prozent Körperschaftsteuer belastet (so genannte Bardividenden). Der Dividendenempfänger hat keine Möglichkeit der Anrechnung oder Auszahlung der Körperschaftsteuer (so genannte Definitivbesteuerung mit 25 Prozent Körperschaftsteuer).
- Die ausgeschütteten Dividenden sind vom Anteilsinhaber – zum Ausgleich der fehlenden Körperschaftsteueranrechnung – nur noch zur Hälfte zu versteuern, die andere Hälfte ist steuerfrei(§ 3 Nr. 40 EstG).
- Werbungskosten, die in wirtschaftlichem Zusammenhang mit Dividenden stehen, sind demzufolge bei Fonds nur zur Hälfte abziehbar (§ 3 c Abs. 2 EstG).
- Von der in der Ausschüttung oder Thesaurierung enthaltenen Bardividende wird eine Kapitalertragsteuer von nur noch 20 Prozent anstelle von bisher 25 Prozent einbehalten. Bemessungsgrundlage ist die gesamte Bardividende, auch wenn sie nur zur Hälfte steuerpflichtig oder sogar vollständig steuerfrei ist.
- Diese Kapitalertragsteuer kann bei Steuerveranlagung auf die Steuerschuld des Steuerpflichtigen angerechnet oder gegen Vorlage eines Freistellungsauftrages oder einer NV-Bescheinigung ausgezahlt werden. Die Anrechnung bzw. Auszahlung der Kapitalertragsteuer erfolgt in voller Höhe, auch wenn die Dividende nur zur Hälfte steuerpflichtig oder sogar steuerfrei ist (§ 36 II Nr. 2 EStG).

Die folgende Modellrechnung vergleicht das zum Zeitpunkt der Auflage des Fondsführers geltende steuerliche Anrechnungsverfahren mit dem sehr wahrscheinlichen künftigen Halbeinkünfteverfahren. Die Angaben entstammen einer Tabelle des Bundesverbands Deutscher Investmentgesellschaften und sind ohne Gewähr:

	Anrechnungs-verfahren	Halbeinkünfte-verfahren
Gewinnausschüttung eines Unternehmens an den Fonds	DM 100,00	DM 100,00
./. Körperschaftsteuer	./. DM 30,00	./. DM 25,00
./. Kapitalertragsteuer 25 % von 70,00	./. DM 17,50	
20 % von 75,00		./. DM 15,00
= **Bardividende**, die der Fonds erhält	= DM 52,50	= DM 60,00
+ Körperschaftsteuervergütung	+ DM 30,00	
+ Kapitalertragsteuererstattung	+ DM 17,50	+ DM 15,00
= **Dividende**, die der Fonds an den Anleger ausschütten bzw. thesaurieren kann	= DM 100,00	= DM 75,00
./. Körperschaftsteuer	./. DM 30,00	
= **Barausschüttung (Dividende)**, die der Fonds an den Anleger ausschüttet bzw. thesauriert	= DM 70,00	= DM 75,00
./. Kapitalertragsteuer 25 % von 70,00	./. DM 17,50	
20 % von 75,00		./. DM 15,00
+ anrechenbare Kapitalertragsteuer	+ DM 17,50	+ DM 15,00
+ Körperschaftsteuer-Guthaben	+ DM 30,00	
= **Bruttoausschüttung (Dividende)**	= DM 100,00	= DM 75,00
Steuerpflichtiger Kapitalertrag	DM 100,00	DM 37,50

(Der Solidaritätszuschlag von 5,5 % ist bei dieser Modellrechnung vernachlässigt worden.)

Besteuerung der Veräußerung von Anteilen an Investmentfonds

Für Privatanleger gilt: Die innerhalb der Jahresfrist (die so genannte Spekulationsfrist) des § 23 I Nr. 2 EStG erzielten Gewinne aus der Rückgabe oder Veräußerung der Fondsanteile sind in voller Höhe steuerpflichtig. Das Halbeinkünfteverfahren ist hierbei nicht anzuwenden. Kritiker sagen, Investmentsparer seien hier gegenüber Aktiensparern im Nachteil. Das kann auch anders gesehen werden. Denn die Fondsmanager dürfen ja weiterhin ohne Beachtung irgendwelcher Fristen ihre Portfolios steuerfrei umschichten.

Zeitlicher Anwendungsbereich

Für mit dem Kalenderjahr übereinstimmende Wirtschaftsjahre der Fonds gelten die neuen Vorschriften ab 1.1.2001. Bezogen auf den Gewinn bei Veräußerung von Aktien im Fonds oder Veräußerung oder Rückgabe des Anteils am Fonds kommen die neuen Vorschriften in einem solchen Fall bereits ab 1.1.2001 zur Anwendung.

Für vom Kalenderjahr abweichende Wirtschaftsjahre der Fonds, die bereits im Laufe des Jahres 2000 beginnen und im Jahre 2001 enden (zum Beispiel 1.10.2000 bis 30.9.2001), finden die Änderungen des KAGG noch keine Anwendung. Für sie gelten die geänderten Vorschriften des KAGG erst ab dem Wirtschaftsjahr, das im Jahr 2001 beginnt (also im Beispielsfall ab 1.10.2001).

Ausschüttung von Dividenden durch den Fonds

Für Dividendenausschüttungen betreff dem Jahr 2000, die erst in 2001 vorgenommen werden, sind die bisher geltenden Vorschriften anzuwenden. Diese Dividenden sind also noch nach derzeit geltendem Recht zu behandeln, das heißt, es gilt das System der Vollanrechnung der Körperschaftsteuer (die Ausschüttungsbelastung mit Körperschaftsteuer ist herzustellen und führt beim Empfänger zu einem Anrechnungsguthaben – siehe Tabelle oben).

Veräußerung von Aktien im Fonds, Veräußerung oder Rückgabe des Anteils am Fonds

Bezogen auf den Gewinn bei Veräußerung von Aktien im Fonds oder Veräußerung oder Rückgabe des Anteils am Fonds kommen die neuen Vorschriften bereits ab dem Wirtschaftsjahr zur Anwendung, das im Jahre 2001 beginnt (also im Beispielsfall ab 1.10.2001).

Ausschüttung von Dividenden durch den Fonds

Bezogen auf die Ausschüttung der Dividenden durch den Fonds an den Anleger für das Wirtschaftsjahr 2001/2002 (also im Beispiel für das Wirtschaftsjahr 1.10.2001 bis 30.9.2002) im Jahre 2002/2003 kommen die geänderten Vorschriften erst ab dem Wirtschaftsjahr zur Anwendung, das im Jahre 2002 beginnt (im Beispielsfall ab 1.10.2002), da erst dann die Gewinne für 2001 ausgeschüttet werden.

Für das Wirtschaftsjahr 2000/2001 im Wirtschaftsjahr 2001/2002 (im Beispielsfall in der Zeit vom 1.10.2001 bis 30.9.2002) vorgenommene Dividendenausschüttungen sind die bisher geltenden Vorschriften anzuwenden. Diese Dividenden sind also noch nach derzeit geltendem Recht zu behandeln, das heißt, es gilt das System der Vollanrechnung der Körperschaftsteuer (die Ausschüttungsbelastung mit Körperschaftsteuer ist herzustellen und führt beim Empfänger zu einem Anrechnungsguthaben).

Bei Weitergabe der noch mit Körperschaftsteuer belasteten Dividenden an den Investmentanleger im 2002 beginnenden Wirtschaftsjahr ist das Körperschaftsteuerguthaben für diese Dividenden noch an den Anleger weiterzuleiten, da es ansonsten verloren gehen würde. Es können daher unterschiedliche Dividenden auftreten: die mit Körperschaftsteuer-Anrechnungsguthaben und die mit einer Definitivsteuer ohne Anrechnungsguthaben.

IX.

FONDSRATING – IMMER WICHTIGER ALS ENTSCHEIDUNGSHILFE!

Deutsche Anleger können unter mehr als 4.000 im eigenen Land registrierten Fonds wählen. Dazu kommen zahlreiche ausländische Fonds. Für den Anleger bedeutet es eine große Herausforderung, unter der ungeheuren Vielzahl die richtige Wahl zu treffen. Die expansive Entwicklung des Fondsmarktes macht eine systematische Bewertung der Leistung der unterschiedlichen Fonds immer stärker erforderlich.

Die Untersuchungsergebnisse renommierter Analysegesellschaften zeigen nämlich, dass von den Anlagekategorien her nahezu identische Fonds in der Performance/Leistung häufig stark differieren. Die Resultate von Fondsresearch-Studien zeigen: Leistungsunterschiede von 20 Prozent in vergleichbaren Zeiträumen (eines oder mehrere Anlagejahre) sind keine Seltenheit. Dies gilt für alle Fondsarten. Es lässt sich also zunächst festhalten: Die nahezu unüberschaubare Anzahl von Anbietern und Produkten am Fondsmarkt, die zunehmende Produktdifferenzierung und das Leistungsgefälle innerhalb vergleichbarer Fondstypen lassen die Auswahl von Fonds fast schon zu einer Wissenschaft werden. Die Einstufung von Fonds nach Quantität und Qualität anhand klar definierter Bewertungsmethoden wird daher bei der Anlageentscheidung immer wichtiger. Vom Erfolg der Fonds hängt es unter anderem ab, was Sie sich im Alter leisten können.

Wie finde ich einen guten Fonds?

Welcher Fonds verspricht bei welcher Risikobereitschaft die höchste Rendite? Das ist die Kernfrage für jede Anlegergruppe, egal, ob es sich um professionelle Fonds-Vermögensverwalter, institutionelle Investoren, Anlageberater oder Privatanleger handelt. Die Auswahl des „richtigen" Fonds ist schon für den Profi nicht einfach. Dem Privatanleger, der nicht ständig den Markt beobachten kann, fällt die Entscheidung aber besonders schwer.

Die bisher üblichen Orientierungshilfen waren die weiter vorne erwähnten Performancelisten, die mittlerweile in vielen Zeitschriften publiziert werden. Sie erscheinen auch in den Finanzteilen der Tages- und Wirtschaftspresse sowie mittlerweile auch vermehrt im Internet. In der Regel listen diese Statistiken eine Reihe von Fonds mit vergleichbarem Anlageschwerpunkt auf und vergleichen sie untereinander nach dem Renditekriterium – also der erzielten Wertsteigerung – innerhalb eines gewissen Zeitraums (meist ein, zwei und drei Jahre).

Ranking-Listen allein reichen nicht

Diese so genannten Ranking-Listen sind allerdings nur eingeschränkt aussagefähig. Zwar gilt die Devise: „Performance ist nicht alles, aber ohne Performance ist alles nichts". Doch nach Meinung von Experten sind zum Beispiel Ranglisten nach dem Kriterium der Einjahres-Performance nur bedingt zu gebrauchen. Untersuchungen belegen, dass Fonds mit dem gleichen Anlageschwerpunkt schon nach zwei Jahren die Hitlisten hinauf- und hinunterrutschen. Dazu ein Beispiel: Nach einer Statistik des Bundesverbandes Deutscher Investmentgesellschaften wurden die beiden Ranglisten der zehn besten Fonds (Aktien/Deutschland) in den Performance-Perioden 3/97 bis 3/98 und 3/98 bis 3/99 völlig über den Haufen geworfen. Der beste Fonds in der ersten Periode fand sich ein Jahr später nur noch auf Platz 30. Außer zwei Fonds ging es allen anderen ähnlich. Acht von ihnen landeten nach einem Top-Ten-Platz in der ersten Periode unter „ferner liefen" in der zweiten. Nur zwei Fonds hielten ihre Spitzenposition in beiden Perioden. Die logische Folgerung aus dieser Erkenntnis ist: Erst wenn ein Fonds, bezogen auf die Performance im Ein-, im Drei- und im Fünfjahresvergleich, gut abschneidet, ist das ein zuverlässiges Indiz für ein erfolgreiches Management.

Konkurrenz unter Fondsrating-Agenturen

Mit den steigenden Mittelzuflüssen in Investmentfonds steigt auch die Nachfrage bei institutionellen und privaten Anlegern nach einer systematischen Bewertung. Die Anleger brauchen Anhaltspunkte zum Chance-Risiko-Verhältnis eines Fonds. Wie gut ist ein Fonds, wie gut sind seine Manager und wie gut dürfte er in Zukunft laufen? Auf diese und andere Fragen sucht der Fondsinteressent Antworten. Zum Glück für den Anleger sind seit kurzem solche Fondsvergleiche über lange Zeiträume auch allgemein zugänglich und erhältlich. Die Einstufungen und Beurteilungen einzelner Fonds werden von Rating-Agenturen und Vermögensverwaltungsgesellschaften mit umfangreichem Fondsresearch vorgenommen. Sie analysieren die Fondsanbieter nach Kriterien wie Anlagepolitik, Kontinuität im Management sowie Wertentwicklung und vergeben Gütesiegel wie Noten, Buchstaben, Medaillen oder Sterne als Resultat ihrer Untersuchungen. Das ist ein ganz neues Instrument in der Hand der privaten Anleger. Ratings von Fonds dürften sich in Zukunft etablieren.

Zusammengefasst könnte man sagen, dass Rating-Agenturen gewisse Grundannahmen treffen, bevor sie ihre Untersuchungen beginnen. Sie betreffen die Wünsche und Bedürfnisse der Anleger. Danach hat der typische Privatanleger

- einen mittelfristigen Anlagehorizont von mindestens fünf Jahren.
- Er spart meist für die Altersvorsorge.
- Er ist auf der Suche nach zuverlässigen Performern unter den Fonds und nicht nach kurzfristigen Überfliegern.
- Er hat den Wunsch, Verluste weitgehend zu vermeiden.
- Er verfügt bei der Auswahl von Fonds nur begrenzt über Zeit und Kenntnisse.

Wichtige Finanzdienstleister mit einem Fondsrating im Angebot sind Moody's und Standard & Poor's, die beide bereits durch ihre Bewertungen (Ratings) von Staats- und Unternehmensanleihen bekannt sind, sowie in Deutschland FERI Trust und in der Schweiz die Reuters-Tochter Lipper. Im angelsächsischen Raum gibt es weitere wie Fitzrovia oder Morningstar. Da sie nicht mit einheitlichen Bewertungskennzeichnungen arbeiten, ist es wichtig, die Klassifizierungsarten der wichtigsten Agenturen zu kennen.

Moody's

Die amerikanische Rating-Agentur vergibt Gütesiegel für Geldmarkt- und Rentenfonds. Das sind „Bonitätsnoten" und „Einschätzungen des Marktrisikos".

- Die Bonitätsnoten gehen von „Aaa" für „geringes Anlagerisiko" über „Aa", „A", „Baa" und „Ba" für „spekulatives Investment" bis zur schlechtesten Bewertung mit „B". Die Bewertungstabelle entspricht damit der bekannten Kategorisierung bei Anleihen.

- Die Einstufung des Marktrisikos schätzt die Einflüsse von Zinsänderungen und Währungsrisiken auf den Fondswert ein. Die beste Einstufung ist „MR1" und bedeutet, dass nur sehr geringe Einflüsse von Zinssteigerungen und anderen negativen Markteinflüssen auf den Fondswert ausgehen dürften. Die Noten gehen weiter über „MR2", „MR3" und „MR4" bis zu „MR5". Das heißt im Schema von Moody's: sehr starke Wertverluste bei Zinssteigerungen und anderen negativen Markteinflüssen.

Die US-Rating-Agentur will nach eigenen Aussagen demnächst auch europäische Aktienfonds bewerten, und zwar weitgehend nach einem System, das bisher nur in Amerika verwendet und getestet wurde. Dabei handelt es sich um eine Analyse-Software, mit deren Hilfe ein Fonds seinen ihm gemäßen Investmentstil finden soll.

Standard & Poor's (S&P)

Auch S&P will den Anlegern mit einem Qualitätsrating die Kaufentscheidung erleichtern. Die Devise lautet: Die Performance ist wichtig, die Managementqualität aber noch wichtiger. Die Vorgehensweise ist zusammengefasst etwa so: S&P untersucht zunächst die längerfristige Performance eines Fonds innerhalb seiner Gruppe, also Fonds mit ähnlicher Anlagepolitik. Dies ist ein rein quantitativer Prozess, bei dem historische Wertentwicklungen gemessen werden. Bei diesem ersten Schritt bleiben etwa 20 Prozent der untersuchten Fonds übrig, die quantitativ gesehen als gut gelten können.

Im zweiten Schritt kommt die qualitative Bewertung. Dazu besuchen die S&P-Analysten nach eigenen Angaben jedes Jahr eine Schar von Fondsmanagern und Chefs der Anlagegesellschaften. Dabei werden die Schlüsselfaktoren erörtert, die zu einem Anlageerfolg führen, und Fragen gestellt wie:

- Wie erfahren ist der Manager?
- Hält er sich an die festgelegte Anlagepolitik?
- Wie erläutert er Perioden mit guter und schlechter Performance?
- Wie gut läuft das Teamwork im Fonds?

Danach entscheidet die Rating-Kommission von S&P über die endgültige Einstufung des jeweiligen Fonds. Die Ergebnisse der Interviews mit den Fondsmanagern fließen mit einem Anteil von 60 Prozent in das Ergebnis ein. Die reine Risiko- und Performancemessung hat einen Anteil von 40 Prozent.

Die Notenskala der Fondsratings (fr) von S&P lautet ähnlich wie bei den Anleihe-Einstufungen:
- „frAAA" für außergewöhnlich gute Investmentmanagement-Fähigkeiten,
- „frAA" für sehr gute Investmentmanagement-Fähigkeiten,
- „FrA" für gute Investmentmanagement-Fähigkeiten.

Lipper

Die weltweit tätige, auf die Analyse von Fondsdaten spezialisierte Reuters-Tochter Lipper untersucht die Daten von über 900 Fonds nach einer quantitativen Analyse und verkauft die Daten an Auftraggeber. Kriterien für die Bewertung sind Performance, Aufwendungen, Verlust- und Währungsrisiko. Untersucht werden die einzelnen Sektoren, wobei der Fonds mit den meisten Lipper-Konsistenz-Punkten in den vergangenen drei Jahren ausgezeichnet wird. Dabei wird für jeden der 36 einzelnen Monate bei jedem Fonds die Performance berechnet. Anschließend erstellt Lipper – pro Sektor wie Aktien oder Renten/US-Dollar – für jeden Monat eine Rangliste und verteilt Punkte von 1 bis 10. Jene zehn Prozent der Fonds mit der höchsten Rendite erhalten zehn Punkte, die zehn Prozent der Fonds mit der schlechtesten Performance bekommen einen Punkt. Anschließend zählt Lipper für jeden Fonds die Punkte zusammen. Im Maximum sind 360 Punkte möglich. In jedem Sektor wird daraufhin jener Fonds mit der höchsten Punktezahl ausgezeichnet.

Hinzu kommen weitere Angaben wie das annualisierte Risiko für drei Jahre und das Information-Ratio. Ersteres zeigt das durchschnittliche jährliche Risiko der letzten drei Jahre. Als Risiko wird die Volatilität, das heißt die Schwankungsbreite der Erträge einer bestimmten Anlage um ihren Durchschnitt verstanden. Je stärker der Kurs eines Fonds schwankt, desto größer ist das Risiko. Dieses wird mit der Standardabweichung – einer statistischen Größe – gemessen. Das Information-Ratio zeigt das Verhältnis zwischen annualisierter Rendite und annualisiertem Risiko. Diese Größe basiert auf der Erkenntnis, dass ein hohes Risiko auch durch höhere Renditen entschädigt werden sollte. Je höher die Information-Ratio, desto besser ist das Risiko-Ertrags-Verhältnis des Fonds.

Wichtig für Anleger: Lipper publiziert in Zusammenarbeit mit der wöchentlich erscheinenden Schweizer Wirtschaftszeitung CASH jährlich den Fondsführer Schweiz. Auf rund 1.000 Seiten finden interessierte Profis und Privatanleger alles, was sie über die in der Schweiz zum Vertrieb zugelassenen

Fonds schon immer wissen wollten. Ein Exemplar kostet 48 Franken ohne und 68 Franken mit CD-ROM und ist im Buchhandel oder bei CASH erhältlich. Unter der Internet-Adresse www.lipper.ch gibt es weitere Informationen über die Gesellschaft, den Fondsführer und andere Produkte.

FERI Trust

Ziel des Fondsratings der Vermögensgesellschaft FERI Trust aus Bad Homburg/Taunus ist nach eigenen Angaben, Anlegern einen systematischen, nachvollziehbaren und verständlichen Ansatz zu bieten. Dazu gehört, dass
- das Rating die Ziele und Zwänge des Fondsmanagements berücksichtigt,
- herausragende Fähigkeiten des Fondsmanagers oder des Managementteams erkennbar werden,
- der Managementstil und die Investmentziele in Einklang stehen,
- Fehlinvestitionen in weniger gute Fonds vermieden werden können und
- durch die Selektion von Top-Performern deutlicher Mehrwert geschaffen werden kann.

Das Fondsresearch der FERI Trust verfolgt einen dualen Ansatz:
- Qualitative Analyse: Dazu gehören die Interviews mit den Fondsmanagern, Überprüfungen der methodischen Konzepte und Analysen des Managementstils.
- Quantitative Analyse: Messung von Performance und Risikokennzahlen sowie Verhalten in Auf- und Abschwungphasen.

Bei FERI Trust beziehen sich alle Angaben auf einen Zeitraum von fünf Jahren. Für jüngere Produkte gibt es kein Rating.

Wichtig: Mit der Fünfjahresmessmethode unterscheidet sich FERI Trust deutlich von fast allen anderen veröffentlichten Ranking-Listen, die deutlich kürzere Zeiträume für ihre Bewertung nehmen. Die Fondsanalysten legen großen Wert auf die Feststellung, dass Investmentfonds ihre wirkliche Klasse nur auf längere Sicht von ab fünf Jahren zeigen.

Ein geprüfter Fonds befindet sich immer in einer Konkurrenzgruppe (Peer Group) von mindestens weiteren 19 Fonds. Das Rating setzt sich aus drei Indikatoren, zwei quantitativen und einem qualitativen, zusammen:
- Performance: Messung der Wertentwicklung des Fonds im Vergleich zur Konkurrenz und zum jeweiligen Index.

- Risiko: Messung des bestmöglichen Ein- und Ausstiegszeitpunktes. Dies geschieht anhand der jährlichen Kursschwankungen des Fonds, also anhand der Volatilität.
- Management: Messung der so genannten weichen Faktoren. Dazu gehören die Teamqualität, die Anzahl der Berufsjahre der Fondsmanager, die Informationspolitik, die internen Kontrollen und andere.

Am Ende des Gesamtratings aus Performance-, Risiko- und Managementindikatoren mit ihren entsprechenden Gewichtungen steht eine Empfehlung für den Privatanleger, die seine Kaufentscheidung erleichtern soll. In diesem Fall besteht die Notenskala nur aus fünf Buchstaben:

A = sehr gut
B = gut
C = durchschnittlich
D = unterdurchschnittlich
E = schwach

Die Favoriten von FERI Trust

Das Rating von FERI Trust unterscheidet sich gravierend von den Ratings anderer Agenturen. Während die Konkurrenz die Ratings auf Auftragsbasis erteilt, veröffentlicht FERI Trust seine Ratings auszugsweise in den Finanzteilen von Tageszeitungen wie dem „Handelsblatt" und der „FAZ" sowie umfassend im „Fondsguide Deutschland" der Gesellschaft für Fondsanalyse (GFA), einem Tochterunternehmen von FERI Trust und der Wirtschaftsagentur vwd. Dort sind bereits Ratings von fast 700 Fonds nachzulesen. Dieser jährlich neu aufgelegte Fondsführer ist im Buchhandel erhältlich und kostet 49,80 DM. Unter der Internetadresse www.feritrust.de sind weitere Informationen über die Gesellschaft, den aktuellen „Fondsguide Deutschland" und andere Finanzprodukte abzurufen.

Wer über einen PC und Internetanschluss verfügt, kann mit dem gerade erst neu erschienenen WISO-FondsManager von den Analysen dieses modernen Fondsresearch profitieren. Er bietet eine zeitgemäße Anlageplanung beim Fondsinvestment. Auf der Basis des FERI Trust-Rating-Klassements erhält der Anleger Entscheidungshilfen und die Möglichkeit einer kontinuierlichen Überwachung des eigenen Fondsportfolios. Der WISO-FondsManager bietet neben dem Zugriff auf das umfangreiche FERI Trust-Rating-System unter anderem:

- Prospekt-Daten
- Strukturinformationen und Anlageschwerpunkte
- Technische Chartanalyse
- Depotverwaltung

(Der Preis für den WISO-FondsManager liegt bei 79,90 DM oder 40,85 Euro.)

Tabellen zur Entscheidungshilfe

Die folgenden Tabellen listen Aktien- und Rentenfonds auf, die jeweils zu einer vergleichbaren Gruppe, wie zum Beispiel „Aktienfonds Deutschland" oder „Rentenfonds Welt", gehören. Sie sind allesamt von FERI Trust nach dem oben erläuterten Schema bewertet worden. Entscheidend für den Leser ist dabei: Aufgeführt werden nur solche Fonds, die mit (A) oder (B), also „sehr gut" oder „gut", abschnitten. Das heißt: Jeder dieser Fonds zeigte nach mindestens fünf Jahren überdurchschnittliche Leistungen bei den Bewertungskriterien Performance, Risikoverhalten und Management. Für eine Kaufentscheidung des Lesers ist auch wesentlich: Nach Meinung von FERI Trust dürfte keiner dieser Fonds im kommenden Jahr mehr als einen Buchstaben in den Ranking-Listen herunterrutschen, somit schlechter als (C), also „durchschnittlich" in der jeweiligen Vergleichsgruppe, rangieren.

Aktienfonds Deutschland	WKN	KAG	Rating
Baring German Growth Trust	972.849	Baring	(A)
DVG-Fonds Select-Invest	847.656	DVG	(A)
ABN AMRO Germany Equity Fund	973.684	ABN AMRO	(B)
Activest Aktien-Deutschland	976.950	Activest	(B)
Activest TopDeutschland	975.230	Activest	(B)
ADIFONDS	847.103	ADIG	(B)
Allianz Aktienfonds	847.143	Allianz	(B)
DIT-AKTIEN DEUTSCHLAND AF	847.628	DIT	(B)
DIT-WACHSTUMSFONDS	847.516	DIT	(B)
DWS Deutsche Aktien Typ O	847.428	DWS	(B)
HMT-Proinvest	975.411	MEAG	(B)
INVESCO Deutscher Aktienfonds	847.031	INVESCO	(B)
INVESTA	847.400	DWS	(B)
MAT Deutschland Fonds	848.405	MAINTRUST	(B)

Metzler Aktien Deutschland	975.223	Metzler	(B)
MK Alfakapital	847.770	MK	(B)
Oppenheim DAX-Werte	848.638	Oppenheim	(B)
PLUSFONDS	847.108	ADIG	(B)
Ring-Aktienfonds DWS	847.405	DWS	(B)
SMH-Special-UBS-Fonds I	848.820	UBS Invest	(B)
Swissca Country Equity Fund Germany	972.491	Swissca Fondsleitung	(B)
UniDeutschland	975.011	Union	(B)

Quelle: FERI Trust/Stand: 30.04.2000

Aktienfonds Europa Blue Chips	WKN	KAG	Rating
ABN AMRO Europe Equity Fund	973.925	ABN AMRO	(A)
DWS Europäische Aktien Typ O	849.082	DWS	(A)
HSBC GIF-Pan-European Equity	973.763	HSBC	(A)
Lion Interaction Europe	971.424	Credit Lyonnais	(A)
Newton Continental European Fund (GBP)	930.431	Newton	(A)
SUN LIFE GP-European Growth	971.795	Sun Life Lux	(A)
Swissca Continental Equity Fund Europe	971.315	Swissca Fondsleitung	(A)
American Express Funds European Equities	971.703	AEB	(B)
AriDeka	847.451	Deka	(B)
Baring European Growth Trust	972.848	Baring	(B)
Baring Int.UF-Europa Fund	972.868	Baring Ireland	(B)
BAWAG Stock A	987.819	Bawag	(B)
BT-IIS European Equity Fund Inc.	986.040	Principal Cap MGM	(B)
EUFINVEST/A	971.622	Deka Lux	(B)
Gartmore CSF-Continental Europe Fund	974.433	Gartmore	(B)
INDUSTRIA	847.502	DIT	(B)
Invesco GT Continental European Fund C	971.282	INVESCO/GT	(B)
Invesco GT Pan European Fund A	973.788	INVESCO/GT	(B)
JB Multistock-Europe Stock Fund B	971.984	J.Baer	(B)
Nürnberger ADIG A	847.122	ADIG	(B)
OYSTER – Europe Value	926.071	Oyster	(B)
Performa Fund-European Equity	971.669	Performa	(B)

RG-Europe Fund N.V.	971.651	Robeco Groep	(B)
Schroder ISF-European Equity (GDP) A	972.092	Schroders	(B)
Threadneedle European Growth Fund Cl.1	987.661	Threadneedle	(B)
Threadneedle European Select Growth Fund	987.663	Threadneedle	(B)
Vontobel Fund-European Equity B	972.049	Vontobel SICAV	(B)
Quelle: FERI Trust/Stand: 30.04.2000			
Aktienfonds Welt	**WKN**	**KAG**	**Rating**
Anglo Irish Global Equity	987.927	Anglo Irish Bank	(A)
Capital International Fund	970.741	Capital Int.	(A)
DekaSpezial	847.466	Deka	(A)
Dt.Vermögensbildungsfonds I	847.652	DVG	(A)
INTERGLOBAL	847.507	DIT	(A)
Oppenheim Topic Global	848.660	Oppenheim	(A)
Robeco N.V.	970.259	Robeco Groep	(A)
SMH-International-UBS-Fonds	848.821	UBS Invest	(A)
UniGlobal	849.105	Union	(A)
Aberdeen Global Multinational Companies	989.897	Aberdeen Global	(B)
ACM Global-Global Growth Trends A	974.264	ACM	(B)
Baring Global Growth Trust	972.847	Baring	(B)
BT-IIS Global Equity Fund Inc.	986.038	Principal Cap MGM	(B)
DB International DVG	976.370	DVG	(B)
DELBRÜCK Format UNION-Fonds	975.009	Union	(B)
Dt.Vermögensbildungsfonds A	847.650	DVG	(B)
Fidelity Funds-International Fund (PA)	972.031	Fidelity	(B)
Goldman Sachs Global Equity Portfolio	973.733	Goldman Sachs	(B)
HAUCK-MUNDUS-Universal-Fonds	848.337	Universal	(B)
INDOCAM MOSAIS Global Equities B	989.761	INDOCAM	(B)
Intervest	847.401	DWS	(B)
Mercury ST-Global Equity Fund	970.273	Mercury	(B)
Metzler Wachstum International	975.225	Metzler	(B)
Newton International Growth Fund (GBP)	930.440	Newton	(B)
Newton Managed Fund	930.445	Newton	(B)

Oberbank Stock-Mix	988.068	3 Banken-Generali	(B)
Sogelux Fund Equities-World	986.615	Société Générale	(B)
VERI-Valeur Fonds	976.320	Veritas	(B)

Quelle: FERI Trust/Stand: 30.04.2000

Aktienfonds Schwellenländer	WKN	KAG	Rating
Gartmore CSF-Emerging Markets Fund	974.440	Gartmore	(A)
Mercury ST-Emerging Markets Fund	973.010	Mercury	(A)
Morgan Stanley-Emerging Markets Equity F	973.397	MSDW	(A)
ACM Global-Developing Reg.Markets B	973.345	ACM	(B)
Baring EMUF-Global Emerging Markets Fund	972.838	Baring Ireland	(B)
Fleming FF-Emerging Markets Fund	973.678	Fleming	(B)
Pro Fonds (Lux) Emerging Markets	973.026	Pro Fonds (Lux)	(B)
Schroder ISF-Emerging Markets A	973.114	Schroders	(B)
Scudder Emerging Markets Growth Fund A2	973.383	Scudder	(B)
Vontobel Fund-Emerging Markets Equity B	972.722	Vontobel SICAV	(B)

Quelle: FERI Trust/Stand: 30.04.2000

Aktienfonds Pazifik ex Japan	WKN	KAG	Rating
DB Tiger Fund	971.254	DWS S.A.	(A)
Mandarin Fonds	972.357	DWS S.A.	(A)
CS Focus Fund Asia Pacific	972.409	Credit Suisse	(A)
Schroder ISF-Pacific Equity A	973.045	Schroders	(A)
Oppenheim Select East Asia	848.662	Oppenheim	(A)
Newton Oriental Fund (GBP)	930.446	Newton	(A)
Fleming FF-Asian Opportunities Fund	971.335	Fleming	(B)
Fidelity Funds-South East Asia Fund (PA)	971.537	Fidelity	(B)
INVESCO GT Newly Indust. Countries Fund	935.570	INVESCO/GT	(B)
CitiEquity Asia Pacific (ex Japan)	971.639	Citiportfolios Lux	(B)
MAT Asia Pacific Fonds	848.407	MAINTRUST	(B)
Frontrunner Far Eastern Value Fund	973.349	Frontrunner	(B)
HSBC GIF-Asian Equity	973.762	HSBC	(B)
ABN AMRO Asian Tigers Equity Fund	973.924	ABN AMRO	(B)
UniEM Fernost Fonds	973.820	Union Lux.	(B)
Fidelity Funds-Asian Special Situations	974.004	Fidelity	(B)

BT-IIS Asian Equity Fund Inc.	986.036	Principal Cap MGM	(B)
NGM-Asia Pacific Fund	986.091	Nikko	(B)
Threadneedle Asia Growth Fund Cl.I	987.669	Threadneedle	(B)
Quelle: FERI Trust/Stand: 30.04.2000			

Rentenfonds (Euroland, DM-Vorläufer)	WKN	KAG	Rating
Degussa-Bank-Universal-Rentenfonds	849.067	Universal	(A)
StuttgarterBank RentInvest-Union	975.002	Union	(A)
ARA-Renditefonds DIT	847.514	DIT	(B)
Albingia Renditefonds DWS	847.416	DWS	(B)
Allianz Rentenfonds	847.140	Allianz	(B)
Aufhäuser-Universal-Rentenfonds	848.390	Universal	(B)
BL-Rent DWS	847.422	DWS	(B)
BW-Renta-Universal-Fonds	849.154	Universal	(B)
Barmenia Renditefonds DWS	847.424	DWS	(B)
Condor-Fonds-Union	849.110	Union	(B)
Deutscher Rentenfonds	847.504	DIT	(B)
Dt.Vermögensbildungsfonds R	847.651	DVG	(B)
Gerling Rendite Fonds	848.105	Gerling Investment	(B)
HANSArenta	847.901	HANSAINVEST	(B)
Inrenta	847.403	DWS	(B)
Köln-Rentenfonds Deka	848.066	Deka	(B)
Nürnberger Rentenfonds DWS	847.410	DWS	(B)
Ring-Rentenfonds DWS	847.406	DWS	(B)
SECURITAS-rent-allfonds	848.018	Allfonds	(B)
Stuttgarter Rentenfonds FT	847.810	FRANKFURT-TRUST	(B)
Vereinte Renditefonds DIT	847.624	DIT	(B)
Zürich Invest Renten Deutschland	849.001	Zürich Invest	(B)
Oppenheim Priva-Rent L	848.639	Oppenheim KAG	(B)
UniBond „L"	975.005	Union	(B)
Gerling LuxRent	972.334	DWS S.A.	(B)
Activest Lux-Euro-Renten	972.696	Activest Lux.	(B)
DWS Deutsche Renten Typ O	849.086	DWS	(B)
Quelle: FERI Trust/Stand: 30.04.2000			

Rentenfonds Welt	WKN	KAG	Rating
ADIREWA	847.112	ADIG	(A)
Allianz Inter-Rent Fonds	847.141	Allianz	(A)
Activest Lux WeltRent	971.217	Activest Lux.	(A)
INTERNATIONALER RENTENFONDS	847.505	DIT	(A)
DWS Internationale Renten Typ O	976.970	DWS	(A)
ADIGLOBAL	847.124	ADIG	(B)
BB-Multirent-INVEST	847.921	BB-Invest	(B)
BfG Invest Zinsglobal	847.431	BfG Invest	(B)
DekaRent-International	847.456	Deka	(B)
INKA-Rendite	848.970	INKA	(B)
LG-Int.-Rentenfonds Deka	848.069	Deka	(B)
NORDCUMULA	848.495	NORDINVEST	(B)
Re-Inrenta	847.408	DWS	(B)
Rorento N.V.	970.740	Rorento N.V.	(B)
UniRenta	849.102	Union	(B)
HSBC GIF-Global Bond Fund	974.465	HSBC	(B)
Zürich Invest Inter-Renten	849.005	Zürich Invest	(B)
UniplusRenta	972.045	Union Lux.	(B)
GIF SICAV II GLOBAL BOND B	972.968	INDOCAM	(B)
INVESCO GT Bond Fund C	972.236	INVESCO/GT	(B)
Citinvest Global Bond Account	972.826	Citiportfolios Lux	(B)
Morgan Stanley-Global Bond Fund I	973.405	MSDW	(B)
WinGlobal-Intl. Bond Portfolio T	973.178	Winterthur	(B)
PEH Q-Renten Welt	973.704	PEH SICAV	(B)
ABN AMRO Global Bond Fund	973.927	ABN AMRO	(B)
Jyske Bank European Bond Fund		Jysk Invest	(B)
Baring Global Bond Trust	972.869	Baring	(B)
State Street Obligations Monde	974.470	Global Advantage	(B)
Gartmore CSF-Global Bond Fund	974.448	Gartmore	(B)
JPM International Fixed Income Fund A	988.408	J.P. Morgan Lux	(B)
JPM Global Fixed Income Fund A	988.406	J.P. Morgan Lux	(B)
Baring Int.UF-International Bond Fund	971.896	Baring Ireland	(B)
Quelle: FERI Trust/Stand: 30.04.2000			

Rentenfonds Europa	WKN	KAG	Rating
DIT-EUROPAZINS	847.603	DIT	(A)
Eurorenta	971.050	DWS S.A.	(A)
Magdeburger Wert-Fonds DIT	847.515	DIT	(A)
NB Eurorent DIT	847.611	DIT	(A)
BHF-Europazins „Lux"	971.218	BHF Inv. Lux.	(B)
Invesco Euro-StaBIL Bond	971.244	INVESCO/GT	(B)
JB Multibond-Europe Bond Fund B	971.872	J.Baer	(B)
UniEuropaRenta	971.132	Union Lux.	(B)
Victoria-Eurorent	975.744	MEAG	(B)
Activest Lux EuropaRent	971.775	Activest Lux.	(B)
Mercury ST-European Bond Fund	973.514	Mercury	(B)
Morgan Stanley-Euro Strategic Bond Fund	973.404	MSDW	(B)
EU-Bond	974.533	Capital Invest	(B)
Quelle: FERI Trust/Stand: 30.04.2000			

Fazit: Die Beurteilung von Investmentfonds durch Gütesiegel wie oben beschrieben markiert nach dem Anleiherating von Banken, Unternehmen oder Staaten einen neuen Rating-Markt. Die künftige Konkurrenz unter den Rating-Agenturen kann dem Anleger nur recht sein. Der Check der Fonds und der Fondsmanager durch unabhängige Institute, Finanzdienstleister und Vermögensverwaltungen erleichtert letztlich die Auswahl des oder der passenden Fonds. Der Anleger erhält eine wichtige Hilfestellung für die Orientierung im Dickicht des Riesenangebots der Investmentindustrie, und die hat er bitter nötig.

WISO empfiehlt: Mit Noten, Medaillen, Sternen oder Buchstaben zum Erfolg! – so könnte die künftige Fondsbranche überschrieben werden. Ohne gute Noten keine Anleger! – das wäre die Folge. Dass künftig die Fondsgesellschaften gute Bewertungen auch zu Werbezwecken verwenden und dabei die weniger schmeichelhaften Urteile unter den Teppich kehren, sollte der Fondssparer nicht überbewerten. Entscheidend ist, dass die Rating-Agenturen Standards vorgeben, an denen sich die Fondsmanager zunehmend messen lassen müssen.

X.
NICHTS GEHT OHNE DIE KAPITAL-ANLAGEGESELLSCHAFTEN (KAGS)

Die Rolle der KAGs

Ohne KAGs keine Fonds! So könnte die Grundregel lauten. Wer sich über Fonds informiert, stößt stets auf diese Kreditinstitute. Nur KAGs dürfen Investmentfonds auflegen und verwalten. Ein Investmentfonds ist nach deutschem Recht ein Sondervermögen, das von einer unabhängigen Depotbank verwahrt wird. Die KAGs sind also die verantwortlichen Institutionen für die Verwaltung und Anlage des Vermögens in einem Fonds.

Nach deutschem Recht sammelt eine KAG Anlegerkapital und lässt es von einem ihrer Investmentfonds verwalten und von einer unabhängigen Depotbank verwahren. In einem Investmentfonds bündelt eine KAG die Gelder von Anlegern, um sie gewinnbringend anzulegen. Den Anteilsinhabern werden für ihr investiertes Kapital Anteilsscheine – so genannte Zertifikate – ausgestellt. Deutsche KAGs unterliegen strengen gesetzlichen Auflagen. Zusammengefasst sind sie in dem Gesetz über Kapitalanlagegesellschaften (KAGG) und dem Gesetz über das Kreditwesen (KWG). Daraus ergeben sich klare rechtliche Rahmenbedingungen. Sie sollen für einen effizienten Geschäftsbetrieb sorgen und damit dem Anlegerschutz dienen. So ist eine KAG zum Beispiel gesetzlich verpflichtet, über jeden ihrer Fonds jährlich einen Rechenschaftsbericht zur Information der Anleger vorzulegen. Darin aufgeführt sind im Wesentlichen:

- die Vermögensaufstellung,
- die Aufwands- und Ertragsrechnung,
- die Höhe einer eventuellen Ausschüttung,
- Informationen zur Geschäfts- und Fondsentwicklung.

Die KAG setzt sich Anlageziele. So versucht etwa ein Aktienfonds, der in deutschen Aktien investiert, den Börsenindex DAX in der Performance zu schlagen. Dazu trifft die KAG ständig Kauf- und Verkaufsentscheidungen, was die Auswahl der Wertpapiere, also die Zusammensetzung des Fonds betrifft. Die Anlagepolitik wird stets für einen gewissen Zeitraum festgelegt. Sie wird von einem Anlageausschuss der KAG getroffen und ist für das Fondsmanagement verbindlich. Im Vordergrund müssen per Gesetz immer die Interessen der Anteilseigner stehen. Nach dem KAGG gibt es Anlagegrenzen für das Fondsvermögen. Dadurch soll der Grundidee des Investmentsparens Rechnung getragen werden, nämlich der Risikostreuung durch eine Vielzahl von Anlagen.

Hinter den KAGs stehen in der Regel Banken, Versicherungen, Sparkassen, Privatbanken und private Vermögensgesellschaften. Beispiele für große deutsche KAGs sind ADIG, Deka, DIT, DWS und Union Investment. Große ausländische Anbieter sind zum Beispiel Fidelity, Invesco, UBS oder Templeton (mehr dazu weiter unten im gleichen Kapitel). Sie alle und noch viele andere KAGs haben nur einen Geschäftszweck: die ordnungsgemäße Verwaltung von einem oder mehreren Fonds. Dazu gehört die Fondsgründung und die Festlegung, worin der Fonds investieren soll, also am Renten- oder Aktienmarkt zum Beispiel. Den jährlichen Prospekten und Geschäftsberichten kann der Anleger entnehmen, in welche Wertpapiere sein Fonds investiert, welche Gebühren anfielen und natürlich, wie erfolgreich er war. Der Anleger muss also von der KAG über alle Geschäftsvorgänge informiert werden. Als wichtigste Punkte sind dabei zu nennen:

- Fondsstruktur,
- Fondsvermögen,
- Fondskosten,
- Fondsgewinn,
- Fondsausschüttung.

Zusammengefasst gelten folgende rechtliche Rahmenbedingungen für KAGs, die das Gesetz über Kapitalanlagegesellschaften (KAGG) vorschreibt:

- Die KAG muss eine juristische Person (zum Beispiel eine AG oder eine GmbH) sein.
- Die KAG muss mindestens fünf Millionen DM Eigenkapital haben.
- Fonds der KAG dürfen nur in ordnungsgemäß gehandelte und öffentlich erwerbbare Anlagen investieren.
- Die KAG muss zwei Geschäftsführer haben.
- Das Fondsvermögen muss ein Minimum an Risikostreuung aufweisen. Beispiel: Aktienfonds etwa müssen mindestens 20 verschiedene Titel im Depot haben. Keiner davon darf mehr als zehn Prozent des gesamten

Fondsvermögens ausmachen. Die acht größten Positionen dürfen zusammen nicht mehr als 40 Prozent des Fondsvermögens ausmachen.
- Der Fondsprospekt muss so informieren, dass der Anteilsigner schlau daraus wird, also die Risiken der Fondsentscheidung nachvollziehen kann. Ist der Prospekt unrichtig oder unvollständig, muss die KAG im Zweifelsfall nach § 20 des KAG (so genannte Prospekthaftung) für einen entstandenen Schaden geradestehen.

Noch dominieren heimische KAGs die Märkte

Die Marktanteile, gemessen am Fondsvermögen der einzelnen Investmentgesellschaften in Deutschland zum Beispiel, sind gegenwärtig etwa so verteilt (Stand: Ende Juni 2000; Angaben ohne Gewähr):

Activest-Gruppe:	5,2 Prozent
ADIG-Gruppe:	7,6 Prozent
Deka-Gruppe:	19,6 Prozent
DIT-Gruppe:	13,8 Prozent
DWS-Gruppe:	22,3 Prozent
Union-Gruppe:	15,4 Prozent
Sonstige:	16,1 Prozent

Beim Mittelzufluss sieht alles ganz anders aus (ebenfalls Stand Ende Juni 2000):

Deka-Gruppe:	29,3 Prozent
Union-Gruppe:	22,5 Prozent
DWS-Gruppe:	14,0 Prozent
DIT-Gruppe:	10,8 Prozent
Sonstige:	23,4 Prozent

Zusammengenommen teilen sich also die sechs Marktführer in Deutschland über 80 Prozent des Fondsvermögens. Doch es gibt noch eine Vielzahl weiterer inländischer und ausländischer Anbieter, die auf Kosten der Großen an Marktanteilen zulegen. Für die folgenden Beispiele gilt: Dies ist nur eine Auswahl. Die Zahl der in- und ausländischen Anbieter von Fonds ist viel größer. Die hier aufgeführten KAGs sind seit Jahrzehnten am Markt eingeführt und haben die Zahl der Anleger und ihr Fondsvermögen kontinuierlich vergrößert.

Dies besagt allerdings nichts über die Qualität der konkurrierenden KAGs. Viele von ihnen verdienen genauso Beachtung wie die Marktführer. Wichtig: Die Adressen aller wichtigen Investmentgesellschaften in Deutschland, der Schweiz und in Österreich finden Sie im Schlusskapitel.

Die ADIG-Gruppe

Vor 50 Jahren gegründet, ist sie die älteste deutsche Investmentgesellschaft. Seit 1964 firmiert sie als „ADIG Allgemeine Deutsche Investmentgesellschaft mbH", kurz ADIG. Die ADIG-Gruppe zählt zu den fünf größten Investmentgesellschaften in Deutschland. Seit 1. Januar 2000 ist die Commerzbank AG mit 85,4 Prozent alleiniger Hauptgesellschafter der ADIG-Gruppe. Die restlichen Anteile werden von verschiedenen Finanzdienstleistern gehalten. Je nach individueller Risikobereitschaft kann der Anleger aus über 100 Aktien-, Renten-, Geldmarkt- und gemischten Fonds wählen. Interessant ist der am 7. Dezember 1999 aufgelegte internationale Aktienfonds YoungGeneration. Damit hat die ADIG wie auch einige Konkurrenten ein neues Anlagekonzept entwickelt, das speziell auf die Bedürfnisse einer jungen Zielgruppe ausgerichtet ist. Für das Portefeuille werden Unternehmen berücksichtigt, die einen hohen Bekanntheitsgrad bei Jugendlichen vorweisen oder deren Produkte beliebte Markenartikel bei Jugendlichen darstellen. YoungGeneration investiert in Unternehmen, deren Produktstrategien auf Jugendliche fokussiert sind oder die Trends setzen, die von Jugendlichen aufgegriffen werden.

Informationen für den Anleger:

Anleger können sich unter 089/462 68-525 (montags bis freitags, 8 bis 18 Uhr) telefonisch beraten lassen. Informationen über die ADIG-Gruppe und viele der dort verwalteten Fonds erhalten Anleger auch über das interaktive Fax-Informationssystem ADIFAX: 089/462 68-555.

Ausführliche Informationen über die Anlage in Investmentfonds und deren vielfältige Vorteile sowie aktuelle Preisinformationen können im Internet unter der Adresse „http://www.adig.de" abgefragt werden. Anfragen können auch unter der Fax-Nr.: 089/462 68-501 sowie über E-Mail: info@adig.de gestellt werden.

DGZ-DekaBank

Rund drei Millionen Depots mit einem Fondsvolumen von rund 100 Milliarden DM verwaltete die Deka-Gruppe in ihrer Frankfurter Zentrale gegen Ende des Jahres 1999. Doch das Wachstum ist stürmisch. Angepeilt werden schon bald fünf Millionen Depots mit einem Vermögen von 250 Milliarden DM. Zum Vergleich: Vor zehn Jahren wurden von der gesamten deutschen Fondsbranche circa 250 Milliarden DM verwaltet. Die DGZ-DekaBank ist der zentrale Investmentdienstleister der Sparkassenorganisation. Gegenwärtig werden rund 150 Aktien-, Renten- und Immobilienfonds über die Sparkassen und Landesbanken vertrieben. Das Geschäftsvolumen hat sich seit 1994 fast verfünffacht.

Adresse:
GGZ-DekaBank
Mainzer Landstraße 16
60325 Frankfurt
Postfach 11 05 23
60040 Frankfurt

Tel.: 069/714 713 96
Fax: 069/714 715 41
Internet: www.deka.de

DIT

Der DIT (www.dit.de), Deutscher Investment-Trust, gehört zur Dresdner Bank und wurde 1955 gegründet. Er ist damit die zweitälteste Fondsgesellschaft in Deutschland. Der Kauf von Fondsanteilen erfolgt über das Filialnetz sowie über Allfinanzunternehmen und Fondsberatungsunternehmen. Die Anzahl der Publikumsfonds liegt deutlich über hundert. Besonders hervorzuheben ist der relativ neue Bereich der Vermögensverwaltung mit Investmentfonds (VVI). Hier wird dem Anleger eine Wahl des Anlagestils geboten – vom konservativen über den ausgewogenen bis hin zum wachstumsorientierten Depot. Dafür zahlt der Anleger eine so genannte „all-in-fee" von jährlich rund zwei Prozent einschließlich Mehrwertsteuer, also eine feste Gebühr, worin alles an Kosten enthalten ist. Die Mindesteinlage liegt bei 30.000 DM.

Tel.: 069/26 31 40.
Internet: www.dit.de
E-Mail: info@dit.de
Kunden-Informationscenter: 09281/7220

DWS

Die DWS-Gruppe ist die größte Investmentgesellschaft auf dem deutschen Markt und damit auch führend in Europa. Die Zeitschrift „DM" hat ihr von 1994 bis 1999, also immerhin sechsmal in Folge, den renommierten Standard & Poor's Micropal Award als beste deutsche Investmentgesellschaft verliehen. Insgesamt werden von ihr über 1,3 Millionen Depots betreut.

Über www.dws-direct.de können Anleger per Internet Fonds kaufen, tauschen, verkaufen und ihren aktuellen Depotstand abfragen.

Die Union-Investment-Gruppe

Am 26. Januar 1956 gründeten 14 Banken die Union-Investmentgesellschaft mbH als dritte deutsche Investmentgesellschaft. 1999 konnte die Union-Gruppe ihren Marktanteil auf mittlerweile 14,4 Prozent steigern. Mit einem verwalteten Publikumsfondsvermögen von rund 57 Milliarden Euro Ende 1999 ist sie die drittgrößte deutsche Investmentgesellschaft. Die Fondsprodukte der Union-Investment-Gruppe, im Wesentlichen Aktien-, Renten-, Geldmarktoder gemischte Wertpapier- und Immobilienfonds, erhalten Anleger bei allen Volksbanken, Raiffeisenbanken, Sparda-Banken und PSD-Banken. Über 1.000 Mitarbeiter in Frankfurt, Luxemburg und der Schweiz betreuen rund drei Millionen Kunden weltweit.

Gesellschafter der Union-Investmentgesellschaft ist die genossenschaftliche Bankengruppe. Sie hält über die DG BANK Deutsche Genossenschaftsbank, Frankfurt, die SGZ-Bank Genossenschaftliche Zentralbank, Frankfurt, die GZB-Bank Genossenschaftliche Zentralbank, Stuttgart, und die WGZ-Bank, Westdeutsche Genossenschafts-Zentralbank eG, Düsseldorf, etwa 95 Prozent der Anteile des Gesellschaftskapitals der Union-Investmentgesellschaft mbH.

Anleger, die mehr über Fonds der Union Investment wissen möchten, können sich an alle Volksbanken, Raiffeisenbanken und Sparda-Banken wenden und sich dort beraten lassen. Ebenso finden Interessierte wichtige Daten im Internet unter www.union-investment.de beziehungsweise www.union-investment.com.

Adresse:
Union-Investmentgesellschaft
Wiesenhüttenstraße 10
60631 Frankfurt am Main
Tel.: 01803/95 95 01; Fax: 01803/95 95 05
E-Mail: service@union-investment.de

Die Ausländer drängen nach Europa

Nicht nur die deutschen KAGs entdecken die Chancen, die hier zu Lande im Fondsgeschäft liegen. Auch immer mehr ausländische Fondsanbieter drängen auf den Markt, um sich ein Stück vom Fondskuchen zu sichern. Nach zwei Rekordjahren hintereinander versuchen auch die großen Gesellschaften aus den USA, aus Großbritannien, Luxemburg, der Schweiz und anderen Ländern ans Geld der Sparer zu gelangen. Sie alle wollen an der stürmischen Aufwärtsstimmung teilhaben. Das hat seine guten Gründe:

- Besonders der Markt in Nordamerika ist gesättigt; der in Europa und speziell der in Deutschland aber noch lange nicht. Diese Chance wittern die ausländischen Anbieter zunehmend.
- In den USA gilt schon lange der Grundsatz des „Best advice": Anleger erhalten dort von ihrer Bank oder ihrem Berater immer das beste Angebot und nicht nur die hauseigenen Produkte. Die Folge ist, dass 65 Prozent aller verkauften Fonds in den USA keine hauseigenen Produkte sind. In Deutschland sind es nur zehn Prozent. Der Markt befindet sich also im Umbruch.

Die ständig steigende Marktkenntnis der Anleger, die nicht zuletzt durch die Medien und Fondsführer gefördert wird, führt mit großer Wahrscheinlichkeit dazu, dass der Anleger mehr will als nur das begrenzte Angebot der hauseigenen Produkte am Bankschalter. Ausländische Marktanbieter setzen genau darauf. Investmentfonds „made in Germany" werden also künftig nicht mehr allein auf die Herkunft als Werbeargument vertrauen können. Die Anleger, und das gilt überall in Europa, spüren mehr und mehr, dass die Ausländer Würze und weiteren Schwung in den Fondsmarkt bringen. Die noch immer starken Verquickungen hier zu Lande zwischen den Fondsgesellschaften und ihren „Müttern", den großen Banken, werden dabei aufs Korn genommen.

WISO empfiehlt: Ein Blick auf die „Ausländer" lohnt sich. Hinter den ausländischen Fondsgesellschaften stehen oft jahrzehntelange Erfahrungen im Investmentgeschäft und imposante Renditen. Ein Blick auf die Ranking-Listen im vorangegangenen Kapitel zeigt, wie sehr ausländische Fonds mitmischen.

Im Folgenden sollen nur zwei Beispiele verdeutlichen, wie engagiert auch die Ausländer auf den Märkten agieren.

Fidelity

Fidelity Investments ist das weltgrößte unabhängige Fondsmanagement-Unternehmen. Die Investmentgesellschaft wurde 1946 gegründet. Inzwischen beträgt das gesamte, weltweit verwaltete Vermögen bereits über 1.050 Milliarden US-Dollar (Stand: 31.12.1999) für rund 15 Millionen Kunden. Wie bedeutend Fidelity in den Vereinigten Staaten bereits ist, wird an der Art der Zuteilung von Aktien-Neuemissionen deutlich. Dort gibt es den Spruch: „Fidelity comes first." Bevor also ein Privatinvestor an ein neues Wertpapier kommt, wird zuerst einmal Fidelity bedacht. Für Fondssparer ist das natürlich ein wichtiger Faktor. Denn ein Fonds, der sich am Aktienmarkt die Rosinen herauspicken kann, weil ihm eine bevorzugte Behandlung widerfährt, ist für Anleger besonders attraktiv.

Die öffentlich erklärte Strategie lautet jetzt auch in Deutschland: Expansion. Das Ziel von Fidelity ist es, binnen der kommenden drei bis fünf Jahre zu einer der sechs führenden Fondsgesellschaften in Deutschland zu gehören und ein Vermögen in Höhe von rund 15 Milliarden Euro zu verwalten. Derzeit rangiert Fidelity mit einem verwalteten Vermögen von rund 4,2 Milliarden Euro auf Platz zehn aller Anbieter von Publikumsfonds hier zu Lande. Für die kommenden Jahre strebt Fidelity nach eigenen Aussagen ein starkes Wachstum an. Es soll durch eine Intensivierung der Zusammenarbeit mit Vertriebspartnern, vor allem Banken und Sparkassen, erreicht werden. Dort nämlich liegt wie bei allen ausländischen Investmentgesellschaften in Deutschland das Manko. Anders als in ihren Heimatländern fehlen ihnen hier zu Lande die klassischen Vertriebskanäle, wie etwa die Banken. Diese stehen ja in direkter Konkurrenz, weil sie in der Regel das Investmentfondsgeschäft über eigene Fondstöchter betreiben. Da ist das Bestreben, sich ausländische Konkurrenz ins Haus zu holen, zumal von der Stärke wie Fidelity, sehr begrenzt. Deshalb halten bisher die unabhängigen Finanzberater mit über 2,5 Milliarden Euro noch den Löwenanteil des Vermögens bei Fidelity. Zu diesen Gruppen zählen unabhängige Finanzdienstleister ebenso wie große Vertriebsorganisationen.

Nur knapp über 700 Millionen Euro verwaltetes Vermögen entfallen derzeit bei Fidelity auf den Vertriebskanal der Banken. Um das zu ändern, trifft Fidelity Vereinbarungen mit fast allen großen Banken, verschiedenen Privatbanken, Landesbanken und regionalen Sparkassen sowie Volks- und Raiffeisenbanken. Darüber hinaus zählen große Vermögensverwaltungsgesellschaften zu den Partnern von Fidelity. Rund eine halbe Milliarde Euro Fondsvolumen wurde bereits über Direktkunden erzielt, deren Order per Brief, Fax, Telefon oder über das Internet eingehen. Das Unternehmen setzt auf die neuen

Vertriebskanäle. Das Online-Angebot wird von Fidelity kontinuierlich erweitert. Über die Homepage www.fidelity.de können Kunden bereits heute online die Kontoeröffnung beantragen, Anteile umschichten, individuelle Portfolios zusammenstellen und ausführliche Analysen erstellen. Fidelity will offenbar über alle Vertriebskanäle an das Vermögen der Sparer herankommen. Der komplette Handel per Mausklick soll schon bald möglich sein. Insgesamt 45 Aktien-, Geldmarkt- und Rentenfonds von Fidelity sind derzeit auf dem deutschen Markt zugelassen. Geplant sind vor allem weitere Branchenfonds und AS-Fonds.

Adresse:
Fidelity Investment Services GmbH
Lyoner Str. 24–26
60528 Frankfurt
Das Servicetelefon in Deutschland: 0130/81 33 13.
Die Frankfurter Rufnummer: 069/242 60 20.

GAM (Global Asset Management) – eine UBS-Tochter

Seit Dezember 1999 ist GAM eine 100-prozentige Tochtergesellschaft der schweizerischen Großbank UBS AG. GAM verwaltet für private und institutionelle Kunden ein Fondsvermögen von rund 14,4 Milliarden US-Dollar. Besonderes Augenmerk legt das Unternehmen auf die Bereitstellung von Informationen und Services im Internet, die in der Fondsbranche eine immer bedeutendere Rolle spielt. Der GAM-Internet-Auftritt der Fondsgesellschaft versorgt die Anleger und Vertriebspartner täglich mit neuen Informationen zu den Top-Positionen, Branchen- und Länderallokationen, Volumina und Preisen ihrer Fonds. Selbst ausführliche Details zu Aktienkäufen und -verkäufen sowie Video-Sequenzen mit aktuellen Marktkommentaren der Fondsmanager sind unter www.gamfonds.com zu haben. Fondskenner verweisen bei GAM auf den Verzicht auf jährliche Kontokosten und Gebühren beim Fondstausch sowie auf die Möglichkeit, Umschichtungen im GAM-Fondsdepot telefonisch abzuwickeln.

GAM ist nur ein Beispiel für den weltweit ehrgeizigen Marktauftritt der UBS. Mit einem Volumen von rund 1,7 Billionen Franken an verwaltetem Privatvermögen ist die UBS in einer Führungsposition. Und die will sie weiter ausbauen. Deutschland ist einer der Wachstumsmärkte. Nach der Übernahme der Privatbank Schröder Münchmeyer Hengst & Co im Jahr 1997 ist das besonders anschaulich geworden. Die Strategie wurde bereits öffentlich geäußert:

In Deutschland will die UBS in den kommenden drei bis fünf Jahren zu den zehn führenden Vermögensverwaltungsfirmen gehören. Dazu wollen die Schweizer ihre Investmentfonds über Vertriebspartner an die Kunden bringen.

Der Kapitalmarkt Luxemburg

Luxemburg genießt bei Fondsanlegern einen guten Ruf. Es herrscht dort ein vergleichbar liberales Investmentrecht. Was die Fondsgesellschaften besonders mögen: In dem Großherzogtum werden neue Fondsprodukte schnell genehmigt. Die Marktanbieter können also rasch auf sich ändernde Konstellationen reagieren. Nicht nur sehr viele deutsche Finanzdienstleister nutzen das aus. 1999 war für Luxemburg ein Rekordjahr. Nach Schätzungen wuchsen die dort verwalteten Anlagegelder in einem Jahr um 50 Prozent auf 735 Milliarden Euro. In den Neunzigerjahren hat sich das Fondsvolumen damit also verzehnfacht. Diese Tendenz verstärkt sich weiter. Damit ist es Luxemburg gelungen, sich in Europa als einer der größten Finanzplätze für Investmentfonds zu etablieren. Die Behörden wollen den Wettbewerbsvorteil noch ausbauen. Interessant wird sein, zu beobachten, wie sich der Kampf um Investmentgelder in Europa entwickeln wird. Dieser wird besonders über steuerliche Erleichterungen geführt werden. Ein Beispiel: Für deutsche Anleger in Schweizer Fonds, die in Luxemburg zugelassen sind, gilt Steuerfreiheit. Diese Attraktivität neben dem reibungslosen und liberalen Investmentrecht kann man mit Zahlen belegen. Die deutschen KAGs sind gegenwärtig mit weit über 120 Milliarden Euro Fondsvermögen Nummer zwei hinter den Schweizer Gesellschaften. Diese nutzen Luxemburg natürlich als Eintrittsmöglichkeit in den EU-Raum. Ende 1999 hatten deutsche KAGs über 700 Fonds in Luxemburg aufgelegt. Doch nicht nur die Schweizer und die Deutschen haben längst den Fondsmarkt Luxemburg entdeckt, auch italienische, französische und amerikanische Investmentgesellschaften verzeichnen starke Zuwächse. Wer wissen will, wie sich die Fondsindustrie international entwickelt, muss nur nach Luxemburg schauen.

Eine Flut von Fonds

Über 4.000 Wertpapierfonds sind allein in Deutschland zum Vertrieb zugelassen. Weltweit liegt die Anzahl der Wertpapierfonds sogar über 20.000 – Tendenz weiter steigend. Kaum eine Woche vergeht, in der nicht eine oder mehrere Investmentgesellschaften neue Fonds „mit attraktiven Renditechancen" lancieren. Somit steht dem Investor eine breite und tiefe Auswahl an Fonds und Fondsgesellschaften zur Verfügung. Benötigt er aber dieses Investmentspektrum tatsächlich, um sein Geld sinnvoll anlegen zu können? Oder verwirrt die große Auswahl und schreckt den Anleger eher ab? Ist die Flut an Fonds am Ende sogar mehr Fluch als Segen? Der Autor hat darüber bei Produktgruppenmanagern wie Oliver S. Bauer von der Union Investment in Frankfurt nachgefragt und stützt sich bei seinen Ausführungen zur Geschichte und Entstehung von Investmentfonds auf deren Erfahrungen und Aussagen.

Die KAGs stehen unter Produktionsdruck

Eine große Kapitalanlagegesellschaft, die es sich auf Grund der Heterogenität ihrer Kundschaft nicht erlauben kann, eine Spezialisierungs- oder Nischenstrategie zu verfolgen, muss stets auf der Suche nach neuen Produktideen sein. Die jüngsten Statistiken zeigen: Von 60 Produktideen werden am Ende nur ein oder zwei tatsächlich umgesetzt. Doch vom Ursprung des Fondsgedankens bis zur Explosion des Fondsangebots, wie wir es gegenwärtig weltweit erleben, verging eine lange Zeit. Die Investmentidee ist bereits über 130 Jahre alt. Ausgangspunkt war Großbritannien, als dort im Jahr 1868 der Foreign & Colonial Government Trust gegründet wurde. Im Jahr 1894 folgte die erste US-amerikanische Gesellschaft, wobei auch der Durchbruch im heute größten Fondsmarkt der Welt erst nach Ende des 1. Weltkrieges gelang. In Deutschland scheiterten die ersten Versuche in den Zwanzigerjahren an unzureichenden Kontroll- und Sicherungsmöglichkeiten sowie am damaligen Steuersystem. Im Jahr 1949 schließlich wurde die erste deutsche Gesellschaft gegründet. Aber erst mit Beginn der Neunzigerjahre des ausgehenden Jahrhunderts konnte mit nunmehr verbesserten rechtlichen Rahmenbedingungen die Fondsanlage aus ihrem Schattendasein der Geldanlagen heraustreten.

Der Fondsgedanke – schlicht und effizient!

Eigentlich ist der Fondsgedanke einfach und leicht nachvollziehbar. Er sieht die für Wertpapierengagements essenzielle Diversifikation (Risikostreuung) vor. Zudem erhält der Anleger für vergleichsweise geringe Kosten eine professionelle

Managementleistung qualifizierter Asset-Manager (Vermögensverwalter). Ausgehend von diesem Diversifizierungsansatz waren auch die ersten Fonds meist global investierende Aktien- oder Renten-Portfolios. Sukzessive wurden die Angebotspaletten um Aktien- und Rentenfonds mit speziellen Schwerpunkten, beispielsweise hinsichtlich regionaler Kriterien oder der Laufzeit von Anleihen, ergänzt. Zusätzliche geldmarktnahe Fonds und Geldmarktfonds ergänzten später die Produktpalette. Zudem etablierten sich unterschiedliche Managementstile. In den letzten Jahren standen dann verstärkt problemlösungsorientierte Produkte wie steueroptimierte Fonds oder in der jüngsten Vergangenheit die AS-Fonds im Fokus der Produktentwickler. Die immer enger zugeschnittenen Anlagesegmente gaben dem Fondsgedanken einen neuen Charakter: Der originäre Fondsvorteil einer breiten Risikostreuung trat in den Hintergrund. Dieses Problem erkannten auch die Banken und Fondsgesellschaften und führten ab 1993 Fonds-Vermögensverwaltungen ein. Eine weitere Innovationsstufe sind Dachfonds. Der einzelne Fonds wird dabei nicht mehr nur dazu verwendet, den Gesamtmarkt abzudecken, sondern er fungiert nunmehr auch als Baustein zur Portfolio-Konstruktion (Vermögensstruktur), beispielsweise als Element für eine global ausgerichtete Asset-Allocation.

Die Produktspirale dreht sich weiter!

Gegenwärtig sind keine Anzeichen dafür erkennbar, dass die Produktentwicklungsspirale ein Ende findet. Die meisten KAGs versuchen durch neue Produkte einen Wettbewerbsvorteil zu erzielen. Diese Tendenz brachte auch manche Kuriosität zu Tage, wie etwa eine sehr ausgefallene in den USA: Dort legte beispielsweise Pauze, Swanson & Associated Investment im Jahr 1997 den „Pauze Tombstone Fund" auf, der auf das Geschäft mit dem Tod setzt: Der Fonds investiert in Friedhöfe, Krematorien, Sargtischlereien und Bestattungsunternehmen.

Die hohe Anzahl ständig neuer Fonds erstaunt zunächst. Anders als ein Verbrauchsgut lässt sich aber ein Fonds nicht so ohne weiteres wieder vom Markt nehmen. Ein Beispiel: Wenn ein Nahrungsmittelkonzern eine neue Sorte Tafelschokolade einführt, die sich trotz umfangreicher Pre-Tests (Produkttests beim Verbraucher) als Flop erweist, so müssen die Entwicklungs- und Marketingkosten zwar abgeschrieben werden, doch kann das Sortiment sehr kurzfristig wieder bereinigt werden. Bei einem Fonds geht das nicht: Es wäre unseriös und entspräche nicht den Gepflogenheiten, Anlegern mitzuteilen, dass ihr Fonds geschlossen wird und sie doch „bitte schön" einen anderen Fonds erwerben sollen. Vor diesem Dilemma stehen fast alle Fondsgesellschaften.

Betrachtet man die Absatzstatistik der gesamten Fondspalette, so stellt man Erstaunliches fest. Für die Union Investment gilt beispielsweise – in anderen Häusern dürften die Zahlen ähnlich sein –, dass aktuell rund 50 Prozent des verwalteten Fondsvermögens in Fonds angelegt sind, die jünger als fünf Jahre alt sind. Die beiden erfolgreichsten Fonds im Jahr 1999, der UniEuroStoxx50 und der UniNeueMärkte, wurden sogar erst im Herbst 1998 auf den Markt gebracht. Diese Tatsache liegt sicherlich auch daran, dass neue Fonds teilweise mit erheblichem Marketingaufwand, also aufwändiger Werbung, eingeführt werden. Bei vielen Fondsgesellschaften lassen sich Wirkung und Konsequenz der sich rasch drehenden Produktspirale deutlich erkennen: Ein neuer Fonds wird aufgelegt und in kurzer Zeit werden hohe Beträge eingesammelt. Wenige Monate später, wenn der Fonds dreistellige Millionen- oder Milliardenbeträge „under management" (eingesammelt) hat, verschwindet der Fonds oft in der Versenkung und die nächste Innovation wird nachgeschoben.

Dabei spielt auch eine Rolle, dass nicht wie beim oben genannten Beispiel mit der Schokolade die Rezeptur oder die Anzahl der Rippen beliebig geändert werden kann. Wenn die neue Mixtur nicht schmeckt, greift der Konsument eben beim nächsten Mal einfach nach einer anderen Sorte. Der Fondsanleger wäre jedoch gezwungen, die Anteile seines möglicherweise liebgewonnenen Fonds zurückzugeben und sich neu zu orientieren. Daher ist eine Änderung der Anlagegrundsätze oder auch des Fondsnamens deutscher Fonds im Gegensatz zu den Gepflogenheiten in Luxemburg nicht möglich. Andererseits gibt es aber auch Situationen, für die der traditionelle Produkt-Lebenszyklus gilt. Das heißt, ein Fonds passt tatsächlich nicht mehr in die „Investmentlandschaft". So führte beispielsweise die Einführung des Euro dazu, dass Länderfonds an Bedeutung verlieren und mehr und mehr von Branchenfonds abgelöst werden.

Wie ein Fonds entsteht – Produktideen und Erfolgsfaktoren

Welche Stufen müssen erfolgreiche Produktideen durchlaufen, damit daraus letztlich die Einführung eines neuen Fonds resultiert?

Ein erster Ansatz ist der tägliche Blick der verantwortlichen Produktmanager in die Wirtschaftszeitungen, die Fachpresse und das Internet. Fast täglich heißt es: „Die Gesellschaft XY legt per heute den ABC-Fonds auf ...". Dann folgt die bange Frage: Besitzt die eigene Gesellschaft einen ähnlichen Fonds? Wenn nein, sollte die eigene KAG ein ähnliches Produkt entwickeln? Eine weitere Frage: Kann der Wettbewerber mit seinem neuen Fonds Marktanteile hinzugewinnen und/oder völlig neue Anlegerkreise erschließen?

Wichtig ist stets die Vertriebsorganisation der jeweiligen KAG, also die Kollegen und Kolleginnen, die den Kontakt mit den Vertriebspartnern pflegen und damit nah am Markt und am Anleger sind. Als Produktmanager gilt es, diese äußerst preiswerte Marktforschung zu nutzen, aber auch kritisch zu hinterfragen, ob Produktwünsche in die mittelfristige Strategie passen. Denn zu kleine Fonds helfen weder der Gesellschaft noch dem Anleger, da die Kosten überproportional hoch sind.

Für die weitere Produktpflege ist das Vertriebscontrolling, aber auch die Werbeerfolgskontrolle bedeutend. Auch Marktforschungsstudien bieten wertvolle Ergebnisse. Doch es gilt in der Investmentbranche der Grundsatz: Die Marktforschung erhellt den Absatzmarkt nicht vollständig, ähnlich wie der Schweinwerfer eines Flugzeuges nur einen Teil der Landebahn erhellt.

Zu den wichtigsten Erfolgsfaktoren für eine intelligente Produktpolitik zählen nach Aussagen vieler Produktmanager in den KAGs eigene Erfahrungen und schlicht der gesunde Menschenverstand.

Zudem muss stets auch der Kapitalmarkt im Auge behalten werden. Eine Fondsauflegung, die mitten in eine ungünstige Marktverfassung (etwa eine sich hinziehende Börsenflaute) hinein vollzogen wird, ist zwar im Hinblick auf ein antizyklisches Anlageverhalten grundsätzlich positiv. Doch die Schar der Anleger reagiert in der Regel nicht positiv darauf: So wird eine signifikante Negativperformance des Fonds in den ersten Wochen oder Monaten nach Auflegung von vielen Anlegern als schlechtes Omen gewertet und der Fonds damit in der Folgezeit oftmals nicht weiter beachtet.

Teamwork ist entscheidend

Eine Fondsauflegung nimmt von der Idee über Konzept und Genehmigung bis hin zur Auflegung und Vermarktung mehrere Monate in Anspruch. Deswegen legt die Investmentbranche großen Wert auf „Konzeptionen in der Schublade". „Immer am Ball sein" – darum geht es auch in dieser Branche. Damit ist gewährleistet, bei Bedarf möglichst kurzfristig auflegen zu können. Auch der Kapitalmarkt ist ein Grund, warum nicht allein das Produktmanagement neue Produkte entwickelt, sondern dies immer eine Gemeinschaftsarbeit mit der Finanzabteilung und dem Fondsmanagement ist. Dabei ist es nicht immer einfach, beide Ansätze zu verknüpfen, denn der Ausgangspunkt der Überlegungen ist unterschiedlich.

Man stelle sich vor, die Finanzabteilung eines Automobilkonzerns würde herausfinden, dass Autos mit drei Metern Breite schneller, sicherer und energiesparender sind. Wer aber würde ein solches Fahrzeug kaufen? Entsprechend entwickelt das Fondsmanagement oft Ideen, die von den Finanz- und Marketingleuten als nicht vertriebsfähig eingestuft werden, und umgekehrt erteilt das Fondsmanagement Marketingideen oftmals eine Absage, weil das Management eines solchen Produktes schlicht unmöglich wäre. Auch wenn die interne Abstimmung Ressourcen, also Zeit und Geld, kostet: Nur die gelungene Kombination von Management-Know-how und Marketing ermöglicht Wettbewerbsvorteile. Am Ende muss der Anleger zufrieden sein. Nur so kann er langfristig an die KAG gebunden werden. Die Branche ist gewarnt: Rückblickend liegen nicht wenige Fonds, die zunächst hohe Absatzzahlen auswiesen, weil sie ein aufwändiges Marketing genossen und sogar Bezeichnungen wie „Top" oder „Quality" im Namen führten, im hinteren Performancefeld. Nicht jeder Trend ist es also wert, in eine neue Fondskreation gegossen zu werden. Doch eines ist unumstritten: Weitere Fondsprodukte werden kommen!

Fazit: Ob die Flut der Fonds nun ein Fluch oder Segen ist, lässt sich nicht eindeutig beantworten. Für den Anleger heißt es: Die Auswahlmöglichkeiten steigen zwar, aber dafür nimmt die Markttransparenz ab! „Weniger ist mehr!", könnte man also sagen. Doch es muss ebenso festgehalten werden: Die Informationsmöglichkeiten der Anleger steigen. Auch der vorliegende Fondsführer ist dafür ein Beleg. Per saldo kann man die große und wachsende Auswahl an Fonds durchaus positiv werten. Entscheidend ist eben: Es kommt darauf an, wie man damit umgeht und was man daraus macht!

Konkurrenz belebt das Geschäft

Die folgende Tabelle „Die besten KAGs" zum Abschluss des Kapitels greift zum Thema in- und ausländische Investmentgesellschaften noch einmal die Ratings von FERI Trust im vorangegangenen Kapitel auf. Wer zum Beispiel sein Geld nur einer einzigen KAG anvertrauen will und diejenigen mit mehreren sehr gut oder gut geratenen Fonds sucht, der wird sie sicher als hilfreich empfinden. FERI Trust bewertet in seinem monatlichen Research-Report nur KAGs mit mindestens acht gerateten Fonds in der Produktpalette. Dadurch wurden 33 KAGs mit insgesamt 530 Fonds berücksichtigt. Die Tabelle ist so zu lesen: Die Investmentgesellschaft DWS hat insgesamt 39 von FERI Trust untersuchte Fonds im Angebot. Davon haben mit Stand 31. März 2000 28 Top-Ratings mit der Note (A) oder (B) erhalten. Diese 28 Fonds konnten also über einen mittelfristigen Zeitraum eine überdurchschnittliche Performance bei geringem Risiko aufweisen. Ein derartiger KAG-Überblick, zusammengenommen mit den einzeln aufgeführten Fondsratings für Aktien- und Rentenfonds im vorhergehenden Kapitel, zeigt vor allem zwei Sachverhalte:
- Obwohl der Fondsmarkt boomt, immer neue Kreationen hervorbringt und sich in einer Umbruchphase befindet, erhält der Fondsinvestor doch eine Chance, sich anhand handfester Kriterien zu orientieren.
- Wer auf der Suche nach den besten Fonds und den erfolgreichsten KAGs ist, stößt unweigerlich auf viele ausländische Firmen. Die Herkunft eines Fonds sagt nichts Prinzipielles über seine Qualität aus. Der Wettbewerb findet global statt.

Die besten KAGs

KAG	insgesamt	(A) und (B)	Top-Rating-Anteil
Threadneedle	9	7	78 %
DWS	39	28	72 %
Newton	11	7	64 %
ABN AMRO	8	5	63 %
Merrill Lynch/Mercury	13	8	62 %
Morgan Stanley	13	8	62 %
ING/Baring	18	10	56 %
Flemings	12	6	50 %
DIT	28	13	46 %

Fidelity	12	5	42 %
Schroder	12	5	42 %
Gartmore	10	4	40 %
Credit Suisse	16	6	38 %
Deka	21	7	33 %
Activest	26	8	31 %
Julius Baer	10	3	30 %
UBS	14	4	29 %
Union Investment	39	11	28 %
Universal	18	5	28 %
ADIG/CICM	33	9	27 %
J.P. Morgan	11	3	27 %
Invesco	20	5	25 %
Gerling	8	2	25 %
M.M. Warburg	8	2	25 %
Parvest	8	2	25 %
Sun Life	8	2	25 %
Stand: 31.03.2000			

Quelle: FERI Trust Fonds Rating Report 02/2000

XI.

DIE MACHT DER FONDS UND IHRER MANAGER

Der Einfluss der Fondsmanager – Kritik und Lob

Im Zusammenhang mit den Investmentfonds könnte man von der „Macht der Milliarden" sprechen. Die Fonds und ihre Manager verschaffen sich einen wachsenden Einfluss auf die Aktiengesellschaften (AG) und die Börsen. In eine simple Formel gebracht könnte man sagen: Je mehr Geld die Fonds bewegen, desto wichtiger werden sie! Die Kritik an der Arbeit der Fondsmanager wechselt je nach Standpunkt zwischen wachsendem Unmut und Lob. Vielen Chefs von Aktiengesellschaften ist die zunehmende Rolle der Fondsmanager als „die neuen Herrscher" über die Kapitalmärkte nicht geheuer. Diese fungieren zunehmend als Vermittler zwischen zwei Seiten: den sich ändernden Sparbedürfnissen einer renditebewussten Anlegerschar auf der einen und der Wirtschaft, die Finanzierungskapital braucht, auf der anderen Seite. Dies lässt sich besonders deutlich an Unternehmen zeigen, die einen Börsengang planen. Diese müssen breite Anlegerkreise und damit auch die professionell agierenden Fondsmanager von ihrer Ertragskraft, ihrem „Value", für die künftigen Aktionäre, die „Shareholder", überzeugen.

In der Praxis bedeutet das vor und nach dem Börsengang, dass die Unternehmensführer den vielen Fondsmanagern regelmäßig Rede und Antwort über ihre Geschäftspolitik und die Steigerung des Unternehmenswertes stehen müssen. Für diese neue Art von Öffentlichkeitsarbeit hat sich der Begriff „Roadshow" eingebürgert. Es gibt Vorstände von Aktiengesellschaften, die sich dabei als Getriebene der Fondsmanager sehen, weil von deren Seite ständig mehr Profit im Interesse ihrer Investoren angemahnt werde. Für sie sind die Fondsmanager nur lästige Fragesteller und unbequeme Nörgler. Sie werfen den Fondsmanagern vor, den Unternehmen Spielregeln aufzuzwingen, die nur nach der möglichst großen Renditesteigerung ausgerichtet sind. Doch es gibt auch Beispiele wie Hubertus von Grünberg, den ehemaligen Vorstandschef des Reifenherstellers Continental, der als Befürworter des „Shareholder-Value-Gedankens" über die Fondsmanager sagt: „Man mag dazu stehen, wie man will: Ich brauche die Investoren, weil ich auf einen hohen Aktienkurs angewiesen bin. Je höher der ist, desto größer ist mein unternehmerischer Manövrierraum. Die Investoren sind die Könige, ich bin der Diener."

Eine explizite Kontrolle der Aktiengesellschaften durch die Fondsmanager bleibt natürlich nicht ohne Resultat auf die Aktienkultur insgesamt. Der Einfluss der Fonds auf die Publikumsgesellschaften an den Börsen wächst naturgemäß mit dem steigenden Mittelzufluss in die Fonds. Auf den Hauptversammlungen der AGs kann dies hautnah beobachtet werden. Wenn ein Unternehmen mit einem Engagement in eine Schieflage gerät, spürt es sofort den Druck der mächtigen Fonds. Diese tragen ihre Wünsche ohne Umschweife an die Vorstände heran. Das Vorbild kommt wie so oft auch hier aus den USA. Fondsmanager dort konfrontieren die Unternehmen noch viel rigoroser mit Forderungen nach höherer Rendite im Interesse der Anleger, also der Fondsanteil-Besitzer. Ein Beispiel dafür ist die „Negativ-Liste" der Union Investment. Darin führt die Fondsfirma der Volks- und Raiffeisenbanken-Gruppe Unternehmen, die zu wenig für den Shareholder Value tun, auf. Dort fanden und finden sich europäische Großunternehmen aus Deutschland, Italien und Spanien. Die „Botschaft" der Investmentgesellschaft ist eindeutig: Sobald eines der Unternehmen hinter dem entsprechenden Index wie DAX oder Dow Jones Euro-Stoxx zurückbleibt und zugleich die Wertentwicklung des jeweiligen speziellen Branchenbarometers verfehlt, wird es von den Union-Fondsmanagern untergewichtet, also mindestens teilweise verkauft. Gleichzeitig will sich die Union Investment auf den Hauptversammlungen der betroffenen Aktiengesellschaften deutlich zu Wort melden.

Je stärker die Fondsindustrie wächst, desto stärker ändert sich auch die heute noch bestehende Konzentration des Aktienbesitzes in den Händen weniger Großaktionäre, etwa der Banken und Versicherungen. Unterstellt man eine positive Entwicklung, bedeutet dies, dass durch die wachsende Macht der Fondsmanager ein vernünftiger Machtausgleich in der Aktionärsstruktur hergestellt wird, also mehr Aktionärsdemokratie. Auch wenn eine solche Entwicklung für manche Manager in den Aktiengesellschaften unbequem ist, weil sie sich ständig unter Druck fühlen und dauernd rechtfertigen müssen, gilt der Grundsatz: So wie die Manager in den Unternehmen sich Mühe geben, ihre Produkte den Kunden schmackhaft zu machen, genauso engagiert müssen sie auch versuchen, ihre Aktien an die Fondsmanager und damit die Masse der Kleinanleger zu verkaufen. Außerdem: Eine Beteiligung breiter Bevölkerungsschichten an der Eigenkapitalfinanzierung der Volkswirtschaft durch die Macht und den Einfluss der Fonds an den Börsen führt letztlich bei Privathaushalten zu einer gesamtgesellschaftlich angestrebten Vermögensbildung. Diese Spargelder machen sie nämlich unabhängiger von Einkünften aus unselbstständiger Tätigkeit wie Lohn, Gehalt oder Rente.

Wichtig: Wer von „Turbokapitalismus", „Shareholder Value" und „New Economy" redet, muss auch von den großen Fondsgesellschaften wie beispielsweise Fidelity, Vanguard und DWS sprechen. Sie sind mit die treibenden Kräfte des neuen Kapitalismus. Und hinter ihnen stehen Millionen kleiner Anleger!

Aktiv oder passiv? Zwei konträre Managementstile

Aktieninvestmentfonds unterscheiden sich vor allem hinsichtlich ihres Ansatzes bei der Auswahl der Titel durch das jeweilige Fondsmanagement. Grundsätzlich lassen sich Philosophie und Vorgehensweise bei Investmentfonds in einen aktiven und einen passiven Managementstil unterteilen. Nach wie vor dominiert in Deutschland und Kontinentaleuropa die Anlagephilosophie des aktiven Fondsmanagements. Dabei will das Management eine Performance erzielen, die über dem Vergleichsmaßstab, also dem entsprechenden Aktienindex, liegt. Grundlage für ein aktives Management sind fundamentale und/oder technische Bewertungen. Am Ende solcher Analysen steht die Entscheidung der Fondsmanager für Über- und Untergewichtungen einzelner Werte aus dem zugrunde liegenden Vergleichsindex.

Im angelsächsischen Raum hat sich dagegen schon vor einiger Zeit das passive Management als weitere Anlagephilosophie etabliert. Sie verfolgt im Gegensatz zum aktiven Management primär das Ziel, bestimmte Märkte unter Minimierung des aktiven Risikos abzubilden. Dabei bestehen verschiedene Arten der passiven Abbildung: Neben einer exakten Abbildung eines Indexes ist auch die indexnahe Nachbildung durch eine geringere Titelanzahl möglich. In der Praxis ist vielfach zu beobachten, dass eine Mischung aus dem renditeorientierten aktiven Management und dem risikoorientierten passiven Management umgesetzt wird. Für beide Anlagephilosophien (aktiv und passiv) ist die Definition einer Benchmark (also eines Indexrichtwertes) von Bedeutung und damit in der Regel die Festlegung eines Vergleichsindexes verbunden. Dabei ist wichtig, welcher Index zugrunde gelegt wird. So genannte Large-Cap-Indizes mit nur wenigen Werten sind nicht dazu geeignet, die Strukturen eines großen Aktienmarktes wiederzugeben. Sie bilden in der Regel weder die

Branchenstruktur noch die Länderstruktur des Gesamtmarktes ab. Werden zusätzlich fundamentale Bewertungsfaktoren hinzugezogen, so haben die Large-Cap-Indizes oft nur noch bedingt etwas mit der Charakteristik des Gesamtmarktes zu tun. Andererseits eignen sich die „breiten" Indizes mit vielen Titeln nicht unbedingt für eine vollständige Eins-zu-eins-Abbildung im passiven Management. Denn der Aufwand wäre zu hoch, in mehrere hundert Titel entsprechend ihrer zum Teil sehr kleinen Index-Gewichte zu investieren.

Das aktive Aktienfonds-Management orientiert sich zunehmend an den Entscheidungsfeldern Länder-, Sektoren-, Branchen- und Einzeltitelgewichtung, oft in Relation zum gewählten Vergleichsindex. Bis vor wenigen Jahren stand klar die Entscheidungsebene der Länder im Vordergrund. Mit der zunehmenden Bereitschaft der Kapitalmärkte, „Euroland" als einen integrierten Kapitalmarkt zu sehen, sinkt auch die Eigenbewegung der lokalen Märkte, die bislang von Entwicklungen der nationalen Volkswirtschaften bestimmt wurden. Die Märkte werden vielmehr durch unterschiedliche Branchen- und Sektorstrukturen in den einzelnen Ländern geprägt. Damit nimmt der Branchenansatz eine dominante Stellung in der aktiven Portfolio-Konstruktion ein, ohne dass länderspezifische Einflüsse vollständig weichen werden oder eine Einzeltitelanalyse obsolet wird. Gegenwärtig ist aber auch in den deutschsprachigen Ländern das passive Management im Kommen. Ähnlich wie in den USA gehen auch die Investmentgesellschaften hier zu Lande dem Anlegerbedürfnis nach weniger riskanten Anlagephilosophien nach. Es ist allerdings nicht zu erwarten, dass sich entweder der aktive oder der passive Managementstil vollständig auf Kosten des anderen durchsetzen wird. Es dürfte eher zu einem Nebeneinander der Anlagephilosophien kommen.

„Value" oder „Growth"? Ein Methodenstreit

Die Methoden, einen Investmentfonds zu managen, wandeln sich im Lauf der Zeit. Früher herrschte weitgehend Einigkeit über den richtigen Weg einer Investmentstrategie. Es wurde versucht, mit einer fundamentalen Analyse den Stand der Märkte und den Wert der Unternehmen einzuschätzen. Gängige Investmentstrategien orientierten sich dazu noch an Vergleichsindizes für die Gestaltung ihrer Portfolios. Doch die Zeiten im Vermögensverwaltungsgeschäft ändern sich dramatisch. Heute stehen sich vor allem zwei aktive Managementstile gegenüber: der Value-, also der Wertansatz, und der Growth-, also der Wachstumsansatz. Die These, die dahinter steht, ist folgende: Mit einer systematisch ausgelegten Selektion unter Value- oder Growth-Gesichtspunkten steigt die Möglichkeit, bessere Anlageerfolge zu erzielen als bei einer gleichmäßigen Ausrichtung an einer Benchmark wie einem Marktindex.

Die gängige Theorie dazu lautet: In Zeiten nachlassender Wirtschaftsphasen sind Growth-, also Wachstumswerte, attraktiver, weil sie ihre Ertragsdynamik auch im konjunkturellen Abschwung noch aufrechterhalten können. Gewinnt nach dieser Theorie aber die Konjunktur wieder an Schwung, dann sind die Value-Aktien an der Reihe. Dann nämlich sucht das Fondsmanagement nach bisher unterdurchschnittlich bewerteten Einzeltiteln mit stabiler Ertragsentwicklung und hoher Dividende. Der Streit, welche dieser beiden Anlagestrategien die erfolgreichere ist, kann hier nicht entschieden werden.

Gegenwärtig aber kann festgehalten werden, dass die Anhänger der „Growth-Theorie" Oberwasser haben. Dazu kommt, dass die Manager von Fonds, also die Angestellten der KAGs, zunehmend in der Wirtschaft mitbestimmen. Die Macht der Fonds als Schrittmacher auf den Kapitalmärkten wächst. Immer höhere Ersparnisanteile der Bevölkerung und der institutionellen Anleger werden in die öffentlich zugänglichen Publikumsfonds und die Spezialfonds der institutionellen Anleger geleitet. Experten sind sich einig: Dieser Markt für private und für institutionelle Anleger zeichnet sich durch starkes Wachstum aus. Dafür dürften allein schon die dominanten Zukunftsthemen „Altersvorsorge" und „Pensionsfonds" sorgen. Die Steigerungsrate auf dem Finanzdienstleistungssektor liegt für die nächsten fünf bis zehn Jahre bei rund 15 Prozent, so jedenfalls lauten die Schätzungen. Das führt dazu, dass die Fondsmanager allein in Deutschland bald Spargelder in Höhe von über zwei Billionen DM verwalten werden. Das heißt: Ständig werden Milliardenbeträge innerhalb kurzer Zeit in den unterschiedlichen Kapitalmärkten investiert, umgeschichtet und abgezogen.

Bezogen auf die Börse lautet die Frage: Erzeugt die hier beschriebene Marktentwicklung eines deutlich steigenden Kapitalangebots einen dauerhaften Bullenmarkt, also boomende Börsen, oder aber eine gefährliche „Spekulationsblase" an den Börsen? Eine eindeutige Antwort darauf wagt kein Experte. Eines jedenfalls ist klar: Das wachsende Angebot an Spargeldern wird zu einem großen Teil seine Rendite an den Börsen suchen. Dafür sorgt allein schon der Mangel an Alternativen. Somit wird sich die Aktienkultur in Deutschland zügig weiterentwickeln und damit die Bedeutung der Aktienfonds und ihrer Manager zunehmen.

Anlageexperten nehmen bei einer näheren Erklärung der beiden Managementmethoden die Konjunktur zu Hilfe. Danach werden mit Growth-Fonds, die kräftig in Wachstumsaktien wie Nokia oder Vodafone-Mannesmann,

Microsoft oder Cisco investiert haben, deutlich höhere Erträge erzielt als durch Fonds mit anderen Strategien. Aber das heißt noch lange nicht, dass dies auch so bleiben wird. Sobald die ertragreichen Dividendentitel wieder im Kommen sind, kann der Trend umschlagen und einen neuen Favoritenwechsel erzeugen.

Für Anleger ist schwer zu entscheiden, ob sie der einen oder der anderen Anlagepolitik folgen sollen. Noch ist es hierzulande auch nicht üblich, exakt nach dieser Unterscheidung Fonds aufzulegen. Doch das ändert sich. So genannte Style-Fonds kommen aus den USA auf den Markt. Sie investieren konsequent in Growth- oder Value-Titel. Die in Deutschland existierenden Fonds in TMT-Werte (Technologie-, Medien- und Telekommunikationsaktien) ähneln ihnen bereits. Auf längere Sicht kann der Anleger festhalten: Immer dann, wenn Growth-Fonds nachlassen, beginnt der Zyklus für die Value-Fonds. Mit anderen Worten: Wenn Value-Aktien dominieren, sind Growth-Aktien out und umgekehrt. Im Prinzip könnte sich der Anleger also mit beiden Fondstypen gegen die schlechte Phase des jeweils anderen Fonds absichern. Für das geringere Anlagerisiko muss er dann aber mit einer geringeren Rendite zufrieden sein. Sein Trost: Selbst professionelle Anleger treffen selten das richtige Timing solcher Phasen des Wechsels von Value- und Growth-Aktien.

Das zeigen anschaulich die Beispiele von Julian Robertson und George Soros. In den Achtziger- und Neunzigerjahren waren beide wohl die international erfolgreichsten Manager von Risikofonds. Im Frühjahr 2000 gaben sie auf. Robertsons Fonds wurde sogar liquidiert beziehungsweise an andere Fondsverwalter weitergereicht. Ausschlaggebend für seinen Misserfolg war sein Investmentstil. Robertson ist wie Warren Buffet, der legendäre US-Investor aus Omaha, ein wertorientierter, also valueorientierter Investor, der nach vernachlässigten Substanzwerten sucht. Deshalb ist das Technologiefieber der jüngsten Vergangenheit an ihm vorbeigegangen, ohne ihn anzustecken. Das Resultat: Er blieb auf seinen Aktien aus klassischen Industrien sitzen und fuhr Verluste ein – fatal für seine Fonds mit weitgehend erfolgsabhängiger Gebühr. Nach drei Verlustjahren lief ihm das Management weg, und er gab auf. Doch wer glaubt, das sei das endgültige Aus für die Value-Fonds, der könnte sich rasch korrigieren müssen. Es gibt auch Fondsmanager, wie etwa die der Bank Vontobel aus Zürich, die in ihren Wertentwicklungsanalysen konsequent auf „Value-Aktien" setzen. Kleinanleger sollten sich von derartigen Anlagephilosophien nicht irritieren lassen. Sie müssen ja nicht wie der professionelle Anleger immerzu nach noch renditeträchtigeren Kapitalanlagen Ausschau halten.

Gesucht: qualifizierte Fondsmanager

Die Fondsbranche ist eine Wachstumsindustrie mit entsprechender Nachfrage nach geeignetem Personal. Die beruflichen Aussichten eines Fondsmanagers sind vielversprechend. Man muss kein Prophet sein, um die Prognose aufzustellen, dass die Zunahme des Fondsgeschäfts in den kommenden Jahren viele gutbezahlte Arbeitsplätze schaffen wird. Wichtig für den Anleger ist dabei vor allem: Was sind das eigentlich für Leute, die mit meinem Geld operieren? Kann ich ihnen das überhaupt zutrauen? Oder muss ich befürchten, auf „Finanzjongleure" wie den berüchtigten Nick Leeson zu treffen, der vor einigen Jahren die ehrwürdige Bank Barings in London mit seinen Spekulationen von Singapur aus in den Ruin getrieben hat? Zunächst: Niemand kann solche Fälle in Zukunft völlig ausschließen. Doch der Fall „Leeson" hat die Finanzbranche zu besonderer Vorsicht bei der Auswahl veranlasst.

Auswahlkriterien

Die Auswahlkriterien, nach denen ein Fondsmanager eingestellt wird, verschärfen sich: Ein ausgebildeter Fondsmanager hat in der Regel eine Hochschule absolviert. Er startet als Junior-Fondsmanager und wird in den Abteilungen Handel, Strategie und Kundenbetreuung ausgebildet. Meist hatte er während seines Studiums die Schwerpunkte Banken und Finanzierung (Kapitalmarkttheorie/moderne Portfoliotheorie) gewählt. Als Praktikant hat er schon Erfahrung im Wertpapiergeschäft, im Investmentbanking oder in der Finanz- und Unternehmensanalyse gesammelt. Dazu kommen meist Studienaufenthalte im Ausland. Englischkenntnisse und in der Regel eine weitere Fremdsprache sind Vorbedingung im Fondsgeschäft. Doch was der Fondsmanager unbedingt noch mitbringen sollte, sind besondere persönliche Charaktereigenschaften, so genannte „soft skills" wie:

- Teamfähigkeit,
- Leistungsbereitschaft,
- Durchsetzungsvermögen,
- Entscheidungsfreude und
- Begeisterungsfähigkeit.

So etwa sieht das Bewerberprofil eines Berufseinsteigers mit dem Ziel „Fondsmanager" bei der DIT, dem Deutschen Investment Trust, der Fondstochter der Dresdner Bank, aus: Er beginnt seine Ausbildung als Junior-Manager und durchläuft alle Abteilungen. Danach folgen Fachseminare, die dem angehenden

Fondsmanager spezielle Kenntnisse bringen sollen über Branchen, Länder, Regionen oder Managementmethoden wie Value- oder Growth-Management, Small-Cap- oder Blue-Chip-Ansatz. Neben diesem Ausbildungsprogramm, zu dem natürlich auch eine umfangreiche Einführung in die EDV gehört, assistiert der Junior-Manager einem Senior-Fondsmanager. Das nennt man die Phase des „Training on the job". Erst danach wird der „Junior" stufenweise an die Fondsprodukte herangeführt. Nach zwei Jahren wird er zum „ordentlichen" Fondsmanager und erhält die Verantwortung über einen „eigenen" Fonds. In der Regel vergehen fünf Jahre, bis er zum Senior-Manager aufsteigt. Dann betreut er zum Beispiel eine Fondsgruppe, etwa von Branchenfonds.

Akteure und Macher der Investmentbranche

Der Amerikaner Benjamin Graham (1894–1976), der als Vater der modernen Wertschriftenanalyse und als das große Vorbild des legendären Investors Warren Buffet gilt, warnte oft davor, dass Aktienpreise „nicht vorsichtig berechnete Werte, sondern die Ergebnisse eines Durcheinanders menschlicher Reaktionen" seien. Kurzum: Der Bewertungsprozess bietet einigen Raum für Psychologie, Hoffnungen, Ängste und Moden der Marktteilnehmer. Bemerkenswert ist dabei, wie sich viele Anleger gegenwärtig von einer Sehnsucht nach einer „New Economy" leiten lassen, von einer glorreichen technischen Zukunft träumen und unter diesem Vorzeichen Anlagetipps folgen, die sich letztlich als reine Luftschlösser entpuppen könnten. Historisch betrachtet ist das nicht neu. Nach dem Börsenkrach von 1907 folgte in den Zwanzigerjahren ein Börsenboom, der von einem Glauben an eine „new world of industry" und an eine „new world of distribution" getragen wurde. John Moody, der Gründer der nach ihm benannten Rating-Agentur, identifizierte 1928 ein „neues Zeitalter, ... in dem sich die mechanistische Zivilisation ... perfektionieren kann". Und nur zwei Wochen vor dem Börsenkrach von 1929 hielt der Ökonom Irving Fisher in New York seine berühmte Rede, in der er feststellte, dass „die Aktienpreise ein Niveau erreicht haben, das wie ein permanent hohes Plateau aussieht". Der amerikanische Finanzwissenschaftler Professor Jeremy Siegel hat in seinem Buch „Stocks for the Long Run" (übersetzt etwa: „Aktien auf lange Sicht") aufgezeigt, dass Aktien während der letzten 200 Jahre selbst unter Berücksichtigung der großen Börsencrashs eine bessere Anlage als Staatsanleihen darstellten. Doch Siegel hält dabei auch fest: Von dieser überlegenen Performance können nur Anleger profitieren, die ein möglichst breit diversifiziertes Portefeuille mindestens 15 Jahre lang halten. Dabei warnt Siegel, wie schwierig und riskant selbst die Auswahl „erprobter" Wachstumstitel sei. Der Anleger darf nie vergessen: An den Börsen werden immer wieder Luftschlösser gebaut; um sich davor zu schützen, ist das Wissen der Profis unerlässlich. Fondsmanager streuen nicht nur das Risiko einer Geldanlage. Sie betreiben diese systematisch und ununterbrochen. Was dem normalen Anleger in der Regel fehlt, hat der Fondsmanager: die Zeit zur Analyse, zum Abwägen und zur sorgfältig vorbereiteten Entscheidungsfindung.

Wie aber wählen Fondsmanager zum Beispiel Aktien aus? Wie gehen sie vor? Diese Fragen beschäftigen so manchen Anleger. Prinzipiell gibt es zwei Wege: Entweder suchen die Manager zunächst bestimmte Länder oder Wirtschaftszweige aus, die im Fonds vertreten sein sollen, und beginnen dann mit der Auswahl vielversprechender Dividendentitel in den jeweiligen Staaten beziehungsweise Branchen (so genanntes Top-down-Verfahren). Oder die Analyse konzentriert sich sofort auf einzelne Aktiengesellschaften, im Fachjargon auch Bottom-up-Ansatz genannt. Ganz oben auf der Kaufliste der meisten Manager stehen dabei gegenwärtig Wachstumswerte: Unternehmen also, die ein überdurchschnittliches Wachstum anstreben und dies auch durch Erfolge der Vergangenheit belegen können.

Im Folgenden werden drei Fondsmanager(innen) und ihr ganz persönlicher Managementstil vorgestellt. Für alle drei gilt: Sie haben in der Branche einen guten Namen. Außerdem stehen sie stellvertretend für viele ihrer Kollegen in einem wachsenden Markt der professionellen Fondsverwalter. Wie sehr einzelne Fondsmanager mittlerweile zu Stars in ihrem Metier werden, hat der Fall von Elisabeth Weisenhorn von der DWS, der Investmentfirma der Deutschen Bank, gezeigt. Als sie ihren alten Arbeitgeber verließ, um sich selbstständig zu machen, war das fast ein Medienereignis. In den Finanzteilen der Zeitungen und Zeitschriften wurde bereits spekuliert, was das an negativen Folgen für die DWS bedeuten könnte, wenn Frau Weisenhorn zur Konkurrentin um die Gunst der Anleger würde. Einen ähnlichen Status als Star-Manager hat Kurt Ochner von der Zürcher Privatbank Julius Bär. Er leitet den erfolgreichen Small-Cap-Nebenwerte-Fonds „Julius Bär Spezial German Stock Fund". Daneben berät er andere Investmentgesellschaften bei deren Small-Cap-Fonds. Ochner gilt als ein Geldmanager, der mit seinen Aktienkauf- und -verkaufsentscheidungen Kurse bewegt. Sein Spitzname lautet schon: „Mister Neuer Markt". Das alles zeigt: Ähnlich wie in den USA der Emerging-Market-Fondsmanager Mark Mobius von Templeton bekommen langsam auch in Europa die bekannten Fondsmanager und -managerinnen einen besonderen Bekanntheitsgrad. Die Finanzgurus aus Amerika erhalten Konkurrenz.

Drei darunter stellt der Fondsführer vor. Dazu eine wichtige Vorbemerkung: Der Autor hat zu keiner Zeit Anteile von Fonds der vorgestellten Fondsmanager(innen) besessen, noch hält er welche, noch wird er welche erwerben. Dazu fühlt er sich verpflichtet aus Gründen der Neutralität. Die Beschränkung auf diese beziehungsweise die Auswahl eben dieser drei Personen resultiert aus der Recherche des Autors in der Investmentbranche der vergangenen Jahre. Alle drei haben einen guten Ruf in der Branche. Sie stehen repräsentativ für eine neue Generation von Finanzdienstleistern. Die Performance-Zahlen sind von den Fondsmanagern selbst geliefert, also ohne Gewähr des Autors. Auch für diese Zahlen gilt, was im Kapitel über Fondsrating ausgeführt wurde: Spitzenleistungen über ein Jahr oder auch zwei sind beeindruckend, aber allein noch nicht aussagekräftig genug. Wer aber drei oder gar fünf Jahre seinen Vergleichsindex (Benchmark) schlägt, der verdient Beachtung.

Carmen Weber

Vita:
Studium der Betriebswirtschaftslehre bis 03/1993
Fondsmanagerin bei Bankhaus Delbrück & Co, Köln, 1993–1995
Fondsmanagerin bei Bankhaus Delbrück & Co, Frankfurt, 1995–1997
Fondsmanagerin bei Metzler Investment GmbH, Frankfurt, seit 04/1998

Jetzige Position:
Senior Portfolio Manager

Verwaltete Fonds:
Metzler EuroGrowth und RWS Wachstum International
Diverse Spezialfonds
Gesamtvolumen der verwalteten Fonds ca. 500 Millionen Euro

Investmentstil:
Fundamental Bottom-up, langfristig, Blue-Chip-Wachstumsaktien mit nachhaltigem Gewinnwachstum, erstklassigem Management und transparenter Informationspolitik

Ihre Argumente für den Kauf von Aktienfonds statt Aktien:
Bessere Risikostreuung, Nutzung von Expertenwissen, Kostenreduktion und die Zeitersparnis im Verhältnis zur selbstbetriebenen Depotverwaltung.

Performance der Fonds:

METZLER EUROGROWTH FONDS
Fondsvolumen: 450 Mio. DM
Performance seit
Jahresbeginn: 16,5 %
Fondsidee: Investition in europäische Konzerne, die international tätig sind und überdurchschnittliche Wachstumsraten aufweisen

Zeitraum	Fonds	Benchmark
Y - T - D	8,73 %	2,33 %
1 Jahr	97,88 % p.a.	36,30 % p.a.
seit Aufl.	54,85 % p.a.	20,46 % p.a.

Externe Benchmark:
MSCI European Growth 100,00 %

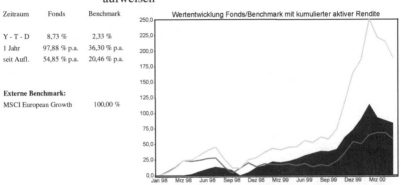

RWS-WACHSTUMSFONDS INTERNATIONAL-MI
Fondsvolumen: 250 Mio. DM
Performance seit
Jahresbeginn: 5,69 %
Fondsidee: Investition in internationale Konzerne mit überdurchschnittlichen Wachstumsraten

Zeitraum	Fonds	Benchmark
Y - T - D	-3,06 %	-2,55 %
1 Jahr	60,97 % p.a.	36,66 % p.a.
Bericht	28,45 % p.a.	20,45 % p.a.

Interne Benchmark:
MSCI Global Growth 100,00 %

Die kühle Analystin

Carmen Webers „Renommee"-Fonds ist der Metzler EuroGrowth Fonds, den sie fast seit seiner Auflegung leitet und der seitdem Spitzenplätze einnimmt. Insbesondere das Jahr 1999 war erfolgreich: Nur um Bruchteile von einem Prozent verpasste der Fonds einen Micropal-Award für die beste Jahres-Performance.

Den Anlageschwerpunkt in ihren Fonds bilden etablierte Unternehmen mit überdurchschnittlich hohen und – das ist entscheidend! – stabilen Wachstumsraten. Sie macht es an einem Beispiel klar: „Erzielt ein Unternehmen in einem Jahr 25 Prozent Gewinnwachstum, hat aber sonst nur Zuwachsraten von zwölf Prozent, dann ist es für mich nicht interessant, wenn die 25 Prozent Gewinnwachstum auf Sondereffekte zurückgehen. Handelt es sich bei dem höheren Gewinnwachstum um eine Folge von Veränderungen in der strategischen Ausrichtung der Firma, dann ist die Sache allerdings höchst interessant, weil gerade in einer solchen Phase der Aktienkurs am meisten davon profitiert. Der Grund für außergewöhnliche Kurssteigerungen liegt in der zeitverzögerten Umstellung der Investorenmeinung zu diesem Papier."

Beispiele aus der Praxis des Vorzeige-Fonds von Frau Weber sind unter anderem die Medientitel und hier besonders die französischen Medienaktien, die Ende 1998 in den Fonds gekauft wurden. Damals hätte niemand daran geglaubt, dass sich die Kurse vervielfachen würden. Télévision Française 1 hat sich beispielsweise im Metzler EuroGrowth von 140 Euro auf über 750 Euro verfünffacht. Ein anderes Beispiel, das auch die Wichtigkeit der fundamentalen bottom-up-getriebenen Analyse unterstreicht, ist ARM Holdings. Diese Firma verkauft an alle marktführenden Chip-Hersteller auf der Welt das Design der Prozessoren. Diese kommen nicht nur in Computern zum Einsatz, sondern auch in Handys, Autos und allen möglichen drahtlosen Kommunikationsgeräten. Dass ARM damit über die Lizenzgebühr finanziell an jedem einzelnen verkauften Gerät profitiert, haben viele Anleger anfangs offenbar nicht durchschaut, weil es eben auch nicht einfach ist, zu verstehen, was Chip-Design genau ist und welche Rolle es in der Industrie spielt, erläutert die Fondsmanagerin.

Das Beispiel der ARM-Aktie zeigt das Grundproblem aller Fondsmanager(innen): Wie findet man diese überragenden Renditetitel für den eigenen Fonds? Frau Weber erstellt bei jeder für sie überhaupt in Frage kommenden Aktie zunächst eine Vorauswahl über

- das Gewinnwachstum,
- den Cashflow
- und die Bewertung an der Börse.

Das wichtigste Datenmaterial aber sind für sie die Gewinnrevisionen der Unternehmensanalysten. Wenn ein Analyst die Gewinnerwartung für eine Firma nach oben revidiert, dann bedeutet das, dass er neue Informationen verarbeitet, die ihn offenbar optimistisch stimmen. Die Aktienmärkte, so Frau Weber, sind nämlich nicht so informationseffizient, wie man immer glaubt. Demzufolge hat man nach signifikanten Gewinnrevisionen als Fondsmanager auch noch die Chance, mit einer solchen Aktie Geld zu verdienen. Die Gewinnrevisionen werden in Datenbanken erfasst und diese Datenbanken durchforstet Frau Weber. Positive Gewinnrevisionen zusätzlich zu positiven Grunddaten (das sind: Wachstum, Bilanzkennzahlen, Bewertung) ergeben schließlich eine Gruppe von Unternehmen, bei denen offenbar die Zahlen ihren Kriterien entsprechen. Dann muss sie noch untersuchen, inwieweit die Strategie, die Produkte und das Management eine Nachhaltigkeit gewährleisten, so dass eine Aktie schlussendlich wirklich kaufenswert erscheint. Diese fundamentale und nicht zahlenorientierte Analyse macht den Hauptteil ihrer Arbeit aus und entscheidet über Erfolg und Misserfolg eines Anlageentscheides!

Value versus Growth

Wie bereits weiter vorne beschrieben, wird in der Fondsszene oft zwischen Value und Growth unterschieden und der Value-Ansatz (also die Suche nach niedrigen Kurs-Gewinn-Verhältnissen oder niedrigen Kurs-Buchwert-Verhältnissen) gern als konservative Anlagestrategie angepriesen, die langfristig eine bessere Wertentwicklung bietet. Das sieht Carmen Weber kritisch. Die Argumentation und Vorgehensweise akademischer Untersuchungen erscheinen ihr fragwürdig. Nach Webers Ansicht sind Value- und Growth-Strategien nicht notwendigerweise Gegensätze, sondern zwei verschiedene Betrachtungsweisen derselben Aktien eines Investmentuniversums!

Folgerichtig kritisiert die Fondsmanagerin, dass in vielen akademischen Studien unzulässig vereinfachend jede Aktie in die Growth-Kategorie eingestuft wird, die sich nicht als Value-Aktie qualifiziert. Performanceanalysen auf der Basis dieser ungenauen Betrachtung können ihrer Auffassung nach aber keine Erkenntnisse bezüglich der alltäglichen Problematik der Aktienselektion liefern. Aus einem Investmentuniversum sollten richtigerweise zwei Gruppen – Value- und Growth-Aktien – selektiert werden, um die Performanceergebnisse beider Strategien zu vergleichen. Diese Vorgehensweise schließt die Möglichkeit ein, dass es eine dritte Gruppe von Aktien geben muss, die weder nach der Value- noch nach der Growth-Strategie gekauft werden.

Nach Carmen Webers Ansicht können Value-Strategien reinen Growth-Strategien in der Performance leicht überlegen sein, abhängig davon, wie detailliert die Growth-Strategie im Untersuchungsmodell beschrieben ist. Reine Growth-Strategien lassen die Fairness der Aktienbewertung völlig außer Acht. Füge man einer Growth-Strategie eine Beschränkung bei der Bewertung der Aktien hinzu, verschöben sich die Ergebnisse. Einzig die kombinierte Strategie schlage langfristig und statistisch signifikant den Referenzindex. Carmen Weber sieht sich durch den Erfolg ihres Anlagestils bestätigt: „Die von uns verwendeten Auswahlkriterien für die Aktienselektion reflektieren die oben genannten Analyseergebnisse und sind unserer Ansicht nach die Grundlage für die demonstrierte Outperformance."

Wachstumskonzept und „Growth-vs.-Value"-Analysen

Anders als viele ihrer Kollegen und Kolleginnen in konkurrierenden Investmentgesellschaften hält Carmen Weber die Definition von Wachstum mittels einer Bewertungskennzahl wie dem Preis-Buchwert-Verhältnis oder dem Kurs-Gewinn-Verhältnis für eine Verwechslung von Ursache und Wirkung. Oft gelten die nach den oben genannten Kennzahlen hochbewerteten Aktien als Wachstumsaktien. Der Wert und die Bewertung einer Aktie sind für sie aber nicht dasselbe. Die Unsauberkeit des sprachlichen Ausdrucks führt hier nicht nur zu Missverständnissen, sondern zu fatalen gedanklichen Fehlern. Die Bedeutung des Wortes „Wachstum" ist völlig losgelöst von Bewertungsrelationen.

Dass eine schnell wachsende Firma grundsätzlich höher bewertet werden sollte als eine langsam wachsende, ist durchaus zu rechtfertigen. Jedoch kann nicht im Umkehrschluss angenommen werden, dass bei einer hohen Bewertung automatisch die Expansion des Unternehmens überdurchschnittlich hoch sein muss.

Eine Anlagestrategie, die nur die teuersten Aktien ins Depot nimmt, unterstellt fälschlicherweise und ohne logischen Zusammenhang, dass es sich um die am schnellsten wachsenden Unternehmen handelt. Leider ist dies die Vorgehensweise in den kritisierten Studien, die hier von einem Growth-Ansatz sprachen. Selbstverständlich kann man mit dieser Strategie keine überdurchschnittliche Wertentwicklung erzielen. Welcher rational handelnde Investor würde freiwillig teure vor günstigen Aktien präferieren, wenn er sonst keine fundamentalen Informationen über die Firmen hätte? Mit diesem Hintergrundwissen wird schnell klar, warum die Untersuchungsergebnisse früher stets die Überlegenheit eines Value-Ansatzes bewiesen haben. Diese Ergebnisse halten sich nämlich hartnäckig bis heute in den Köpfen der Leute.

Fazit: So viel sich auch mit rein zahlenbasierten Modellen zeigen und beweisen lässt, es geht nichts über die fundamentale Auseinandersetzung mit dem Unternehmen. Wichtig sind die zukünftigen Expansionsmöglichkeiten der Firma, die sich nur mit Kenntnis der aktuellen Unternehmensstrategie und dem Marktumfeld abschätzen lassen. Entscheidend ist, mit welcher Nachhaltigkeit die hohen Wachstumsraten erzielt werden können.

Klaus Martini

Vita:
Volkswirtschaftliches Studium an der Universität München
Nach dem Studium 1984 Eintritt in die DWS

Jetzige Position:
Leiter Fondsmanagement Aktien Europa

Verwaltete Fonds:
Eurovesta
Deutscher Vermögensbildungsfonds A
Top 50 Europa
DWS Europäische Aktien Typ O
DWS Vorsorge AS (Flex)
Gottlieb Daimler Aktienfonds
LEA-Fonds DWS
DWS (CH) Balance

Martini-Team: wichtigste Fonds

	Fondsvermögen (per 30.04.2000) in Mrd. DM	Performance vom 1.05.1999 bis 30.04.2000
Eurovesta	4,257	38,85 %
Investa	3,916	38,52 %
Provesta	1,206	83,82 %
Deutscher Vermögensbildungsfonds A	0,311	48,27 %
Euroland Small Cap	0,504	129,81 %
Top 50 Europa	2,025	44,86 %

Fondsmanager aus Leidenschaft

Vor 15 Jahren startete Klaus Martini bei der DWS als Fondsmanager. Damals umfasste das Aktien-Fondsmanagement der DWS, der größten deutschen Fondsgesellschaft, nur drei weitere Fondsmanager. Heute sind es 70 auf der Aktienseite und 40 auf der Rentenseite. Auch die Assets under Management (das Fondsvermögen) sind gewaltig gewachsen. Während Martini sich zu Anfang seiner Karriere noch um 30 Millionen DM Anlegergelder kümmerte, unterstehen ihm heute über 40 Milliarden DM. Martini hat den Boom der Fondsanlage von Anfang an mitgemacht. Heute gilt der 43-Jährige bereits als alter Hase unter den Fondsmanagern.

Was zeichnet einen guten Fondsmanager aus?
Martini nennt drei Kriterien:
- Kreativität,
- Kommunikationsfähigkeit und
- Analysestärke.

Ein Fondsmanager muss demnach in der Lage sein, neue Trends zu spüren und die oft revolutionären Ideen von Unternehmern zu begreifen. Fondsmanagement ist Kommunikation – mit Analysten, Brokern, Managern und Vorständen der jeweiligen Aktienfirmen, aber auch mit den Kollegen. Und natürlich muss der Fondsmanager aus der Fülle von Informationen die richtigen Schlüsse ziehen – die Entscheidung fällen, zu kaufen, zu halten oder zu verkaufen.

Unter Martinis Leitung werden sehr verschiedene Fonds und Fondskonzepte gefahren:
- Europäische Blue-Chip-Aktienfonds,
- Aktienfonds für mittlere und kleinere europäische Werte,
- aber auch Branchenfonds und
- Trading-Fonds.

Je nach Fondskonzept kommen verschiedene Anlagestile zum Ansatz. Aber grundsätzlich betreibt Martini aktives Fondsmanagement. Gutes Stockpicking ist sein Erfolgsrezept. Das Ziel ist weder die Reaktion auf kurzfristige Trends noch der schnelle Gewinn, vielmehr streben er und sein Team eine kontinuierlich überdurchschnittliche Performance an. Das Sichten des schriftlichen Research-Materials ist für Fondsmanager wie Martini die Pflicht; die so genannten one-to-ones, das heißt das direkte Gespräch mit den Unternehmensvorständen, ist die Kür. Der persönliche Kontakt zu den Unternehmen, das Gespräch mit Konzerngrößen wie Jürgen Schrempp (DaimlerChrysler), Ron

Sommer (Deutsche Telekom) oder Chris Gent (Vodafone-Mannesmann) liefert neben Fakten auch die Einschätzung der Qualität des Managements und der Visionen der Konzernlenker.

Teamarbeit zählt

Die Komplexität der Märkte erfordert Teamarbeit. Anders ist die Flut an Informationen gar nicht zu bewältigen. Die Stabilität des Teams schafft Vertrauen und stärkt die Gesamtleistung. Martini weiß, dass er sich auf seine Kollegen verlassen kann. Anders wäre zum Beispiel ein Urlaub gar nicht möglich, wenn er auch zugibt, dass vollständiges Abschalten und Entspannen in der Freizeit nahezu unmöglich ist. Zu sehr hat er die Notwendigkeit, Informationen aufzunehmen, zu analysieren und zu verarbeiten, verinnerlicht. Er nennt das positiven Stress. Nach eigener Aussage hat er Spaß an seiner Arbeit und ist Fondsmanager aus Leidenschaft. Die Herausforderung, ständig am Markt beziehungsweise dem Markt, wenn möglich, einen Schritt voraus zu sein, reizt ihn. Voraussetzung ist Objektivität, die Fähigkeit, aus der Menge an Informationen analytisch die richtigen Schlüsse zu ziehen und so die Spreu vom Weizen zu trennen. Eine Eigenschaft, die Erfahrung erfordert. Martini erinnert sich bei diesem Stichwort an einen Unterlassungsfehler zu Beginn seiner Tätigkeit. Damals kannte er Nokia nur als durchschnittlich erfolgreichen Produzenten von TV-Geräten und unterschätzte die Innovationskraft des Unternehmens als modernen Mobilfunkproduzenten. Ein Fehler, der ihm heute nicht mehr unterlaufen würde.

Die Zukunft für seine Branche sieht Martini positiv. Der Markt ist professioneller geworden, Deutschland hat eine Aktienkultur entwickelt. Seit der Einführung der ersten Länder- und Branchenfonds haben weitere Produktinnovationen wie die Trading- oder die Dachfonds das Anlegerinteresse neu entfacht. Auch in der Altersvorsorge sieht Martini weiteres Potenzial. Er ist sich jedenfalls sicher, dass er seiner Leidenschaft des Aktienfondsmanagements noch lange frönen kann.

Wassili Papas

Vita:
geb. 10.2.1970
1988–1992 Studium an der Georgetown Universität, Washington D.C., Betriebswirtschaft, Volkswirtschaft (als Nebenfach). Abgeschlossen 1992 mit Bachelor of Science in Business.
1993–1994 CS First Boston, New York: Analyst, First Boston Special Situations Fund, ein Hedge Fund, der sich auf Junk Bonds und Distressed Securities (Wertpapiere von Unternehmen in finanziellen Schwierigkeiten) spezialisierte.
1994–1995 Value Management & Research, Königstein: Senior Analyst bei einer Kapitalanlagegesellschaft, die institutionelles Kapital und Geld von vermögenden Privatkunden verwaltet.

Jetzige Position:
Seit April 1996 Fondsmanager bei der Union-Investmentgesellschaft mbH. Zuständigkeitsbereich deutsche und internationale Mid- und Small-Caps, Wachstumswerte.

Start April 1996: Papas verwaltet den EuroAction: MidCap (19 Mio. DM).
Oktober 1997: Papas übernimmt das Management des am 1. Oktober neu aufgelegten UniDynamicFonds: Europa.
Herbst 1998: Die Mittelzuflüsse in den UniDynamicFonds: Europa nehmen stark zu. Zugleich übernimmt Papas das Management des am 1. August 1998 aufgelegten UniDynamicFonds: Global und des am 15. September gestarteten UniNeueMärkte.
Dezember 1999: Die vom Team um Wassili Papas verwalteten Fonds überschreiten ein Vermögen von zehn Milliarden DM.

Die wichtigsten Fonds von Papas' Team (per 27.4.2000)

	Fondsvermögen (Mrd. DM per 27.4.2000)
EuroAction: MidCap	0,9
EuroAction: NM	0,8
UniDynamicFonds: Europa	6,0
UniDynamicFonds: Europa-net	1,1
UniNeueMärkte	2,6
UniDynamicFonds: Nordamerika	0,1

Performance:
- UniDynamicFonds: Europa erzielte in zwölf Monaten per 31.3.2000 eine Performance von 133,18 Prozent.
  UniNeueMärkte erzielte in zwölf Monaten per 31.3.2000 eine Performance von 155,19 Prozent.

Persönliches

Papas' Investmentstil ist durch seinen Lebenslauf geprägt. In Griechenland geboren und in Deutschland aufgewachsen, ging er in die USA, wo er High School und College abschloss und bei First Boston als Analyst erste Berufserfahrungen sammelte. Neben der Betriebswirtschaftslehre studierte Papas auch etwas Philosophie. Dadurch lernte er nach eigener Aussage, Dinge fundamental anzugehen und ihnen auf den Grund zu gehen. Papas nimmt sich Zeit, die Unternehmen genau zu analysieren. Schon morgens um sieben Uhr geht es los: Dann liest der Fondsmanager als Erstes das „Wall Street Journal" und die „Börsenzeitung".

Wachstumswerte sind das Salz in der Suppe

Wachstumswerte haben für Papas langfristig das größte Potenzial. Dabei legt er die Betonung auf das Wort langfristig. Denn diese Aktien können mitunter recht empfindlich reagieren, wenn angestrebte Wachstumsziele nicht erreicht werden. Daher sind sie generell nur für Anleger mit längerem Atem geeignet.

Langfristigkeit bestimmt auch das Denken und Handeln von Papas und seinen Kollegen. Börsenturbulenzen bringen das Aktienfondsmanagement-Team, zu dem er gehört, – nach eigenen Aussagen jedenfalls – keineswegs aus der Ruhe. Auf der Suche nach aussichtsreichen Unternehmen lassen Manager wie Papas das jeweils herrschende, aktuelle Kursgeschehen freilich nicht außer Acht. Aber sie leiten daraus nur wenige Kaufentscheidungen für die Fonds ab. Vielmehr haben sie einen streng gefassten Anforderungskatalog definiert. Für Papas bedeutet dies: Nur solche Unternehmen, die sich auf ertragsstarke Aktivitäten konzentrieren sowie Wettbewerbsvorteile und überdurchschnittliches Wachstum anstreben, qualifizieren sich für die drei von ihm gemanagten DynamicFonds. Papas beschreibt seinen Anlagestil so: „Wir achten darauf, dass das Management in der Vergangenheit nicht nur anspruchsvolle Ziele formuliert, sondern diese auch erreicht hat." Kandidaten sind somit Unternehmen, die in stark wachsenden Branchen zu Hause sind, wie Softwarehäuser, Telekommunikationsgesellschaften oder Anbieter innovativer Dienstleistungen. Gesellschaften, die eine höhere Wachstumsdynamik als die jeweilige

Branche und ein nachhaltiges Geschäftsmodell aufweisen, gefallen Papas obendrein besonders gut. Anders ausgedrückt: Er sucht schon frühzeitig junge Unternehmen, die seiner Einschätzung nach ihren Geschäftsbetrieb so lange aufrechterhalten können, bis die Firma profitabel arbeitet und sich aus eigener Kraft am Markt halten kann. Dies gilt insbesondere für Internet-Aktien.

Wie aber erkennt der Fondsmanager aussichtsreiche Werte? Papas umreißt seine Art der Aktienanalyse so: „Ob eine Aktiengesellschaft die von uns formulierten Ansprüche erfüllt, können wir nur im persönlichen Gespräch mit den Unternehmen feststellen." Weitere Informationsquellen sind Geschäftsberichte. Diese sind jedoch nur begrenzt einsetzbar, denn selbstverständlich lässt sich die Fähigkeit einer Gesellschaft, in Zukunft überdurchschnittlich zu wachsen, nicht allein aus vergangenheitsorientierten Bilanzkennziffern ablesen. Daher sucht der Aktienfondsmanager Papas regelmäßig den Gedankenaustausch mit den Vorständen der verschiedenen Unternehmen. Allein im letzten Jahr setzten sich Papas und seine Kollegen und Kolleginnen vom Union-Fondsmanagement mit den Chefs von über 400 namhaften Aktiengesellschaften an einen Tisch, darunter Deutsche Bank, SAP, Intershop und Intel.

Dass sich das Gespräch mit den Aktiengesellschaften lohnt, belegt die bisherige Performance: Der von Papas gemanagte Dynamic-Fonds liegt im Branchenvergleich auf Spitzenplätzen. Zu seinem Erfolg haben in erster Linie kleine und mittlere Unternehmen beigetragen, so genannte Small- und Mid-Caps. Für ein Investment in diese Werte spricht, dass sie im Gegensatz zu schwerfälligen Großkonzernen flexibler auf wechselnde Marktbedingungen reagieren können. Laut Papas können kleinere Unternehmen leichter Nischen besetzen, in denen sie zum führenden Anbieter eines Produkts oder einer Dienstleistung reifen. Auch die Neuausrichtung größerer Firmen kommt den flexibel agierenden Gesellschaften entgegen. Viele Konzerne konzentrieren sich auf ihre Kernkompetenzen und lagern Geschäftszweige, wie etwa die EDV, aus. Eine Gelegenheit für Spezialanbieter, gutes Geld zu verdienen. Der Fondsmanager sieht die Zukunft der Software- und Computerbranche so: „Die Entwicklung dieser Branche ist so rasant, dass hier noch viel Phantasie besteht und auch mehrere Anbieter nebeneinander existieren können." Für Papas gibt es für Wachstumswerte, die seiner Definition entsprechen, klare Kriterien:

a) 1. Das jeweilige Unternehmen muss sich auf seine Kernkompetenzen konzentrieren.
2. Die Unternehmensstrategie muss auf ertragsstarke Bereiche ausgerichtet sein.
3. Das Unternehmen muss den Drang zu überdurchschnittlichem Wachstum erkennen lassen.

b) Grundsätzlich erwirbt der Fondsmanager nur Unternehmen, deren Gewinnwachstum über dem jeweiligen Branchendurchschnitt liegt.
c) Der Fondsmanager konzentriert sich auf solche Branchen, die ein überdurchschnittliches Umsatzwachstum aufweisen, also schneller als die gesamte Volkswirtschaft wachsen.

Fazit: Papas setzt voll auf Wachstumswerte. Dabei bevorzugt er besonders die „Neuen Märkte" an den Börsen überall in der Welt. Er schätzt die Chancen der jungen innovativen Unternehmen größer ein als die Risiken. Doch die riesigen Renditen der jüngsten Vergangenheit sieht auch er künftig nicht mehr in dem Ausmaß: „Wir sind alle noch geblendet von Mobilcom, dem ersten Wert des Neuen Marktes in Frankfurt im März 1997. Da sind viele Anleger über Nacht reich geworden. Derartige Kursvervielfachungen werden sich nicht wiederholen. Langfristiges Wachstum wird es im Neuen Markt aber immer geben. Um auf der ganz sicheren Seite zu sein, bietet sich daher für Interessierte die Beteiligung an einem Investmentfonds an. Die Risiken, die mit relativ jungen Gesellschaften einhergehen, teilt man so mit vielen tausend anderen Anlegern und die Chancen auf Gewinne bleiben voll erhalten."

XII.

DIE RICHTIGE ANLAGESTRATEGIE

Vor jedem Anlageerfolg sollte eine individuelle Standortbestimmung des Anlegers stehen. Dies ist entscheidend für die Risikominimierung. Unterschiedliche Anlagetypen verlangen bei der Geldstrategie unterschiedliche Vorgehensweisen. Anhand eines persönlichen Risikoprofils kann herausgefunden werden, zu welcher Anlegerkategorie der Betreffende gehört und welche Anlagestrategie für ihn die richtige ist. Daraus ergibt sich dann die passende Vermögensstruktur.

Das persönliche Risikoprofil

Zur Voraussetzung für eine erfolgreiche Geldanlage gehört ein persönliches Risikoprofil des Anlegers. Der Zeitaufwand für eine grundlegende Analyse der eigenen Risikobereitschaft durch umfassende Information und Gespräche mit dem jeweiligen Anlageberater lohnt. Denn wer über Risiken urteilt, der irrt häufig. Das ist statistisch erwiesen. Oft wird erst nach einer ehrlichen Einschätzung der individuellen Risikowahrnehmung deutlich, wo genau das eigene Anlegerprofil zwischen den beiden Extremkategorien „draufgängerisch" und „risikoscheu" einzuordnen ist. Finanzexperten unterscheiden etwa zwischen Anlagetypen wie

- dem Ertragsanleger, der auf eine kontinuierliche Wertentwicklung setzt,
- dem Wachstumsanleger, der seinem Portfolio bei überschaubarem Risiko auch Investments mit einer gewissen Volatilität beimischen möchte,
- und dem Chancenanleger, der zu noch größeren Risiken bereit ist.

Der Anleger verhält sich als Akteur an den Finanzmärkten nicht immer rational. Das geht aus wissenschaftlichen Studien hervor. Die Berücksichtigung dessen, wie sehr Emotionen das Verhalten der Privatanleger an den Finanzmärkten beeinflussen und welche Handelsstrategien sich für den jeweiligen Anleger aus dieser Erkenntnis ableiten lassen, gehört auch zu den Teilbereichen der modernen Finanzwirtschaft. Situationen an den Börsen vor einem

Crash etwa belegen, dass Gefühle bei den Anlageentscheidungen mit im Spiel sind. Viele Marktteilnehmer lassen sich bei steigenden Aktienkursen vom „Herdentrieb" zu einem Überoptimismus verleiten, und zwar unabhängig von den fundamentalen Rahmendaten. So läuft ein großer Teil der Anleger den Trends an den Börsen stets hinterher. Das ist unter anderem die Folge mangelnder persönlicher Risikoeinschätzung.

Hier setzt die Arbeit des Anlageberaters in der Finanzdienstleistungsbranche ein, ob in der Hausbank, beim privaten Vermögensverwalter oder beim Finanzmakler im Fondsshop. Seine Aufgabe ist es, dafür zu sorgen, dass Kunden das Risiko eines Investments möglichst realitätsnah wahrnehmen. So hängt es zum Beispiel entscheidend von der Qualität der Empfehlungen zur Entscheidungsfindung und individuellen Risikoeinschätzung bei der Geldanlage in Fonds ab, wie optimal die jeweiligen Anlageentscheidungen sind. Der Vorteil einer auch auf die Herausarbeitung des Risikoprofils angelegten Anlageberatung sollte für den Privatanleger darin bestehen, die eigenen irrationalen Verhaltensweisen zu erkennen, um dadurch teure Fehlentscheidungen zu vermeiden.

Entscheidungsfindung und individuelle Risikoeinschätzung

Ist die Börse Psychologie pur? Kann man es lernen, bei der Geldanlage in Investmentfonds diszipliniert zu agieren und so bessere Resultate zu erzielen? Bei der Entscheidungsvorbereitung sollte der Privatanleger sein persönliches Risikoprofil und seinen Anlagehorizont so genau wie irgend möglich kennen und sich erst dann festlegen. Die folgenden Empfehlungen und Informationen, die er von seriösen Anlageberatern erwarten sollte, sind nur eine Auswahl:

- Der Berater bei der Bank hat die jeweilige individuelle Situation zu berücksichtigen. Er hat sich vor allem nach dem persönlichen Anlageziel des Kunden und dessen Vermögensverhältnissen zu erkundigen. Besonders die persönliche Risikobereitschaft muss der Berater bei seinen Ratschlägen berücksichtigen. Dazu ist er gesetzlich verpflichtet. Die Geldanlage bleibt letztlich allein die Entscheidung des Anlegers, mit allen Konsequenzen daraus.
- Der Privatanleger sollte nur den Teil der Ersparnisse in Fonds anlegen, über den er nicht kurzfristig verfügen muss. Das bedeutet: Nur solche Be-

träge in Fonds anlegen, von denen man sicher weiß, dass man sie kurz- oder mittelfristig nicht unbedingt benötigt. So genannte Notverkäufe enden häufig mit Verlusten.

- Der Privatanleger sollte sich die Investmentgesellschaft anschauen, deren Fonds er kaufen möchte. Die Renditeergebnisse der Vergangenheit sind zwar zu berücksichtigen, aber entscheidend ist die künftige Ertragsentwicklung. Solide Finanzierung versetzt ein Unternehmen in die Lage, neue Marktchancen zu nutzen. Auch die Qualität des Managements ist bei der Anlageentscheidung zu berücksichtigen. Informationen zu diesen Punkten bieten neben den Geschäftsberichten, Nachrichten und Kommentaren in der Tages- und Wirtschaftspresse mehr und mehr auch die Selbstdarstellungen der Unternehmen im Internet sowie Berichte von Analysten.

- Der Privatanleger sollte sein Risiko durch Streuung der Anlagen auf verschiedene Fonds verschiedener Anlagekategorien und Branchen verringern. Innerhalb eines Konjunkturzyklus verhalten sich die einzelnen Branchen unterschiedlich. Manche Branchen profitieren von einer Zinssenkung stärker als andere. Es gibt Wirtschaftszweige, die sehr exportorientiert sind. Hier muss der Wechselkurs beachtet werden. Aber auch innerhalb einer Branche gibt es Unternehmen, die mehr oder weniger vom Konjunkturaufschwung profitieren. Die Anlagemittel sind vernünftig zu verteilen, ohne sich zu verzetteln.

Wie vermeide ich Fehler beim Fondssparen?

Der Anleger stellt sich immer wieder die Frage: Was gibt es alles an Anlageinstrumenten auf dem Markt, und zwar irgendwo zwischen der todsicheren Minirendite auf dem Sparbuch und der riskanten Direktanlage in Aktien oder Derivaten? Dabei stößt er zwangsläufig auf das Investmentsparen mit Fonds. In der Werbung wird der Interessierte mit Schlagzeilen wie „Traumrenditen mit Aktienfonds", „Turbogewinne beim Fonds-Sparen", „Top-Fonds" oder „Sieger-Fonds schlägt den Index" geködert. Die Branche spürt eben seit einigen Jahren Aufwind. Alles schön und gut! Doch gilt der Grundsatz: Alle Fonds können nicht gewonnen haben und die Ranglisten zeigen dies auch deutlich. Längst nicht alle Fonds, die auf dem deutschen Markt angeboten werden, haben an jedem Jahresende Grund zur Sektlaune.

WISO empfiehlt: Legen Sie vor der Kaufentscheidung das persönliche Anlageziel und den eigenen Anlagehorizont fest! Lassen Sie sich nicht zu Geldanlagen überreden, die nicht Ihrem Risikotyp entsprechen.

Wer erfolgreich anlegen und Fehler vermeiden will, sollte sich zunächst selbst einige wichtige Fragen stellen und beantworten:

- **Von wem lasse ich mich beraten?** Gehe ich zum Bankberater, einer Versicherung, dem Fondsshop, einem Direktvertrieb, einem unabhängigen Finanzdienstleister oder mache ich alles in Eigenregie und ohne Beratung – zum Beispiel über eine Direktbank? Diese Liste von möglichen Ansprechpartnern zeigt schon, wie eminent wichtig der höchstmögliche Informationsstand ist. Denn keine der Adressen für sich allein genommen ist optimal. So empfiehlt zum Beispiel die Bank in der Regel nur die eigenen Produkte, lässt also bessere Konkurrenzfonds schon von vornherein aus dem Spiel. Der unabhängige Finanzdienstleister wiederum ist ein ungeschützter Beruf. Zu schnell gerät der Anleger an eine inkompetente Beratung bei gleichzeitig hohen Provisionen oder an einen der skrupellosen „Anlageberater", die im Grauen Kapitalmarkt ihr Unwesen treiben und Jahr für Jahr gutgläubige Sparer um ihr Geld bringen.

- **Wie viel von meinem Vermögen will ich anlegen?** Jeder Anleger muss seine Vermögensstruktur auflisten. Eckdaten sind: Was ist bereits vorhanden an Aktien, Renten, Bundesschatzbriefen, Bargeld, Immobilien usw.? Wie hoch sind die laufenden Einnahmen und Ausgaben? Danach erst kann er erkennen, was er zum Fondssparen übrig hat.

- **Wie lange kann ich auf mein Geld verzichten?** Niemand sollte seinen Anlagehorizont voreilig festlegen. Der Anleger muss genau einschätzen, wann er wie viel seines Vermögens zum Beispiel für private Entnahmen benötigt. Denn Vermögen sollte zwar aufgebaut werden, aber: Vermögen ist kein Selbstzweck. Es darf auch ein Teil davon verbraucht werden.

- **Wie hoch ist meine Risikobereitschaft?** Häufig unterschätzt wird die eigene Typisierung als Anleger. Bin ich ein risikobereiter oder ein konservativer Anleger – das ist eine elementare Frage bei der Anlage in Fonds. Was akzeptiere ich als Risiko? 20 Prozent in Aktien, 40 Prozent oder gar 60 Prozent? Nur mit Antworten auf solche Fragen erkenne ich mich selbst. Übrigens: Banken sind mittlerweile gesetzlich verpflichtet, den Anleger auf seine Selbsteinschätzung hin zu befragen. Das muss schriftlich festgehalten und per Unterschrift bestätigt werden. Geben Sie sich nicht risikofreudiger, als Sie sind, denn auch ruhiger Schlaf hat seinen Wert.

- **Was ist meine Erwartung hinsichtlich einer „angemessenen" Rendite?** Gier und Angst beherrschen die Märkte und Anleger! Das ist eine alte Redewendung unter Kapitalmarktexperten. Renditeerwartungen von 100 Prozent und mehr pro Jahr sind unrealistisch. Wer das verspricht, verdient keine Beachtung. Oft handelt es sich dabei um Ganoven. Die Schlussfolgerung lautet: Je mehr der Anleger seine Gefühle unter Kontrolle hat, desto eher gelangt er zu einer Investitionsentscheidung mit marktgerechter Rendite. Denn nur die sollte er anpeilen.

- **Was ist mein persönlicher Anlagehorizont?** Das hängt ganz entscheidend von dem jeweiligen Alter ab. Ein 50-Jähriger hat natürlich ganz andere Lebenserwartungen als ein 25-Jähriger. Er hat eine andere Lebenserwartung, andere Perspektiven und somit auch andere Anlageziele.

- **Welchem Fonds soll ich den Vorzug geben?** Die Auswahl des „richtigen" Fonds ist die letzte und schwierigste Aufgabe. Nach der Entscheidung für die Fondsart, also zum Beispiel Aktien-, Renten- oder Mischfonds, steht die für den einzelnen Fonds aus. Hier müssen Vergleiche herangezogen werden. Fondsporträts helfen dabei. Sie listen die Fonds anhand einzelner, vergleichbarer Kategorien auf und vergleichen ihre Performance über verschiedene Zeiträume, etwa drei Monate, ein Jahr oder drei Jahre usw. Rendite und Kosten werden dabei abgewogen. Bei der Kaufentscheidung helfen auch Fondsranglisten und -analysen. Sie funktionieren ähnlich wie etwa die Bewertungen der Ranking-Agentur Standard & Poor's von Schuldnern in aller Welt, in diesem Fall eben für einzelne Fonds. Diese Ratings (siehe Kapitel zu Fondsrating) sollte der Anleger studieren und dann erst entscheiden, welchen Fonds er kauft.

„Aktien oder Fonds?" oder „Aktien und Fonds?"

Wenn Sie mit Fonds Erfahrungen gesammelt haben oder Ihr Schicksal als Sparer und Anleger von Anfang an in die eigene Hand nehmen wollen, werden Sie früher oder später darüber nachdenken, wie Sie Ihr Geld erfolgreich an der Börse anlegen können. Dadurch können Sie den Anlageerfolg, die Rendite, natürlich stark steigern – wenn Sie die richtigen Aktien oder Optionen erwischen. Aber Sie können auch schneller in die roten Zahlen kommen, als dies im Allgemeinen bei Fonds der Fall ist – nämlich wenn Sie auf die „falschen Pferde" setzen. Deshalb gilt auch hier, dass der rationale Investor nicht nach dem Prinzip „Alles oder nichts" handelt, sondern nach einer ausgewogenen Struktur für sein Depot und seine Vermögenswerte sucht. Das bedeutet, dass neben Aktien und Anleihen auch Fondsanteile ins Depot gehören.

Die Strategie „Fonds plus Aktien" bietet sich insbesondere dann an, wenn Sie sich auch auf Märkten engagieren wollen, die sich aus der Ferne nur schwer beurteilen und beobachten lassen. So kann es sinnvoll sein, sich an den „Emerging Markets" in Asien, Afrika, Lateinamerika oder Osteuropa nur über Fonds zu beteiligen. Auch bei gegenwärtigen und künftigen Boom-Branchen wie Medien, Internet oder Biotechnik, in denen eine Flut von Neuemissionen den Anleger zu überfordern droht, bietet sich das Engagement über Fonds an. Denn neben dem Management durch Profis, die sich der intensiven Beobachtung dieser Märkte verschrieben haben, bieten diese Fonds durch die Breite ihrer Anlage auch eine größere Sicherheit vor Fehlinvestitionen als der spekulative Kauf einzelner Hoffnungswerte, die sich nach einem fulminanten Start über kurz oder lang als Flops entpuppen können.

Das Management der eigenen Gefühle

So positiv zum Beispiel der Trend zur Information über Finanzangelegenheiten auf dem Zeitungsmarkt, im Fernsehen und im Internet ist: Er beinhaltet auch Gefahren, und zwar besonders die der mangelnden Selbsteinschätzung oder auch der Selbstüberschätzung. Informationen über Fonds, Aktiengesellschaften, Kurse, Börsen und Unternehmen verschaffen noch nicht zwangsläufig die richtigen Einschätzungen der entsprechenden Anlageformen oder Märkte. Unternehmerisches Denken oder unternehmerische Kompetenz gewinnen heißt auch, zu lernen, sich selbst richtig einzuschätzen. Anleger, die den Finanzort „Börse" als „Zockerbude" missverstehen, verlässt in der Regel schnell das Glück. Eine psychologische Sicht der Fakten sollte vor einer Finanzentscheidung also zur ökonomischen hinzukommen. Dieser Gedanke hat bereits Einzug in die Wirtschaftswissenschaft gehalten. Das spezielle Forschungsgebiet heißt „Behavioral Finance". Das ist eine Finanzmarkttheorie, die menschliche Verhaltensweisen zur Erklärung der Preisentwicklung an den Finanzmärkten zum Inhalt hat. Sie ist gewissermaßen der Psyche der Anleger auf der Spur. Hinter dem Begriff verbirgt sich die verhaltensorientierte Analyse der Akteure am Markt. Dabei geht es konkret um die psychische Aufnahme und Verarbeitung von Informationen und den damit verbundenen Entscheidungsprozess. Die Theorie befasst sich also mit den Prozessen der Auswahl,

Aufnahme und Verarbeitung entscheidungsrelevanter Informationen, der Erwartungsbildung sowie der daraus abzuleitenden Entscheidungsfindung.

Die Finanzwissenschaft ist bei ihren empirischen Untersuchungen unter anderem zu folgenden Ergebnissen gekommen:
- Der Privatanleger neigt zur selektiven Wahrnehmung.
- Er nimmt nur diejenigen Informationen wahr, die im Einklang mit vorgefassten Meinungen und Überzeugungen stehen.
- Er neigt dazu, Details zu ignorieren, die sich nicht mit seinen Erwartungen decken.
- Er schwankt bei seinen Investmententscheidungen häufig zwischen den Extremen Gier und Angst.

Die Liste der irrationalen Verhaltensphänomene bei Anlageentscheidungen ist lang. Das Forschungsziel der „Behavioral Finance" besteht darin, die Masse der Anleger in ihrem Prozess der Informationsverarbeitung und Entscheidungsfindung zu verstehen und dadurch marktrelevante Aktivitäten frühzeitig zu erkennen.

Der Wirtschaftsprofessor Rüdiger von Nitzsch von der Universität Aachen arbeitet intensiv an solchen Fragen. Seine Forschungen helfen dem Privatanleger, bei seinen Anlageentscheidungen das richtige Maß zu finden. Sie richten sich an jeden, der sich mit Geldanlage beschäftigt, insbesondere aber an Banken, Sparkassen, Fondsgesellschaften und Finanzmakler. Sie geben Anregungen für Marketing und Marktforschung und liefern Daten für die Schulung von Beratern und Verkäufern, damit diese gründlich über die Erwartungen und Ängste der Privatanleger beim Wertpapierkauf unterrichtet sind.

Wer sich eingehender mit den Fragen der Verhaltensweisen von Anlegern befassen und vielleicht sogar sein eigenes Risikoprofil bestimmen will, dem seien folgende Quellen empfohlen:

- Für Leser: Rüdiger von Nitzsch/Joachim Goldberg: „Behavioral Finance. Gewinnen mit Kompetenz." Finanzbuch Verlag, München 1999. Das Buch klärt auf über die verschiedenen Typen von Marktteilnehmern, über die individuell unterschiedliche Bewertung von Gewinnen und Verlusten und gibt Privatanlegern wertvolle Anregungen und Tipps für ein erfolgreiches Engagement bei der Geldanlage.

- Für Internet-Nutzer: www.psychotrainer.de. Hinter dieser Adresse verbirgt sich ein Fragebogen, den Rüdiger von Nitzsch und seine Mitarbeiter zur besseren Einschätzung des eigenen Verhaltens als Geldanleger entwickelt haben. Der Fragebogen ist anonym und kostenlos. Wer alle Fragen beantwortet, erhält zum Schluss eine Bewertung seines eigenen Verhaltens hinsichtlich seines Entscheidungsverhaltens bei Börsengeschäften.

Eine weitere Quelle zu diesem Thema bietet eine aktuelle Studie, die für Aktien- genauso wie für Aktienfondskäufer von Interesse ist: „Die Psychologie beim Aktienkauf. Ängste, Hürden, Hemmschwellen – eine repräsentative Studie über potenzielle Aktien- und Fondseinsteiger", Köln 1999.

Näheres dazu erfahren Sie unter folgender Adresse:

Gesellschaft für wirtschaftspsychologische Forschung und Beratung
Lungengasse 26–30
Am Neumarkt
50676 Köln
Tel.: 0221/921 52 60
Fax: 0221/921 52 645
Internet: www.psychonomics.de
E-Mail: info@psychonomics.de

Seien Sie ehrlich zu sich selbst!

Die Kombination aus ehrlicher Selbsteinschätzung und ausreichender Kenntnis der Fondsbranche schafft erst die Voraussetzung, um vernünftige Kaufentscheidungen zu treffen. Die Frage des günstigsten Einstiegszeitraums ist dabei für den Privatanleger eher marginal. Dies beschäftigt jeden Tag aufs Neue die Profis, die Spekulanten und die institutionellen Anleger. Denn sie steigen in häufig kurzen Zeitabständen ein und aus und nehmen dabei oft nur kleine Kursgewinne mit. Dies lohnt sich aber nur bei hohen Stückzahlen, etwa bei Aktien, und summiert sich erst dann – vielleicht! – zu satten Gewinnen, auch noch innerhalb der gesetzlich vorgeschriebenen Spekulationsfrist. Doch dies sind Aspekte, die für den „normalen" Privatanleger keine Rolle spielen sollten. Er sollte sich an ein paar „goldene Regeln" halten, wie sie etwa die beiden Vermögensverwalter Markus Flick und Volker Schilling von der Mannheimer Performance AG aufgestellt haben:
- Vermögensplanung ist Strategie und keine Spekulation.
- Machen Sie eine persönliche Bestandsaufnahme, damit Sie wissen, wo Sie stehen. Ziehen Sie Bilanz über Ihr Vermögen und Ihre Verbindlichkeiten.
- Lassen Sie sich von einem nachweislich qualifizierten Berater Ihr persönliches Anlageprofil erstellen. Besprechen Sie mit ihm Angebote von Ihrer Bank oder Sparkasse.

- Beantworten Sie die Frage: Was erwarten Sie sich von Geldanlage? Sicherheit, Rendite, Steuerersparnis oder Liquidität? Alle Ziele können Sie nicht erreichen!
- Mischen Sie Ihre Anlage durch Streuung.
- Schließen Sie nur Anlagegeschäfte ab, die Sie auch verstehen. Fragen Sie also so lange nach, bis Sie sicher sind, alle Risiken tatsächlich einschätzen zu können.
- Investieren Sie nicht in hochspekulative Anlagen, wenn Sie den Totalverlust des Einsatzes nicht verschmerzen können!
- Vertrauen Sie Ihrem gesunden Menschenverstand mehr als flotten Sprüchen und Hochglanzprospekten von Anlagevermittlern.
- Fragen Sie stets nach der Höhe der Provisionen der Vermittler.
- Achten Sie darauf, dass Sie von Ihrem persönlichen Berater regelmäßig über Ihre Vermögenslage informiert werden. Klären Sie vor Abschluss eines Sparvertrages die Umstände der künftigen Haftung, und zwar zu Ihrer eigenen Entlastung.
- Last not least: Die Wahl des Anlagehorizonts entscheidet letztlich über den richtigen Fonds! Fragen Sie sich also kritisch: Wie lange will ich mein Geld anlegen? Ein halbes Jahr, ein Jahr, ein bis drei Jahre, drei bis fünf Jahre, fünf bis zehn Jahre oder zehn Jahre und mehr? Unterschätzen Sie diese Fragen nicht! Klären Sie stets mit Ihrem persönlichen Berater, welcher Fonds – ob Geldmarktfonds, Rentenfonds, Immobilienfonds oder Aktienfonds – zu welchem Anlagehorizont passt. Die wichtigsten Kriterien dabei sind stets die Kosten, das Kursrisiko und die Höhe der voraussichtlichen steuerpflichtigen Einnahmen.

Nach all diesen praktischen Vorschlägen zu einem sinnvoll geplanten Vermögensaufbau durch Investmentsparen sei hinzugefügt: Wer zocken will, dem sei dies natürlich unbenommen. Diese Ausführungen richten sich aber an den Privatanleger, der sich über Jahre hin ein finanzielles Polster mit Fondssparen zulegen will, das für den Lebensabend und/oder bestimmte Investitionen zur Verfügung stellen soll. Wer „die schnelle Mark" machen will und an dieser Stelle „todsichere Anlagetipps" erwartet, der muss enttäuscht werden. Abschließend sei in diesem Zusammenhang an eine alte Börsenweisheit erinnert: „Frage eines Anlegers an einen Börsenprofi: Wie macht man schnell ein kleines Vermögen an der Börse? Die Antwort des Profis: Indem man mit einem großen Vermögen anfängt!"

XIII.

DER EURO UND DIE FONDSBRANCHE

Ein riesiger Finanzmarkt entsteht

Mit der Europäischen Währungsunion ist der zweitgrößte Währungsblock nach den USA entstanden. Das Gleiche gilt für die Weltrangliste der Aktien- und Rentenmärkte: USA vor Europa. Das war bis vor kurzem nicht so. Für Anleger, die sich für Fonds interessieren, haben sich spätestens seit Anfang 1999 neue Möglichkeiten aufgetan. Die Einführung des Euro führt gegenwärtig und auch noch künftig zu gewaltigen Verschiebungen an den Aktien- und Kapitalmärkten. Herkömmliche Anlagestrategien werden auf den Kopf gestellt. Der Euro verändert die internationalen Finanzmärkte. Folgende Punkte sind vor allem hervorzuheben:

Schluss mit dem Währungsrisiko

Der Euro bringt einen wirklich grenzenlosen europäischen Kapitalmarkt innerhalb „Euroland". Grenzüberschreitende Geldanlagen sind nicht mehr mit einem Währungsrisiko behaftet. Das schafft Planungssicherheit für Unternehmen und Privatanleger innerhalb der zunächst elf Mitgliedstaaten des Euroraums. Die immer wieder auftretenden Währungsturbulenzen gehören der Vergangenheit an. Die Folge: Banken, Versicherungen und andere Anbieter von Finanzdienstleistungen bieten ihre Produkte auch grenzüberschreitend an. Dies ist stimulierend für den Aktien- und Rentenmarkt. Ein Beispiel: Risikoscheue Anleger, für die bisher wegen des Währungsrisikos bei ausländischen Anleihen und der Bonität deutscher Schuldner nur deutsche Staatsanleihen in Frage kamen, haben nun die risikolose Wahl unter Anleihen aller Euroländer.

Für Liebhaber von Rentenfonds ist das ein entscheidender Vorteil. Der Wettbewerb krempelt die bisher abgeschotteten nationalen Märkte völlig um, und zwar mit Vorteilen für den Privatanleger. Der Heimatmarkt des Anlegers ist nicht mehr Deutschland, sondern „Euroland". Die von den verschiedenen europäischen, in Euro aufgelegten Anleihen sind hinsichtlich ihrer Spreads (das sind die Renditeunterschiede) unmittelbar vergleichbar. Damit dürften Anleihen von Unternehmen unterschiedlichster Bonität vermehrt emittiert werden. Der Anleger muss hierbei jedoch immer realisieren, dass Wertpapiere mit hohen Renditen auch ein tendenziell höheres Ausfallrisiko aufweisen.

„Euroland" – eine attraktive Anlageregion

Für Aktienfonds zum Beispiel bedeutet das, dass zunehmend Branchen interessant werden, und nicht mehr einzelne Firmen in einzelnen Ländern, also Länder- oder Regionenfonds. Für Anleger, die sich für Euroland interessieren, bietet die Branche mittlerweile eine Vielzahl von Eurofonds an, egal, ob für Standardaktien, Nebenwerte oder bestimmte Branchen. Der steigende Wettbewerbsdruck auf Unternehmensseite dürfte zwangsläufig sinkende Preise für Finanzdienstleistungen in „Euroland" mit sich bringen. Das wird sich für den Privatanleger auf der Nachfrageseite positiv bei den Gebühren auswirken.

Der Euro wirkt als Treibstoff für die Börsen

Die Europäische Währungsunion mit dem einheitlichen Eurozins übt eine neue Attraktion auf die Marktteilnehmer aus. Sie glauben nach der reibungslosen und erfolgreichen Einführung auch in Zukunft an einen stabilen Euro. Daran ändern selbst gelegentlich starke Kursschwankungen gegenüber dem Dollar grundsätzlich nichts. Trotz der Ängste, wie sie im Vorfeld der Entscheidung von den Euro-Gegnern bewusst geschürt wurden, ist festzuhalten: Der Euro hat seine Feuerprobe trotz der zeitweiligen Schwäche gegenüber dem Dollar bestanden. Diese Entwicklung dürfte in Zukunft weiterer Treibstoff für die Börsen sein, also auch positiv für Aktienfonds.

Euro-Stoxx und Eurofonds

Die Euro-Stoxx-Indexfamilie begünstigt die Auflage und Verbreitung von Eurofonds. Sie umfasst vier Haupt- und 19 Branchenindizes. Diese Indizes werden für Länder aus dem europäischen Raum und speziell für das Euro-Währungsgebiet berechnet. Die Berechnung findet in Euro und in Dollar statt. Entworfen hat diese Indizes die Gesellschaft STOXX Limited, ein Gemeinschaftsunternehmen der Deutschen Börse AG, der US-Gesellschaft Dow Jones, der SBF (Bourse de France/Französische Börse) und der SWX (Swiss Exchange/Schweizer Börse). Die deutsche, die französische und die schweizerische Börse haben gemeinsam mit dem US-Finanzdienstleister Dow Jones Company vier neue Indizes entwickelt, die Euro-Stoxx. Der Name Stoxx ist ein Kunstwort, in dem das amerikanische Wort Stocks (Aktien) und der Begriff Index mitklingen. Erstmals aufgelegt wurden sie am 26. Februar 1998.

Doch erst seit der Euro endgültig die gemeinsame Währung in elf Mitgliedsländern der EU ist, rückt die neue Indexfamilie so richtig in den Mittelpunkt des Anlegerinteresses. Die aktuelle Entwicklung der Kurse des jeweiligen Index kann über das Internet unter www.stoxx.com. abgerufen werden. Die Kurse werden seit Juni 2000 zwischen 9 und 20 Uhr im Abstand von 15 Sekunden neu ermittelt. Seitdem sind die Börsenhandelszeiten in Frankfurt bis in den Abend hinein verlängert. Die großen Tageszeitungen drucken täglich die Kurse vom Vortag in ihrem Finanzteil ab. Die neuen Europa-Indizes sind bereits vom Markt akzeptiert.

Bisher betrachteten die Anleger in Deutschland vor allem den DAX, in Frankreich den CAC 40, in den Niederlanden den AEX oder in Italien den MIB. Jedes Land hat eben seinen eigenen Börsenindex, der den Aktionären die Marktstimmung und das Marktgeschehen anzeigt. Mit den Euro-Stoxx-Indizes kommen neue Marktbarometer hinzu, die den Blick über die nationalen Grenzen lenken. In Zukunft könnte es sogar sein, dass die Analysten, Portfoliomanager und Investmentfonds sich mehr auf die Euro-Stoxx-Indizes als auf die traditionellen Länderindizes stützen und so ihre Anlagepolitik auf die europäischen Werte ausrichten. Das würde bedeuten, dass der DAX in die zweite Reihe rücken würde. So weit ist es zwar noch nicht. Doch die Entwicklung bei den Mittelzuflüssen der Investmentgesellschaften zeigt bereits in diese Richtung. Mehr und mehr Anleger investieren ihr Geld in europäisch ausgerichtete Aktienfonds, so genannte Eurofonds, und nicht mehr in Länderfonds, die sich nach einem jeweiligen Landesindex wie dem DAX orientieren. Die Zusammensetzung der Indizes in der Euro-Stoxx-Familie wird regelmäßig überprüft.

Veränderungen im Index werden nach Handelsschluss des dritten Freitags in jedem September vorgenommen und treten vor Beginn des nächsten Handelstages in Kraft. Zu kleine Werte fallen heraus. Andere rücken aus einer Liste mit geeigneten Kandidaten nach. Marktkapitalisierung und Umsatz an der Börse bestimmen nun einmal die Rangfolge. So flog zum Beispiel die Lufthansa aus dem Dow Jones Euro-Stoxx 50 heraus. Die Euro-Stoxx-Indexfamilie umfasst vier Indizes:

1. Den Dow Jones Euro-Stoxx – er umfasst 326 Werte aus den elf Ländern in Euroland.
2. Den Dow Jones Stoxx – er ist der breiteste Index und deckt mit 666 europäischen Aktien alles ab, was Rang und Namen in den 15 EU-Staaten und in der Schweiz hat. Er entspricht dem Dow Jones Global Indexes Europe.
3. Den Dow Jones Euro-Stoxx 50 – er enthält 50 Blue Chips aus Euroland und ist somit eine Art Extrakt aus dem Dow Jones Euro-Stoxx. Als deutsche Werte sind enthalten: Allianz, Bayer, Daimler-Chrysler, Deutsche Bank, Deutsche Telekom, Mannesmann, Metro, RWE, Siemens und Veba.
4. Den Dow Jones Stoxx 50 – er enthält 50 Blue Chips aus den 15 EU-Ländern und der Schweiz und ist somit eine Art Extrakt aus dem Dow Jones Stoxx.

Die beiden letzteren Börsenbarometer dürften in Zukunft am publikumswirksamsten sein. 19 so genannte Branchenindizes ergänzen die Euro-Stoxx-Familie. Sie werden zum Beispiel für die Branchen Autos, Banken, Chemie, Pharmazie, Medien, Versorger, Versicherungen, Energie, Telekommunikation usw. berechnet. Diese Branchenindizes sind vor allem für die Großanleger und Fondsmanager in den Investmentgesellschaften gedacht.

Die geplante EU-Erweiterung schafft neue Anlagefelder

Neue Perspektiven für Fonds sehen viele Fondsmanager auch in der bevorstehenden EU-Erweiterung. Der Grund: Die offizielle Aufnahme von sechs weiteren Staaten aus Ost- und Südosteuropa hat den Kreis der EU-Beitrittskandidaten auf insgesamt 13 Länder erhöht und damit vielversprechende Anlagemöglichkeiten auf den Anleihemärkten der EU-Beitrittskandidaten eröffnet. Im Reformprozess und der Annäherung an die Europäische Union auf wirtschaftlicher, politischer und rechtlicher Ebene haben bisher einige osteuropäische Staaten Fortschritte gemacht. Die Investmentgesellschaften stellen sich auf diese Entwicklung ein. Daran ändert auch die gelegentliche Schwäche des Euro gegenüber dem Dollar nichts. Tatsache ist, dass der Wechselkurs von rund 1,18 Dollar für einen Euro vom 1. Januar 1999 zwischenzeitlich schon unter 0,90 Dollar fiel. Doch ändert das nichts an der ökonomischen Grundtatsache: Entscheidend für eine Währung ist ihr Binnenwert. Der ist beim Euro stark, und zwar im Wesentlichen auf Grund der geringen Inflation. Wer trotzdem wegen des Euro-Dollar-Wechselkurses in Panik gerät, ist noch altem Denken verhaftet. Die Europäer des Euroraumes müssen sich ein Beispiel an den Amerikanern nehmen. Denen nämlich ist der Außenwert des Dollars ziemlich egal. Für sie ist entscheidend, was sie für ihr Geld im eigenen Land kaufen können. Das gilt zunehmend auch für Euroland, denn den größten Teil des Außenhandels in diesem Währungsraum wickeln die Euroländer untereinander ab, in ihrer neuen Gemeinschaftswährung. Nur ein viel kleinerer Teil des Exports wird in anderen Währungen, wie etwa dem Dollar, abgerechnet. Irgendwann einmal werden vielleicht auch die Europäer ähnlich denken wie der ehemalige US-Finanzminister Connally, der zu seinen europäischen Kollegen einmal sagte: „Der Dollar ist unsere Währung und Ihr Problem." Das Argument lässt sich in einer selbstbewussten Eurozone auch umdrehen, nach dem Motto: „Okay, der Euro ist gegenwärtig schwach – na und?"

Fazit: Der Euro schafft einen gänzlich anderen Markt für Finanzdienstleistungen in „Euroland". Die Marktteilnehmer auf der Angebotsseite haben darauf längst reagiert. Die deutsche Investmentbranche hat sich bereits im Vorfeld mit neuartigen Investmentfonds positioniert und baut dieses Angebot weiter aus. Die meisten tragen den Begriff „Euro" am Anfang. Der Anleger kann also aus einer breiten Produktpalette auswählen. Nach Ansicht internationaler Geldmarktexperten wird Europa in den kommenden Jahren der wichtigste Markt für die Fondsbranche. Der Euro schafft durch den gigantischen einheitlichen Währungsraum und die Entwicklung einer gemeinsamen Börsenplattform ganz neue Möglichkeiten und eine völlig neue Konkurrenzsituation unter den vorher nur national agierenden Finanzdienstleistern. Das steigert die Performance, drückt die Kosten und Gebühren, verbessert den Service und schafft noch mehr Vertriebskanäle – wie das Internet zum Beispiel. Das alles bringt den Anlegern letztendlich einen Nutzen. Durch geschickte Auswahl des jeweiligen Fonds, durch Verhandeln über die Kosten und Gebühren sowie eine realistische Einschätzung des eigenen Anlagehorizonts können sie am Boom der Investmentfonds mitverdienen.

XIV.

WARNUNG VOR DEM „GRAUEN KAPITALMARKT"

Auf dem Finanzplatz tummeln sich auch eine Reihe von schwarzen Schafen, die Fonds im Angebot haben und nach dem Motto arbeiten: „Mit hohen Renditen lassen sich leicht Kunden fangen." Sie sind am so genannten „Grauen Kapitalmarkt" tätig. Dieses Marktsegment ist dadurch gekennzeichnet, dass es weitgehend von staatlicher Regulierung und Überwachung frei ist. Da es sich bei den Angeboten auch um äußerst dubiose Machenschaften handeln kann, bei denen Betrug mit im Spiel ist, droht dem Anleger oft der Totalverlust seines investierten Geldes. In Deutschland gehen Milliardenbeträge durch Anlagebetrug verloren. Für Privatanleger heißt das: Vorsicht auf diesem unreglementierten Teil des Kapitalmarktes!

Wie man sich schützen kann

Normalerweise ist es auf dem „Grauen Kapitalmarkt" für Fonds schwer, eine klare Trennlinie zwischen seriösen und unseriösen Anbietern zu ziehen. Doch für Fondssparer gibt es einen deutlichen Hinweis zur prinzipiellen Abgrenzung: Der Gesetzgeber hat bestimmte Bezeichnungen im so genannten Kapitalanlagegesellschaftsgesetz (KAGG) und im Auslandsinvestmentgesetz besonders geschützt. Die Verwendung dieser Bezeichnungen ist ausschließlich deutschen oder ausländischen Investmentgesellschaften, die in Deutschland zum Vertrieb zugelassen sind, gestattet. Dazu gehören Bezeichnungen wie Kapitalanlagegesellschaft, Investmentgesellschaft, Investmentfonds usw. So werden alle Begriffe wie „Investment" etwa zu einer Art „Gütesiegel". Allerdings gilt dies nicht für den Begriff „Fonds". Dieser ist nicht geschützt. Häufig stehen hinter „Fonds" am „Grauen Kapitalmarkt" Beteiligungsfirmen. Wer auf sie eingeht, riskiert viel, denn solche Beteiligungsfirmen werden oft von Gaunern gegründet. Diese „Finanzhaie" sind besonders flexibel. Werden ihre Machenschaften bekannt, benennen sie ihre Gesellschaft um und bieten ihre Produkte kurz darauf unter dem neuen Namen an. Sie können fast ungestört agieren, denn die Vermittlung von Beteiligungen unterliegt nicht dem Bundesamt für das Kreditwesen in Berlin (BAKred).

Hinter solchen „Fonds" verbergen sich zum Beispiel auch die Schiffsfonds/Schiffsbeteiligungs-Fonds oder Vermietung- und Verpachtungs-Fonds (VuV-Fonds), die mit ihrem Konzept vor allem auf die Steuerersparnis des Anlegers setzen. Natürlich muss auch auf diesem unreglementierten Teil des Finanzmarktes sorgfältig zwischen seriösen und unseriösen Angeboten unterschieden werden. Daher noch einmal: Beileibe nicht alle Finanzangebote auf dem „Grauen Kapitalmarkt" sind anrüchig oder gar von vornherein betrügerisch angelegt. Aber: Der Anleger ist gut beraten, wachsam zu sein und sich in Zweifelsfällen an die Aufsichtsämter, Kreditinstitute, Anlegerschutzorganisationen oder Verbraucherzentralen zu wenden.

Kostenlose Hilfe

Zwei Broschüren und zwei Adressen (eine davon im Internet) sind zur Information über den „Grauen Kapitalmarkt" sehr zu empfehlen. Die Broschüren können kostenlos bezogen werden:

- „Geldanlage in Aktien, Renten und Derivaten – Wie Sie sich vor unseriösen Geschäftsmethoden schützen können. Das BAWe informiert." Adresse: Bundesaufsichtsamt für den Wertpapierhandel, Lurgialle, 60439 Frankfurt am Main, Telefon: 069/95 95 20, E-Mail: mail@bawe.de, Internet: www.bawe.de.
- „Grauer Kapitalmarkt und unseriöse Geschäftspraktiken." Adresse: Finanzplatz e.V., Börsenplatz 7–11, 60313 Frankfurt am Main, Telefon: 069/97 93 87 12, Internet: www.finanzplatz.de.
- Die Schutzgemeinschaft der Kleinaktionäre bietet im Internet Informationen zu Firmen des „Grauen Kapitalmarkts" an. Unter www.anlageschutzarchive.de können Artikel über Abzocker abgerufen werden. Die Datenbank ist umfangreich und wird ständig erneuert. Wer als Investor von „Graumarkthaien" hereingelegt wurde, kann sich dazu äußern und seine Erfahrungen damit online verbreiten.
- Deutscher Anlegerschutzbund e.V. Solmsstraße 25, 60486 Frankfurt am Main, Telefon: 069/238 53 80, Fax: 069/238 53 810.

Checkliste gegen unseriöse Angebote

Der Frankfurter Rechtsanwalt Klaus Nieding, Landesgeschäftsführer der Deutschen Schutzvereinigung für Wertpapierbesitz e.V. (DSW) in Hessen, ist auf Anlegerschutz spezialisiert und hat eine hilfreiche Checkliste zum „Grauen Kapitalmarkt" zusammengestellt. Zehn Punkte, woran man ein unseriöses Kapitalangebot erkennt:

1. Telefonische Acquise seitens so genannter Finanzdienstleistungsunternehmen, Vermögensverwaltungsunternehmen, Futures- beziehungsweise Optionshandelsunternehmen usw.
2. Im Telefongespräch Herausstellen der guten Renditechancen, Erwähnung von hohen Renditezahlen (zweistellige Prozentzahlen), Herabspielen des Risikos, Betonung der guten internationalen Kontakte usw.
3. Telefonisches Angebot von Termingeschäften in Waren (Edelmetallen, landwirtschaftlichen Erzeugnissen usw.), Devisen und Aktienoptionen oder Ähnlichem.
4. Vorschlag, mit einer kleineren Summe zunächst „testweise" eine Kapitalanlage durchzuführen. Bei Zusage des angerufenen Kunden Übersendung diverser mehr oder weniger umfangreicher Unterlagen.
5. Sitz des angeblichen „Kapitalanlageunternehmens" im Ausland (Liechtenstein, Schweiz, USA) oder an so genannten „Offshore-Plätzen" wie den Bermudas, Bahamas, Niederländischen Antillen, Jungferninseln/Virgin Islands, Cayman-Islands sowie in Südamerika.
6. Häufig zu beobachten ist, dass unseriöse Anbieter des „Grauen Kapitalmarktes" sich durch Erwähnung oder Herausstellung der Mitgliedschaft in Verbänden und Vereinen (zum Beispiel Deutscher Terminhandelsverband usw.) den Anstrich der Seriosität zu geben versuchen.
7. Nach dem ersten, zumeist erfolgreich verlaufenen kleinen Geschäft wird dem Kunden vorgeschlagen, eine möglichst große zweite Geldsumme einzusetzen. Diese geht dann in der Regel infolge angeblicher Marktentwicklungen verloren. Zu diesem Zeitpunkt wird dem Kunden zumeist angeboten, durch Einsatz eines noch größeren Geldbetrages den erlittenen Verlust wieder herauszuholen.
8. Eine weitere Spielart des „Grauen Kapitalmarktes" sind so genannte „Bankgarantiegeschäfte". Dabei wird damit geworben, dass das Geld von zahlreichen Anlegern in einem „Pool" gesammelt werde, um Bankgarantiegeschäfte, die sonst nur Kreditinstitute untereinander führen würden (so

genannte „Top-Prime-Rate-Banks"), auch für Normalanleger durchführen zu können. Aus einem Bericht der Internationalen Handelskammer (Commercial Crime Bureau) geht hervor, dass es für diese Bankgarantiegeschäfte oder auch „Stand-by-letters" keinen Markt gibt.

9. Das Prospektmaterial dieser Unternehmen zeichnet sich zudem meist dadurch aus, dass im so genannten „Kleingedruckten" erhebliche Gebühren für angebliche Kauforder und Verkäufe aus dem Depot in Rechnung gestellt werden (so genannte „Round-Turn-Commission"). Meist wird dann infolge heftiger Kauf- oder Verkaufsaktivitäten der Depotwert alleine durch diese Gebühren aufgebracht.

10. Vorsicht geboten ist auch bei so genannten Angeboten von Teilzeit-Ferienwohnrechten (Time-Sharing). Dasselbe gilt für das Angebot so genannter zins- und tilgungsfreier Kredite. Dabei wird dem Kreditnehmer vorgegaukelt, er müsse zunächst einen gewissen Prozentsatz der gewünschten Kreditsumme als Eigenkapital (Deposit) einzahlen. Dieses eingezahlte Geld werde dann durch besonders günstige Anlageformen die Tilgung von Zinsen und Darlehen erwirtschaften. Selbstverständlich geschieht dies nicht. Das eingezahlte Geld verschwindet vielmehr in den Taschen des Darlehensanbieters.

Regelmäßige Informationen über den „Graumarkt-Report"

Interessenten, die sich kontinuierlich über die unterschiedlichsten Formen von Anlagebetrug informieren wollen, finden regelmäßig Informationen im „Graumarkt-Report" der Börsenzeitung „Börse online". Dort erscheint alle paar Wochen eine „Graue Liste" mit Namen von Unternehmen, über die bereits berichtet wurde. Sie ist natürlich nicht vollständig, aber dennoch sehr informativ und wird ständig erweitert. Weitere Informationen dazu auch im Internet: www.boerse-online.de. Zu empfehlen ist in diesem Zusammenhang auch die Freitagsausgabe „Investor" im „Handelsblatt". Dort finden sich auf Seite zwei regelmäßig Hinweise auf „graue Schafe" der Branche.

XV.

FONDSLEXIKON

Eine Tendenz wird den Fondsmarkt der Zukunft sicher bestimmen: Die Fondspalette wird noch größer und noch schneller erneuert als bisher. Der Druck auf die Branche wächst. Jeder will die Nase vorn haben mit seinen neuen, „innovativen" Produkten. Von Januar bis Juni 2000 erschienen mehr als hundert Investmentprodukte allein auf dem deutschen Markt. Nur neue Fonds bringen eben das große Geld. Eine Milliarde DM an eingesammeltem Fondsvolumen innerhalb weniger Wochen ist keine Seltenheit mehr. Der UBS (Lux) Equity Fund sammelte innerhalb von zwei Tagen rund 200 Millionen Euro Anlagegelder. Der Ansturm der Käufer richtet sich vor allem auf die neuen Fonds. Nur eine Zahl dazu: Eine Statistik der Union Investment belegt, dass in ihrem Geschäftsjahr 1999 fast 95 Prozent des Mittelzuflusses auf das Konto von Fonds gingen, die nicht älter als fünf Jahre waren. Auf die Frage, wie viele Fonds eine KAG denn auf den Markt bringen müsse, um sich erfolgreich zu positionieren, lautet die Antwort aller Beteiligten stets: „Immer mehr!" Von daher ist die erstaunliche Zahl von über 4.000 Investmentfonds allein in Deutschland zu erklären. Knapp tausend von ihnen stammen von deutschen KAGs. Der Löwenanteil kommt von ausländischen Anbietern, die eine entsprechende Vertriebserlaubnis für diese Finanzprodukte beim Bundesaufsichtsamt für das Kreditwesen (BAKred) beantragt haben. Kein Fachbuch kann nun alle diese Fonds aufführen, gliedern und auch noch einordnen nach Kriterien wie Vor- und Nachteile. Die Spezialisierung schreitet unaufhaltsam voran. Das folgende Fondslexikon versucht, die vielen sehr unterschiedlichen Fondstypen, die auf dem Markt angeboten werden, zu erläutern. Wer diese unterscheiden kann, der kann die für ihn interessanten Einzelfonds einordnen. Wer also Begriffe wie AS-Fonds, Branchenfonds, Dachfonds oder Indexfonds hört, kann hier nachlesen, was damit gemeint ist und wie sie einzuordnen sind.

Altersvorsorge-Sondervermögen-Fonds (AS-Fonds)

Bei AS-Fonds handelt es sich nicht um eines unter vielen Geldanlageprodukten an den Aktien- und Rentenbörsen, sondern um ein neues, gesetzlich anerkanntes Altersvorsorgesystem. Im Grunde geht es dabei um einen Mischfonds. Doch im Gegensatz zu den traditionellen Investmentfondstypen wie Aktienfonds, Rentenfonds oder Immobilienfonds werden bei AS-Fonds sämtliche Anlageformen und Anlagegrenzen aus dem alleinigen Zweck der Altersvorsorge abgeleitet. Die Anlagevorschriften für diesen Fondstyp, der seit Oktober 1998 auf dem Markt ist, sind denen angloamerikanischer Pensionsfonds ähnlich.

Das Wortungetüm bürgert sich seitdem langsam unter dem Kürzel AS-Fonds ein. Ein AS-Fonds ist ein völlig neuer Fondstyp. Er wurde durch das 3. Finanzmarktförderungsgesetz vom April 1998 ermöglicht. Monatelang dauerte es danach, bis das Bundesaufsichtsamt für das Kreditwesen (BAKred) in Berlin die ersten Genehmigungen erteilte. Mittlerweile sind die meisten Investmentgesellschaften mit AS-Fonds auf dem Markt. Sie alle konkurrieren um die Gunst der Sparer. Doch bisher ist die Akzeptanz bei den Anlegern eher verhalten. Das verwaltete Vermögen aller AS-Fonds liegt noch im einstelligen Milliardenbereich. Das ist angesichts der kleinen Beträge, die Monat für Monat in die Fonds fließen, noch logisch zu erklären. Die Aussichten auf einen Durchbruch der AS-Fonds auf breiter Front würden aber immens steigen, wenn diese Sparform für die Finanzierung des Alters steuerlich flankiert würde, so dass eine Art „Waffengleichheit" zu den Kapitallebensversicherungen hergestellt würde. Die Aussichten dafür stehen gegenwärtig gar nicht so schlecht. Einer der wichtigen Gründe für eine solche steuerliche Begünstigung sind die strengen gesetzlichen Vorgaben für die Auflage eines AS-Fonds. Der Gesetzgeber hat sie als Vehikel zur privaten Altersvorsorge definiert und deshalb noch mehr als bei anderen Fonds strikt auf die Risikominimierung in einem solchen Fonds geachtet.

Strenge Anlagevorschriften

Prinzipiell gilt für alle AS-Fonds: Innerhalb gesetzlich festgelegter Anlagevorschriften nach dem Gesetz für Kapitalanlagegesellschaften (KAGG) setzt ein AS-Fonds auf Sicherheit. Dies geschieht durch breite Streuung der Geldanlage:
- Mindestens 51 Prozent des Fondsvermögens müssen stets in Substanzwerten (insbesondere in Aktien und offenen Immobilienfonds) angelegt werden.

- Maximal 75 Prozent und minimal 21 Prozent des Fondsvermögens dürfen in Aktien und höchstens 30 Prozent in Immobilien investiert sein.
- Ungesicherte Fremdwährungsrisiken sind auf maximal 30 Prozent des Fondsvermögens zu begrenzen.
- Die Erträge des Fonds werden während der Laufzeit nicht ausgeschüttet, sondern wieder angelegt, also thesauriert.

Ein AS-Fonds ist auf eine langfristige Geldanlage hin angelegt, weil er, wie der Name schon verrät, für die Altersvorsorge genutzt werden soll. Damit dieses Ziel tatsächlich erreicht wird, muss der AS-Fonds mindestens 18 Jahre lang laufen oder bei älteren Sparern mindestens bis zum 60. Lebensjahr. Hat man sich für einen AS-Fonds bei einer KAG entschieden, muss diese einen Sparplan vorlegen. Darin wird dem Sparer in der Regel die lange Laufzeit empfohlen, damit das angelegte Geld auch wirklich im Alter genutzt werden kann. So weit die Theorie, in der Praxis aber muss sich niemand an vorgeschriebene Laufzeiten halten. Der Sparplan kann mit einer dreimonatigen Frist gekündigt werden. So kann der Sparer jederzeit an sein Geld, zum Beispiel wenn er in einen finanziellen Engpass geraten ist. Ist dieser durch Arbeitslosigkeit hervorgerufen, beträgt die Kündigungsfrist nur vier Wochen. Auch die Höhe der Einzahlungen in den AS-Fonds ist variabel. Zu Beginn legt der Sparer zwar fest, wie viel monatlich angespart werden soll. Es ist aber dann während der Dauer des Sparplans möglich, diesen Betrag zu verändern, größere Einmalzahlungen vorzunehmen oder eine Weile mit den Beiträgen auszusetzen. Allerdings muss mindestens einmal im Jahr ein Betrag in den Fonds eingezahlt werden.

Die Kosten

Über die Kosten bei AS-Fonds entscheidet mehr und mehr der Wettbewerb zwischen den Anbietern. Ein Ausgabeaufschlag ist üblich, doch über die exakte Höhe, also ob zwei, drei, vier oder gar fünf Prozent fällig sind oder ob der Ausgabeaufschlag mit zunehmender Spardauer geringer wird, darüber lässt sich nichts allgemein Gültiges sagen. Hier entscheidet mehr und mehr der Markt, also die Konkurrenz unter den KAGs. Zusätzlich zum Ausgabeaufschlag wird eine jährliche Verwaltungsgebühr (Managementgebühr) erhoben, außerdem können Depotgebühren anfallen, und zwar je nach Preispolitik des Anbieters.

Das Anlegerrisiko

AS-Fonds legen wie andere Fonds ihr Geld in Werten mit schwankenden Kursen an. Auf Grund möglicher Kursverluste etwa von Aktien trägt der Anleger somit auch ein Risiko. Das aber ist bei AS-Fonds noch breiter gestreut als bei den meisten Fondsarten, wie etwa den reinen Aktienfonds. Als Folge davon und wegen der langen Laufzeit sinkt das Risiko für den Sparer erheblich gegenüber einer nur auf eine Geldanlage fixierten Vermögensverwaltung. Der Anleger, dem das noch immer zu riskant ist, hat nach drei Vierteln der Laufzeit des Sparplans die Möglichkeit, kostenlos, also ohne einen neuen Ausgabeaufschlag, die bis dahin angesparte Summe in andere, eher risikoärmere Fonds, zum Beispiel in offene Immobilienfonds, Geldmarktfonds oder Rentenfonds, umzuschichten. Diese Fonds bringen auf lange Sicht betrachtet statistisch zwar weniger Rendite, dafür aber muss der Anleger auch weniger Angst vor Kursverlusten kurz vor seinem Eintritt ins Rentenleben haben. Auch andere Fonds bieten eine solche Umschichtung des angesparten Kapitals an, teilweise sogar kostenlos. Die AS-Fonds enthalten diese Möglichkeit prinzipiell.

Die Wahl bei der Auszahlung

Ist der Sparplan in der Regel nach 18 Jahren abgelaufen, vereinbart der Anleger mit der Bank oder der KAG, über welche Zeitspanne und in welchen Raten das angesparte Kapital ausbezahlt werden soll. Der Sparer muss dann entscheiden, ob er entweder eine lebenslange monatliche Rente erhalten will (mit oder ohne Kapitalverzehr) oder aber die gesamte Summe auf einmal ausbezahlt haben möchte. Selbstverständlich kann das Guthaben auch beliebig lange unangetastet liegen bleiben oder nur über einen Teil davon verfügt werden.

Die steuerliche Behandlung entscheidet über den Erfolg der AS-Fonds

Die AS-Fonds werden noch nicht staatlich gefördert. Das ist ein Nachteil gegenüber anderen staatlich begünstigten Sparformen mit langer Dauer, wie der Kapitallebensversicherung etwa. Die jährlichen Erträge der AS-Fondsanteile müssen als Einnahmen aus Kapitalvermögen ganz normal in der Einkommensteuererklärung angegeben und versteuert werden. Selbstverständlich kann man auch einen Freistellungsauftrag bis zum jeweiligen gesetzlich vorgeschriebenen Freibetrag (ab 2000: 3.100 DM für Ledige und 6.200 DM für Verheiratete) erteilen. Kritiker des bestehenden Steuersystems bemängeln das

Steuerprivileg der Lebensversicherungen gegenüber dem Sparen in AS-Fonds als nicht mehr zeitgemäß. Sie erheben deshalb die Forderung nach Chancengleichheit beim Marktauftritt unter den verschiedenen Sparprodukten zur privaten Altersvorsorge, egal, ob AS-Fonds oder Lebensversicherung. Der Bundesverband Deutscher Investmentgesellschaften (BVI) lässt daher auch keine Gelegenheit aus, für die steuerliche Gleichbehandlung aller Anlagen zur Vermögensbildung zu werben. Endziel der Lobbyarbeit ist es:
1. alle Beiträge für die Altersvorsorge ab 60 Jahren als Vorsorgeaufwendungen absetzen zu können und
2. den gesamten Kapitalertrag während des Sparprozesses steuerfrei zu stellen. Die Steuerpflicht soll also erst beim Vermögensverzehr im Alter mit dem individuellen Steuereinsatz einsetzen.
3. Gleichzeitig soll es keinen steuerlichen Druck und damit faktischen Zwang geben, das im Alter angesammelte Vermögen in eine Leibrente umwandeln zu müssen.

Ob sich die Stimme des Fondsverbandes durchsetzt, wird sich zeigen. Das Rennen ist noch offen. Um die „steuerliche Flankierung" jeder Form des Sparens für die private Altersvorsorge ab 60 Jahren wird zurzeit noch kräftig gerungen, und zwar zwischen den Parteien, im Parlament, in Hearings, in Sitzungen und unter den Lobbys wie dem BVI und den Versicherungen. Der Anleger muss sich also über Änderungen auf dem Laufenden halten.

Die bisherige Wertentwicklung

Nach der kurzen Zeit seit ihrer Zulassung lässt sich noch zu wenig Substanzielles über die Wertentwicklung der AS-Fonds sagen. Immerhin: Die durchschnittliche Wertentwicklung der AS-Fonds, die seit dem Oktober 1998 auf dem Markt sind, betrug ein Jahr später 22,7 Prozent. Das ist erstaunlich gut, muss aber vor dem Hintergrund der niedrigen Aktienkurse im Herbst 1998 gesehen werden. Damals standen die Börsen weltweit unter Verkaufsdruck. Die Kurse des Deutschen Aktienindex (DAX) zum Beispiel sanken von Juli 1998 bis Oktober 1998 deutlich, und zwar von über 6.000 Punkten auf zeitweise unter 4.000. Das waren somit hervorragende Einstiegskurse für die Manager aller AS-Fonds. Doch das zeigt auch: Die Kursgewinne nach dem schleichenden Crash schaffen auf jeden Fall ein Polster für schlechtere Börsenzeiten. Grundsätzlich gelten auch bei AS-Fonds zwei Regeln:

1. Die Bewertung der Renditen von Fonds, ein Fonds-Rating also, ist erst nach wenigstens drei, noch besser fünf Jahren wirklich aussagefähig.

2. Das Sparen in AS-Fonds ist langfristig angelegt, und zwar auf mindestens 18 Jahre, am besten bis zum 60. Lebensjahr. Über solche Zeiträume sagt die historische Statistik, dass durchschnittliche Jahresrenditen von acht Prozent in einem AS-Fonds realistisch sind, und das in einem vom Gesetzgeber streng auf Risikostreuung getrimmten Finanzprodukt.

Die folgende Tabelle zeigt, dass die AS-Fonds durchaus vom Publikum akzeptiert werden, wenn auch nicht in rasantem Tempo. Es hängt eben noch zu viel davon ab, ob sie künftig steuerlich mit den Lebensversicherungen gleichgestellt werden. Das bisherige Mittelaufkommen aber macht schon deutlich, dass mehr und mehr Sparer dieses Fondsprodukt akzeptieren:

Mittelaufkommen der AS-Fonds	
4. Quartal 1998	751,0
1. Quartal 1999	342,7
2. Quartal 1999	293,2
3. Quartal 1999	425,8
4. Quartal 1999	599,1
1. Quartal 2000	735,0

Quelle: Bundesverband Deutscher Investmentgesellschaften (BVI)
Angaben in Millionen DM

Schaut man auf die bisherige Wertentwicklung der AS-Fonds, so lässt sich zumindest eines festhalten: Viele Fondsmanager bewiesen bisher ein „glückliches Händchen". Dabei darf natürlich nicht vergessen werden, was bisher über den Wert einer nur auf die Performance ausgerichteten Bewertung gesagt wurde, nämlich wie relativ eine solche Betrachtung ist. Doch der Erfolg in einem ausgewählten Zeitraum kann dadurch nicht wegdiskutiert werden:

Wertentwicklung von AS-Fonds			
Wertpapierkennnummer	AS-Fonds	Investmentgesellschaft	1 Jahr: 30.04.99–30.04.00
977.979	Activest Zukunftvorsorge 3 (AS)	ACTIVEST	28,4
978.694	ADIG-Zukunft 2 AS	ADIG-INVESTMENT	25,0
978.695	ADIG-Zukunft 3 AS	ADIG-INVESTMENT	18,9
978.696	AS-Aktiv Dynamik	ADIG-INVESTMENT	117,7
978.697	AS-Aktiv Plus	ADIG-INVESTMENT	31,3
978.608	BB-EuropaAS-INVEST	BB-INVEST	21,8

976.924	BfG Invest Generation Plus (AS)	BfG INVEST	53,5
978.038	BWK-DYNAMIK-AS	BWK	40,6
978.039	BWK-KONTINUITÄT-AS	BWK	17,3
975.771	Citibank AS Union	UNION INVESTMENT	23,1
977.920	CS Solas	CSAM KAG	17,5
977.921	CS Top AS	CSAM KAG	28,8
979.078	DEGUSSA BANK – AS-UNIVERSAL	UNIVERSAL	25,8
978.620	Deka-PrivatVorsorge AS	DEKA	79,7
977.295	DIREKTFONDS AS VORSORGE MI	MI	17,6
848.191	DIT-ALTERSVORSORGE 35	DIT	64,5
848.192	DIT-ALTERSVORSORGE 45	DIT	37,2
848.193	DIT-ALTERSVORSORGE 55	DIT	14,7
848.194	DIT-ALTERSVORSORGE 55plus	DIT	14,7
976.988	DWS Vorsorge AS (Dynamik)	DWS	84,7
976.989	DWS Vorsorge AS (Flex)	DWS	62,4
977.922	Entrium Rendite-AS Fonds CS	CSAM KAG	24,2
977.030	FT Life-Invest Classic-Fonds	FRANKFURT TRUST	12,0
977.031	FT Life-Invest Pro-Fonds	FRANKFURT TRUST	23,0
975.776	FVB-AS-UNION	UNION INVESTMENT	26,2
849.040	GAMAX AS CLASSIC ZÜRICH INVEST	ZÜRICH INVEST	31,3
975.768	GenoAS: I	UNION INVESTMENT	25,8
848.119	Gerling Altersvorsorge-Sondervermögen AS	GERLING INVESTMENT	74,8
976.627	HANSAas	HANSAINVEST	60,9
975.772	KCD-Union-AS	UNION INVESTMENT	28,1
978.040	Konzept Zukunft AS	BWK	21,9
977.297	Metzler AS Special	METZLER INVESTMENT	46,8
848.503	MK VIVA	MK	22,8
979.200	NORDINVEST-AS	NORDINVEST	53,3
977.704	Opti-Mix FI Altersvorsorge-Sondervermögen	FRANKEN INVEST	32,1
979.077	UNIVERSAL-AS-FONDS I	UNIVERSAL	41,1
849.039	ZÜRICH INVEST VORSORGE-AS I	ZÜRICH INVEST	36,2

Quelle: Bundesverband Deutscher Investmentgesellschaften (BVI)

Wer sich noch intensiver mit AS-Fonds auseinandersetzen will, sei auf das Taschenbuch 116 der Reihe: „Geld – Bank – Börse" hingewiesen: Manfred Laux, Rudolf Siebel: Altersvorsorge-Sondervermögen (AS). Der Pensionsfonds für jedermann. Fritz Knapp Verlag, Frankfurt am Main 1999. 168 Seiten. 34 DM.

Branchenfonds

Die Investmentgesellschaften setzen bei der Konzipierung ihrer Aktienfonds immer stärker auf Branchenfonds. Sie verfolgen damit eine sehr spezielle Anlagepolitik. Ihre Devise lautet: „Gezielt auf Zukunftsbranchen setzen!" Branchenfonds sind wie Länderfonds oder Emerging-Markets-Fonds eine Spezialform beziehungsweise Untergattung der Aktienfonds. Anleger engagieren sich damit bewusst in einem genau definierten Wirtschaftszweig. Sie konzentrieren ihre Anlagepolitik auf Aktien von Unternehmen ganz bestimmter Wirtschafts- und Industriezweige. Vor allem die gerade aktuellen Zukunftsbranchen, die mit dem Zusatzbegriff „Technologie" versehen sind, gelten als gefragt. Dazu gehören Elektro- und Computertechnologie, Mobilfunk, Internet und Multimedia. Als besonders wachstums- und gewinnträchtig gilt auch alles, was mit „Pharma" zu tun hat. Darunter versteht man Bio- und Gentechnologie, Medizinaltechnik, Diagnostik und Gesundheit. Der Fondsmanager versucht durch selektive Aktienkäufe innerhalb eines bestimmten Marktsegments die jeweiligen Chancen zu nutzen, die eine solche Branche bietet. Die Investmentaktivitäten sind in der Regel länderübergreifend, also international.

Der Grund für die wachsende Bedeutung von Branchenfonds (mittlerweile auch Themen- oder Ideenfonds genannt) liegt in der zunehmenden Spezialisierung der Wirtschaft. So entstehen immer mehr
- Finanzwertefonds (Banken, Versicherungen, Broker),
- Pharmafonds (Bio- und Gentechnologie, Gesundheit oder Medizintechnik),
- Technologiefonds (Computerindustrie, Telekommunikation, Mobilfunk, Internet, Multimedia usw.),
- markenorientierte Fonds (Fonds für Jugendliche, die auf Marken wie Sony, Nike, Adidas und andere fliegen).

Die Fondsmanager versuchen dabei, aus einer bestimmten Branche das meiste herauszuholen, indem sie die besten Einzelwerte kaufen und zu höheren Kursen wieder verkaufen. Das setzt Spezialwissen und -recherche beim Fondsmanager voraus. Es genügt nicht mehr, sich über die wirtschaftliche Lage einiger

Unternehmen und deren aktuelle Bewertung an der Börse zu informieren, um erfolgreich in eine Branche zu investieren. Der Fondsmanager muss sich Fragen stellen wie: Welche Produktanforderungen stellt der Weltmarkt in Zukunft? Welche Möglichkeiten birgt der technische Fortschritt? Was kosten Forschung und Entwicklung? Welchen Wettbewerbsvorteil und welches Management hat das Unternehmen? Wie stark ist die Konkurrenz? Immerhin: Die Qualität der Fondsmanager ist in den vergangenen Jahren nach Angaben von Experten durch den Konkurrenzdruck gestiegen. Das macht Branchenfonds zunehmend attraktiver. Folgende Beispiele belegen das:

a) Die Wachstumsmärkte Mobilfunk, Internet und Finanzen

1. Zählte man 1994 weltweit 55 Millionen Handykunden, so waren es Ende 1999 bereits 345 Millionen. Schätzungen gehen von 550 Millionen Handykunden im Jahr 2001 aus.

2. Mehr als 17 Millionen Deutsche surfen bereits im Internet. Rund 27 Prozent der Menschen über 14 Jahre haben Zugang zum world wide web. Das hat das Marktforschungsinstitut Infratest Burke GmbH, München, in seiner Untersuchung „Euro.net" ermittelt. Nach Angaben der Experten wächst die Internet-Nutzung pro Jahr um zehn bis zwölf Prozent. Inzwischen liegt der Frauenanteil der Surfer bei 40 Prozent. Jeder fünfte User hat schon einmal online eingekauft, jeder Zehnte will innerhalb des kommenden Jahres auf Grund der neuen WAP-Technologie Handys oder Handhelds kaufen, die interaktiven Zugriff ermöglichen.

3. Online-Brokerage boomt. Bis 2004 wird die Zahl der Online-Brokerage-Kunden in Europa von derzeit 1,3 Millionen auf 14 Millionen ansteigen. Zu diesem Ergebnis kommt eine Studie von Forrester Research. Online-Banking wird zu 80 Prozent von Männern genutzt. Internet-Anwender, die heute bereits Online-Bankgeschäfte abwickeln, lassen sich klar abgrenzbaren Zielgruppensegmenten zuordnen: So sind die aktiven Nutzer von Online-Banking und insbesondere Online-Wertpapiergeschäften zumeist männlich (jeweils über 80 Prozent); sie sind 30 bis 40 Jahre alt und weisen ein überdurchschnittlich hohes Bildungsniveau auf.

Ein Anleger, der von diesen Wachstumsmärkten profitieren will, hat einen hohen Informationsbedarf. Er braucht Zahlen über die wirtschaftliche Stärke der Unternehmen in diesem Wirtschaftszweig und ihre aktuelle Bewertung an der Börse. Er sollte wissen, welche Produktanforderungen der Weltmarkt in Zukunft stellt, wie teuer die Forschung und die Entwicklung der Produkte ist und noch vieles mehr. Privatanleger sind damit in der Regel hoffnungslos überfordert. In einer solchen Situation bietet sich ein Branchenfonds an, dessen Management über das notwendige Spezialwissen in der jeweiligen Branche verfügt.

b) Die Zukunftsbranche Biotechnologie

Sie gilt als Synonym dafür, dass Goldgräberstimmung kein Garant für hohe Kursgewinne ist. Anfang der Neunzigerjahre wurde sie schon einmal als großer Wachstumsfavorit gehandelt, erfüllte die Erwartungen aber nicht. Der Grund: Die damals gerade im Entstehen begriffene Biotech-Forschung brauchte noch Zeit, um die ersten Produkte zur Marktreife zu entwickeln. Den Sprung aus den – wegen der hohen Forschungskosten – negativen Ergebnissen in die Gewinnzone konnten damals die Unternehmen in der Regel nicht so schnell schaffen, wie die Ungeduld vieler Anleger dies erfordert hätte.

Heute steht die Branche nach Meinung vieler Fondsmanager vor einer Renaissance. Sie verweisen auf die Bevölkerungsentwicklung und die Fortschritte im Gesundheitswesen. Mit zunehmender Überalterung der Bevölkerung steigen nämlich auch die medizinischen Ausgaben. Über 45-Jährige geben dreimal so viel für Medikamente aus wie Jüngere. Mit zunehmendem Alter steigen die Ausgaben für Arzneimittel überproportional an.

Gleichzeitig nehmen die Todesfälle durch Krankheiten wie Grippe, Tuberkulose oder Herzkreislauf-Erkrankungen deutlich ab, das heißt, die Heilerfolge und damit der Einsatz von Medikamenten erhöhen sich laufend. Daneben ist am Beispiel der US-amerikanischen Bevölkerung nachweisbar, dass bei einer Vielzahl von Zivilisationserkrankungen noch lange nicht alle Betroffenen versorgt sind. Einer Studie des amerikanischen National Institute of Health zufolge sind nur etwa 15 Prozent der Herzinfarkt- sowie der Osteoporosepatienten versorgt. Bei Cholesterinerkrankungen liegt die Quote bei 25 Prozent, im Falle von Diabetes nur bei etwa der Hälfte aller Erkrankten. Weitere therapeutische Verfahren werden zudem dringend benötigt für Krankheiten wie Alzheimer (allein vier Millionen Betroffene in den USA).

Vor diesem Hintergrund ergibt sich für Pharmaunternehmen ein riesiger Absatzmarkt. Biotechnologieunternehmen wiederum spielen in der Forschung im Pharmabereich eine zentrale Rolle. Nicht nur, dass ihre Kosten nur rund ein Drittel derer eines herkömmlichen Pharmaunternehmens ausmachen. Sie sind auch produktiver: Die Entwicklungszeiten für Medikamente liegen bei Biotechfirmen lediglich bei fünf Jahren, bei Pharmaunternehmen sind es dagegen acht. Während die Biotechfirmen seit 1995 eine Steigerungsrate für

Neuentwicklungen von 600 Prozent erreichten, blieb die Rate bei Pharmaunternehmen unverändert.

Heute befinden sich mehr Medikamente in der klinischen Phase als je zuvor, gleichzeitig wächst der Anteil von Biotechnologieprodukten an der Gesamtzahl der neu zugelassenen Medikamente explosionsartig. Waren es 1990 noch zwei von 31 Zulassungen, so stieg der Anteil 1995 auf sieben von 28. Im Jahre 2002 sollen es dann fast die Hälfte aller neu zugelassenen Medikamente sein – so jedenfalls die Prognosen.

Für den Kapitalmarkt ergibt sich daraus aus der heutigen Sicht ein enormes Kurspotenzial. Während etwa 270 börsennotierte und rund 1.000 nicht gelistete Firmen 101 Produkte vermarkten und etwa 220 kurz vor der Zulassung haben, bringen sie zusammen nur eine Marktkapitalisierung von 180 Milliarden US-Dollar auf die Waage. Dagegen wurde allein die Pharmafirma Merck & Co., die 34 Produkte vermarktet und drei vorbereitet, an der Börse schon mit 180 Milliarden US-Dollar bewertet. Viele Fondsmanager sind davon überzeugt, dass diese Art von Ungleichgewicht vom Markt korrigiert wird, sobald das durch neue Medikamente erzielbare Potenzial erkennbar ist. Klar ist: Der Privatanleger ist bei seinen Analysemöglichkeiten einem Spezialisten, der sich tagein, tagaus mit diesem Markt beschäftigt, unterlegen. Das legt die Entscheidung zugunsten eines Brancheninvestments anstatt einer Direktanlage in nur einen Aktientitel nahe.

Brancheninvestments gehört die Zukunft

Ein Trend ist deutlich auszumachen: Fondsmanager stellen sich darauf ein, dass traditionelle Bewertungs- und Vergleichsmaßstäbe immer häufiger versagen. Ein Blick auf die Aktienkurse macht das klar: Bis zum Jahresende 1999 legte der Deutsche Aktienindex DAX eine Kursrallye hin, die ihm noch im Oktober niemand zugetraut hatte. Bei näherem Hinsehen zeigt sich jedoch, dass die Entwicklung des DAX im Jahresverlauf von einer kleinen Zahl von Aktien getragen wurde: Siemens, Deutsche Telekom, Mannesmann und SAP gehören dazu. Der Vergleich mit den Kursen der übrigen DAX-Titel zeigt Differenzen, die sich durch herkömmliche Vergleichsmaßstäbe kaum noch erklären lassen.

Die Folgen für die Vorgehensweise der Fondsmanager sind schon zu sehen: In vielen Branchen lösen sie sich von den klassischen Analyseansätzen, wie etwa dem Kurs-Gewinn-Verhältnis, wenn sie das Kurspotenzial einzelner Aktien erfassen wollen. DaimlerChrysler und Nokia sind eben nicht vergleichbar. Sie repräsentieren als Firmen die Unterschiede von alter und neuer

Ökonomie („Old and New Economy"). Eine Führungsrolle bei den Umsätzen wird nicht mehr honoriert. Das erfordert eine radikale Umstellung der Bewertungsmethoden. Die Folge: Die Entwicklungen der einzelnen Branchen müssen branchenspezifisch, also durch den Vergleich aller börsennotierten Firmen der gleichen Branche, betrachtet und verglichen werden. Nur so lassen sich Kursentwicklungen, wie etwa die des Highflyers Nokia, direkt mit den Börsenbewertungen der Konkurrenzunternehmen erklären. Die Börsenkapitalisierung des finnischen Telekom-Werts überstieg ja schon, je nach Börsenlage, das Bruttosozialprodukt seines Heimatlandes. Nur ein Profi kann bei solchen Kursen entscheiden, ob er noch einsteigen soll oder nicht.

Die Investmentgesellschaften haben die Bedeutung der Branchenanalyse und Branchenauswahl erkannt. Die am meisten vertretenen Thesen lauten: Die Unterschiede in der Wertentwicklung einzelner Aktien erklären sich heute hauptsächlich durch die Dynamik der Branche, und nicht mehr nur durch landesspezifische Besonderheiten oder die Entwicklung an der jeweiligen nationalen Börse. Wo das Unternehmen seinen Hauptsitz hat, ist immer unwichtiger. Heute bestimmen das Wachstum einzelner Branchen und damit der Grad der Globalisierung und die internationale Wettbewerbsfähigkeit einer Aktiengesellschaft den Investmentprozess. Aus diesen Erkenntnissen rührt die stetig steigende Zahl und die wachsende Attraktivität der Branchenfonds für die Anleger.

Anzahl, Vermögen und Renditen wachsen überproportional

Die Anzahl der Branchenfonds ist enorm gestiegen. Ende Februar 2000 waren es allein in Deutschland 77 vom BVI registrierte Fonds. Die Zahl steigt weiter. Auch das Vermögen der Branchenfonds hat sich rasant entwickelt:

01. Januar 1997:	3,2 Milliarden Euro
01. Januar 1998:	8,6 Milliarden Euro
01. Januar 1999:	13,9 Milliarden Euro
29. Februar 2000:	45,0 Milliarden Euro

Risiken

Die Fondsmanager dürfen weltweit agieren. Sie sind aber bei Branchenfonds in ihrer Auswahl von Aktien naturgemäß und vertraglich auf einen Wirtschaftszweig beschränkt. Wenn dieser aus konjunkturellen Gründen einmal nicht richtig läuft, hat der Fondsmanager wenig Möglichkeiten, die Verluste zu reduzieren. Eine wichtige Regel ist: Je enger die Anlagegrenzen des jeweiligen Fonds gezogen sind, desto risikoreicher ist ein Engagement in einen Branchenfonds. Das Kursrisiko bei den sehr speziellen Branchenfonds ist also prinzipiell höher als bei den umfassenderen nationalen oder internationalen Aktienfonds. Diese investieren in Unternehmen vieler unterschiedlicher Branchen und verringern durch Streuung der Anlage ein „Klumpenrisiko", wie es in der Fachsprache heißt. Branchenfonds sind also nichts für Anleger mit schwachen Nerven. Generell kann festgehalten werden: Sie sind eine geeignete Beimischung im Rahmen der individuellen Vermögensanlage. Doch Vorsicht: Nicht das ganze Gesparte auf eine Karte setzen. Branchenfonds sollten niemals einziger Bestandteil eines Depots sein.

WISO empfiehlt: Wer in solche speziellen Aktienfonds für einzelne Firmensparten investiert, sollte selbst einigermaßen auf dem Laufenden sein und die Spezifika des jeweiligen Wirtschaftssektors ein wenig kennen. Die Auswahl und Zuordnung einzelner Aktien ist eine schwierige und zeitraubende Aufgabe. Häufig sind die Aktiengesellschaften in Branchenfonds nämlich in mehreren Geschäftsfeldern tätig und damit gar nicht eindeutig zu qualifizieren. Die Erfahrung zeigt: Branchenfonds unterliegen zum Teil erheblichen Schwankungen. Wenn es einmal nach unten geht, dauert die Erholung oft sehr lange. Das setzt beim Anleger großes Stehvermögen voraus. „Anfänger" sollten also Branchenfonds nur als Beimischung im Depot haben. Der Anleger sollte den Werbeparolen „Zukunft", „Megatrend", „Wachstumsmarkt" oder „Siegerbranche" nicht einfach Glauben schenken, sondern genau fragen, was dahintersteckt.

Dachfonds

Dachfonds sind Fonds, die ihre Mittel in Unterfonds, also in andere Fonds anlegen. Sie sind in Deutschland erst seit dem 1. April 1998 auf Grund des 3. Finanzmarktförderungsgesetzes erlaubt. Seit den Siebzigerjahren waren sie verboten. Die schlechten Erfahrungen mit dem „Finanzgaukler" Bernie Cornfeld in den Sechzigerjahren hatten auf Jahrzehnte den Ruf dieses Anlageinstruments verspielt. Cornfeld hatte damals den so genannten IOS-Fonds aufgelegt. Dieser investierte das Geld in andere Fonds. Mit der Zeit legte der Finanzjongleur das Anlegergeld aber in die eigenen Fonds ein und kassierte dabei kräftig Gebühren. Das Finanzimperium des Bernie Cornfeld brach nach einigen Jahren in sich zusammen. Neben einer Milliardenpleite und verprellten Anlegern blieb der zerstörte Ruf für Dachfonds-Konstruktionen zurück. Nur einige nach Luxemburger Recht zugelassenen Dachfonds durften seitdem in Deutschland vertrieben werden.

Die ersten deutschen Dachfonds kamen erst 1999 auf den Markt. Sie sind also noch junge Produkte. Das Bundesaufsichtsamt für das Kreditwesen (BAKred) erlaubt sie nur mit strengen Auflagen. Die Anlagevorschriften für Dachfonds sind im „Gesetz über Kapitalanlagegesellschaften" (KAGG) in den §§ 25k ff. geregelt:
- So dürfen Dachfonds nur in deutsche und ausländische Fonds investieren, die in Deutschland zugelassen oder registriert sind.
- Maximal 20 Prozent des Vermögens dürfen in einzelnen Unterfonds angelegt werden.
- Ein Dachfonds darf umgekehrt höchstens zehn Prozent der Anteile eines Unterfonds besitzen.
- Dachfonds müssen eine klare Gebührenstruktur nachweisen.
- Doppelte Gebühr dürfen Dachfonds nur nehmen, wenn sie in fremde Fonds anlegen.

Mittlerweile haben die Fondshäuser hier zu Lande bereits über 70 Dachfonds mit über 20 Milliarden DM Volumen im Angebot. Das Publikum scheint darauf zu reagieren. Es ersetzt das Herauspicken bestimmter Fonds und streut das Risiko noch weiter als ein herkömmlicher Fonds. Eine Performanceanalyse kann aber noch nicht erstellt werden, da sie noch nicht lange genug auf dem Markt sind. Sie weisen dem unentschlossenen Anleger einen besonderen Ausweg aus der Fondsvielfalt. Wer Anlageentscheidungen weitestgehend delegieren will, wird sich für Dachfonds entscheiden. Sie stellen den verunsicherten Anleger nicht länger vor die Qual der Wahl, welche Fondsmischung er zusammenstellen soll.

Hinter dem Dachfonds (im Englischen „Fund of Funds") verbirgt sich im Grunde eine Familie von Aktien- und Rentenfonds, Immobilien- und Geldmarktfonds. Normale Fonds kaufen Aktien, Renten oder Immobilien. Die Dachfonds legen in eben diese Fonds an. Sie werben damit, dem Anleger die schwierige Entscheidung abzunehmen, unter Tausenden von Fonds zu unterscheiden und auszusuchen. Dafür ist der Kunde bereits mit monatlich 50 Euro dabei. Die Investmentidee hinter den neuen Dachfonds soll wohl vor allem defensive, also konservative Sparer anlocken. Das Konzept lautet: Dachfonds kombinieren spekulative Anlagen mit weniger riskanten. Dahinter steckt die klassische Investmentstrategie aus der finanzwissenschaftlichen Theorie:

„Wähle zum jeweiligen Zeitpunkt, und zwar je nach Berücksichtigung der individuellen Lebensumstände und Zukunftsperspektiven, stets eine sinnvolle Mixtur aus Aktien und Anleihen als wichtigste Voraussetzung für eine erfolgreiche Anlage." Mögliche Verluste eines Investments sollen so im Falle eines Falles mit Gewinnen anderer Fonds ausgeglichen werden. Auf dem Markt sind bereits einige Varianten von Dachfonds, ausgerichtet je nach persönlicher Risikoneigung des Anlegers. Die Anbieter werben mit verschiedenen Risikoklassen – mit „vorsichtigen", „risikoneutralen" und „wagemutigen" Dachfonds –, damit sich auch alle Arten von Anlegercharakteren angesprochen fühlen: vom konservativen Investor bis hin zum wagemutigen mit Börsentemperament.

Hier noch einige Antworten auf häufig gestellte Fragen zum Thema „Dachfonds":

- **Welche Unterschiede bestehen zu Umbrella-Fonds?** Umbrella-Fonds (Ursprungsland Großbritannien) stellen ein übergeordnetes Fondskonzept dar, unter dessen Dach sich mehrere Subfonds (Unterfonds) befinden. Alle Fonds werden unter der Regie einer Investmentgesellschaft verwaltet, weisen aber unterschiedliche Anlageschwerpunkte auf. Unter dem Mantel des Umbrellas trifft der Anleger selbst die Entscheidung, welche der Subfonds er erwerben will. Bei Dachfonds aber wird die Fondsauswahl durch die Investmentgesellschaft getroffen.

- **Welche Kosten fallen bei der Anlage in Dachfonds an?** Bei der Ausgabe von Anteilen an Dachfonds fallen Ausgabeaufschläge zwischen ein und fünf Prozent an. Bei der Rückgabe von Anteilsscheinen unmittelbar an die Investmentgesellschaft entstehen keine zusätzlichen Kosten. Werden Dachfonds-Anteile in einem Depot bei einer Bank, Sparkasse oder Investmentgesellschaft verwahrt, so fallen in der Regel Depotgebühren an. Informationen hierzu können Sie sowohl den Verkaufsprospekten entnehmen, als auch bei den Stellen erhalten, die Ihnen die Fondsanteile verkaufen. Bei Dachfonds ist zudem eine Vergütung für die Verwaltung der im Sondervermögen enthaltenen Vermögensgegenstände zu zahlen. Über die jeweilige Höhe informiert auch der Verkaufsprospekt, der vor Erwerb dem Anleger zur Verfügung zu stellen ist.

- **Wie werden Dachfonds steuerlich behandelt?** Bei der steuerlichen Behandlung der Dachfonds gibt es keine Unterschiede zu anderen Investmentfonds. Dachfonds können auch unter steuerlichen Aspekten attraktiv sein, denn der (langfristige) Anlageerfolg des Aktien(fonds)-Engagements besteht zu einem großen Teil aus Kursgewinnen. Diese Kursgewinne sind nach Ablauf der so genannten Spekulationsfrist steuerfrei. Zu versteuern sind lediglich die vereinnahmten Dividenden, Zinsen usw.

- **Werden Dachfonds bei „Vermögenswirksamen Leistungen" (VL) gefördert?** Dachfonds können bei VL gefördert werden, wenn Sie die gesetzlichen Bedingungen (Einkommensgrenzen) erfüllen und der Dachfonds mindestens zu 60 Prozent in Aktien und Beteiligungen investiert ist. Bei Vorliegen dieser Voraussetzungen erhalten Sie eine Sparzulage von 20 Prozent (neue Bundesländer 25 Prozent) auf maximal 800 DM pro Jahr (das entspricht 160 bzw. 200 DM). (Näheres dazu im gleichen Kapitel weiter unten unter „VL-Fonds".)

WISO empfiehlt: Die Risiken bei dieser Anlageform sind noch schwerer abzuschätzen als bei anderen Fondsarten, da sie ja gerade erst ihr Debüt gegeben haben. Das Attraktive liegt wohl in der nochmaligen Risikostreuung, die ja bereits jeder Fonds schon an sich bietet. Es scheint aber ebenso, dass die Dachfonds auch ein Produkt besonders kreativer Fondsanbieter sind. In jedem Fall ist Vorsicht geboten, was die Ausgabeaufschläge zwischen ein und vier Prozent und was die Gebühren angeht. Diese liegen noch einmal bei jährlich 0,5 Prozent des Anlagebetrages, aber nur bei Dachfonds mit Produkten aus dem Haus des Anbieters. Wer auch Konkurrenzfonds in den Dachfonds aufnimmt, verlangt meist noch einmal ein zusätzliches Aufgeld. Aufgepasst: Eigentlich müssten Dachfonds billiger als herkömmliche Fonds sein, da ja der Verwaltungsaufwand für die Manager einfacher ist. Der Sparer sollte sich auch über die Unterfonds informieren. Die Summe ihrer Wertentwicklung ergibt nämlich abzüglich der Kosten den Gewinn eines Dachfonds. Wer also die Unterfonds und ihre Wertentwicklung kennt, kann auch das veröffentlichte Ergebnis des Dachfonds einschätzen.

Derivate-Fonds/Termingeschäfte-Fonds/Hedge-Fonds

Sie setzen auf Geschäfte mit Terminen, also auf derivate Terminmarkt-Instrumente. Das Ganze ist ein Geschäft mit Erwartungen für die Zukunft. Dies ist heikel, denn niemand kann die Kurse der Zukunft voraussagen. Im Gegensatz zu Aktien- und Rentenfonds können solche Fonds aber bei steigenden und bei fallenden Kursen Erträge erzielen, da mit Optionen, Futures und Optionsscheinen gehandelt wird. Deren Preis leitet sich aus dem Kurs von anderen

Wertpapieren (Aktien, Währungen, Rohstoffe) ab, von so genannten Basiswerten, auch Underlyings genannt. Es geht in der Regel um die Rechte auf den Erwerb oder den Verkauf, etwa von Wertpapieren, zu einem bestimmten Zeitpunkt in der Zukunft. Dabei handelt es sich um eine ganz besonders riskante Spielart der Fondsanlage. Hedge-Fonds dürfen Aktien „leerverkaufen", also sich verpflichten, eine Aktie zu einem künftigen Termin zu verkaufen, die sie jetzt noch gar nicht besitzen. Das heißt, der „Leerverkäufer" vereinbart die Lieferung irgendeiner Aktie zu einem späteren Termin, ohne diese zum Zeitpunkt des Kontraktes zu besitzen. Wenn der Kurs der zugesicherten Aktie unter den vereinbarten Preis fällt, so hat der „Leerverkäufer" einen Profit gemacht, weil er sich die Wertpapiere ja günstiger als zum Verkaufspreis besorgen kann. Doch umgekehrt macht der „Leerverkäufer" einen Verlust, denn dann muss er die vereinbarte Aktie zu einem Preis liefern, der über seiner Prognose liegt.

Die überhitzten Börsen bereiten manchen Anlegern Sorgen und so suchen sie Formen der Vermögensabsicherung. Das ist jedoch eher etwas für sehr vermögende Anleger. Die Erfahrung in Amerika zeigt: Institutionelle oder privat vermögende Anleger, die in Fonds investieren, welche auf Aktien, Anleihen und Währungen wetten, vertrauen ihr Geld nur solchen Fondsmanagern an, die seit mindestens drei Jahren satte Renditen auf diesem Gebiet vorzuweisen haben und bereits ein dreistelliges Millionenvermögen verwalten. Doch auch das schützt vor hohen Risiken nicht. Das zeigte die katastrophale Schieflage des Hedge-Fonds Long-Term-Capital-Management (LTCM) im Herbst 1998. 14 Banken aus aller Welt waren damals in die Rettungsaktion des vor dem Kollaps stehenden LTCM involviert. Das kostete sie zunächst 3,65 Milliarden Dollar. Eine Liquidation des Fonds wäre wohl noch teurer zu stehen gekommen, nicht gerechnet die unvorhersehbaren Turbulenzen an den internationalen Finanzmärkten. Dabei standen an der Spitze des Risikofonds sogar zwei Wirtschaftsnobelpreisträger. Doch sie konnten nicht verhindern, dass der Fonds an den Rand des Abgrunds geriet, so unglaublich hoch war am Ende der Verschuldungsgrad des LTCM. Viele Staaten wie Deutschland erlauben derartige hochspekulative Fonds nicht. Daher sind sie auch in der Regel auf Märkten wie den Bermudas, den Cayman Islands oder den Kanalinseln angesiedelt. Dort herrschen besonders liberale Rahmenbedingungen für Kapitalgeschäfte. Es existieren keine Regeln, die von einer Zentralbank vorgegeben werden, und es fehlen Kapitalverkehrskontrollen. An diesen Bankplätzen werden Anlagegeschäfte getätigt, die anderswo verboten sind. Bei Derivatefonds sind also Rechtsform und Gerichtsstand des Anbieters besonders wichtig. Versuchen Sie einmal, mit einer karibischen Gesellschaft vor den Richter zu gehen!

WISO empfiehlt: Beim Handel mit derivaten Instrumenten sprechen viele vom „Zockermarkt". Tatsache ist, dass rasante Kursgewinne ebenso möglich sind wie Totalverluste des eingesetzten Kapitals. Wer also derartige Fondsanteile erwirbt, muss wissen, dass damit äußerst riskante Geschäfte, und zwar völlig anonym, gemacht werden. Wenn man sich unbedingt auf Geschäfte mit Derivaten einlassen will, ist es daher besser, sich selbst um diese gewagte Anlageform zu kümmern und sich vielleicht mit kleineren Beträgen an Optionsscheine zu wagen, als auf das „glückliche Händchen" unbekannter Fondsmanager zu hoffen. Wer allerdings über ein ordentliches Vermögen verfügt und davon einen Teil mit Derivatefonds vermehren will, sollte nur auf eine Vermögensverwaltung setzen, die auf verbürgte Erfolge und eine ordentliche Pressemappe verweisen kann. Das nämlich sind Qualitätshinweise.

Eurofonds/Europafonds

Was ändert sich mit der Einführung des Euro an der Geldanlage? Mit der Europäischen Währungsunion (EWU) stoßen die Finanzmärkte in Neuland vor. Euroanlagestrategien sind gefragt. Auf einen Schlag entstand mit dem 1. Januar 1999 ein Finanzmarkt, der mit über 3.000 börsennotierten Unternehmen der zweitgrößte der Welt ist. Darauf haben Europas Börsen umgehend reagiert, und zwar mit einer Aktienindexfamilie, die der neuen Währung Rechnung trägt. Der vorerst wichtigste Index ist der Dow Jones Euro-Stoxx 50. Mit diesem neuen Aktienindex läuteten die wichtigsten Börsenplätze auf dem europäischen Festland bereits zehn Monate vor dem Start des Euro das neue Zeitalter ein. Der Dow Jones Euro-Stoxx 50 mit den wichtigsten Unternehmen im Euroraum soll bei Anlegern künftig der Maßstab für die Auswahl und Kursentwicklung an Europas Aktienmärkten werden. Das ist das Ziel der Börsen Frankfurt, Paris und Zürich, die gemeinsam mit dem US-Informationsanbieter Dow Jones die neue Indexfamilie aus der Taufe gehoben haben. Im Dow Jones Euro-Stoxx 50 sind – nach Branchen gegliedert – die 50 großen Unternehmen aus Euroland enthalten, von ABN Amro aus den Niederlanden bis Vivendi aus Frankreich. An jedem 15. August wird entschieden, wer ausscheidet und wer neu hinzukommt. Für Eurofondssparer heißt das: Sie haben immer die stärksten Aktiengesellschaften aus Euroland im Depot.

Börsenexperten sehen den Stoxx 50, wie er abgekürzt heißt, bereits in absehbarer Zeit in einer Reihe neben dem Dow Jones und dem Nikkei. Noch vor der endgültigen Entscheidung über die Teilnehmer beim Start der Währungsunion 1999 hatten sich die Börsenexperten bereits auf elf Länder festgelegt, die in dieser Art „Champions League" europäischer Aktien mitspielen sollten. Exakt diese elf Länder wurden dann auch in das Euroland der elf EU-Staaten mit der gemeinsamen Währung Euro aufgenommen. Griechenland stößt als zwölftes Land am 1. Januar 2001 dazu.

Für alle Anleger, die privaten wie die institutionellen, gilt es nun, sich rasch auf die neue Situation umzustellen und die persönliche Anlagestrategie im Hinblick auf den Euro auszurichten. Dabei interessieren im Wesentlichen wohl vor allem die Antworten auf zwei Fragen:
- Was bringt uns der Euro künftig?
- Welche neuen Anlageformen kommen mit dem Euro?

Die Einführung des Euro hat die internationalen Finanzmärkte bereits verändert. Das ist auch für den Privatanleger, der sein Geld in Fonds anlegen will, von Bedeutung. Zwei Punkte sind vor allem hervorzuheben:

- Der Euro bringt einen wirklich grenzenlosen europäischen Kapitalmarkt innerhalb der EU. Grenzüberschreitende Geldanlagen sind dann nicht mehr mit einem Währungsrisiko behaftet. Das schafft Planungssicherheit für Unternehmen und Privatanleger. Die immer wieder auftretenden Währungsturbulenzen zwischen Lire, Francs, Peseta und DM gehören der Vergangenheit an. Die Folge ist, dass Banken, Versicherungen und andere Anbieter von Finanzdienstleistungen ihre Produkte auch grenzüberschreitend anbieten. Dies ist stimulierend für den Aktien- und Rentenmarkt. Für Freunde von Aktienfonds zum Beispiel dürfte das bedeuten, dass zunehmend Branchenfonds interessant werden, und nicht mehr einzelne Firmen in einzelnen Ländern, also Länderfonds. Der steigende Wettbewerbsdruck auf Unternehmensseite dürfte zwangsläufig auch sinkende Preise für Finanzdienstleistungen in Euroland mit sich bringen. Das wird sich für den Privatanleger auf der Nachfrageseite positiv auswirken.

- Die Europäische Währungsunion erhält durch die Europäische Zentralbank und ihre Zinspolitik einen wesentlichen Ordnungsrahmen, der allen Marktteilnehmern ein großes Maß an Sicherheit gibt. Die Zinsperspektive in Euroland für die nächsten Jahre ist positiv, und zwar was die fiskalischen Leistungen der Teilnehmerstaaten und natürlich die Höhe der künftigen Zinsen betrifft. Die Einschätzung der Marktteilnehmer jedenfalls lässt Gutes hoffen. Sie glauben trotz der Währungsschwankungen zwischen Dollar und Euro an einen stabilen Euro. Ängste vor Inflation und stark steigenden Zinsen sind nicht auszumachen. Dies ist Treibstoff für die Börsen, also positiv für Wertpapiere und Aktienfonds.

Die neuen Strategien für die Anleger

Der Euro schafft einen gänzlich anderen Markt für Finanzdienstleistungen in Euroland. Die Marktteilnehmer auf der Angebotsseite haben darauf längst reagiert und stellen sich bereits auf die neue Situation ein. Für die Fondsbranche etwa gilt dies im Besonderen. Man konnte bis vor kurzem geradezu von einer „Europhorie" sprechen. Die Produktpalette beweist dies. Die deutschen Investmentgesellschaften haben sich auf breiter Front mit Euro-Investmentfonds positioniert. Der Anleger kann also aus einer breiten Produktpalette auswählen. Ob DWS, ADIG, Deka, DIT oder Union Investment, jede Fondsgesellschaft will die Nase vorn haben. Musterdepots in Eurofonds werden angeboten, „maßgeschneidert" für den jeweiligen Anlagetyp, orientiert an Risikobereitschaft, Gewinnerwartung und Anlagehorizont. Die Produkte haben meist ein Euro vor dem Namen und heißen: Euroselect, Euroexpert, Eurovision usw. Man kann sagen: Euroland lockt die Fondsanbieter und die Fondsanleger gleichermaßen. Vor allem Aktienfonds sind dabei die Renner. Aber auch gemischte Fonds, in denen europäische Aktien und Rentenwerte gemanagt werden, sind auf dem Markt. Der Anleger muss genau hinschauen, was sich hinter den jeweiligen Produkten verbirgt. Nach Ansicht internationaler Geldmarktexperten wird Europa in den kommenden Jahren der wichtigste Markt für die Fondsbranche. Keine schlechten Zeiten für den Einstieg.

Der Euro bringt durch den gigantischen einheitlichen Währungsraum künftig eine völlig neue Konkurrenzsituation unter den vorher nur national agierenden Finanzdienstleistern. Das hat Folgen

- für die Performance (die Wertentwicklung einer Kapitalanlage),
- für die Kosten und Gebühren,
- für den Service,
- für die Vertriebskanäle.

WISO empfiehlt: Das neue, gemeinsame Geld in demnächst zwölf oder 13 Ländern krempelt auch den Fondsmarkt um. Es entsteht ein Euro-Aktienmarkt mit lukrativen Aussichten für den Anleger. Seit 1999 werden die Kurse an den Aktienmärkten wie etwa Frankfurt nur noch in Euro gerechnet. Neben dem DAX, dem Index für die 30 stärksten deutschen Aktien, wird der Dow Jones Euro-Stoxx 50 mit Werten aus dem gesamten Euroland immer wichtiger. Französische, italienische und andere europäische Aktiengesellschaften erhalten viel stärkere Bedeutung für die Gesamtheit der europäischen Anleger. Die Experten sprechen von einem Meilenstein beim Zusammenwachsen der bisher zersplitterten Wertpapiermärkte Europas. Diese Entwicklung bringt dem Anleger einen grundsätzlichen Nutzen. Durch geschickte Auswahl des jeweiligen Fonds, gekonntes Verhandeln über die Kosten und realistische Einschätzung des eigenen Anlagehorizonts dürfte er also am gegenwärtigen und wahrscheinlich auch künftigen Euro-Boom der Investmentfonds-Branche mitverdienen können.

Garantiefonds

Sie setzen auf das Sicherheitsbedürfnis des Anlegers. Bei Kursverlusten wird das investierte Geld garantiert zurückgezahlt. Dafür muss der Anleger aber teuer bezahlen. Garantiefonds haben eine bestimmte Laufzeit. Danach erhält der Anleger das eingesetzte Kapital zwar garantiert zurück – wenn er aber Pech hat, ohne Rendite und ohne Inflationsausgleich (bei einigen Garantiefonds werden sogar nur 90 oder 95 Prozent „Garantie" zugesagt).

Selbst wenn es gut läuft, erhält der Anleger nur einen Teil der erwirtschafteten Rendite. Der Rest geht an den Fonds. Garantiefonds gibt es mit den unterschiedlichsten Investitionsschwerpunkten. Der Kunde kann nur zu einem bestimmten Zeitpunkt einsteigen. Nach dem Ende der Laufzeit hat der Fonds entweder Rendite erwirtschaftet oder die Garantie tritt in Kraft. Ganz wichtig: Die Garantie gilt nur für den Endzeitpunkt. Wer vorher aussteigt und seine Anteile gegen Bares eintauschen will, der muss hohe Kursverluste einkalkulieren. Es gibt aber auch da wieder Ausnahmen unter den Produkten, bei denen zu jeder Zeit ein gewisses Mindestniveau des eingesetzten Kapitals zugesichert wird. Doch das Problem bei allen Garantiefonds ist: Die Absicherung kostet Geld. Damit begrenzen die Fondsmanager die negative Wirkung von Kursausschlägen nach unten. Da gilt in der Regel: Je besser die Absicherung, desto teurer kommt sie zu stehen. Von den Aufwärtsentwicklungen an den Börsen kann dieses Verfahren den Anleger so gut wie ausschließen. Fondsmanager werben für Garantiefonds auch mit dem Argument: Wer sich noch nicht recht an Aktien oder Aktienfonds herantraut, der könne mit Garantiefonds langsam an diese Direktanlage herangeführt werden.

WISO empfiehlt: Die Marketing-Strategen der Fondsbranche studieren die Mentalität der Anleger und entwickeln auf der Basis dieses Wissens ihre Produktpalette. Der Garantiefonds ist so ein Resultat daraus. Der Anleger, der zu ängstlich ist für einen Aktienfonds, soll damit geködert werden. Das Sicherheitsdenken wird angesprochen und gleichzeitig eine Garantie vorgegaukelt, die es so eigentlich nicht gibt. Fazit: Garantiefonds erzeugen zwar weniger

Stress bei der Geldanlage, aber mehr Frust bei der Wertentwicklung und der Rendite. Da kann sich der Anleger gleich eine Bundesanleihe zulegen und weiß dann wirklich „garantiert", wann er was zurückerhält.

Indexfonds

„Das Vorbild immer im Auge behalten!" – so lautet die Devise jedes Fondsmanagers. Denn die von Fondsmanagern erzielten Renditen werden mit der Wertentwicklung des betreffenden Marktes (Aktien- oder Rentenmarkt) verglichen. Dabei stellt man die Performance eines Fonds einem Vergleichsindex, einer Benchmark, gegenüber. Schließlich muss jeder Fonds Schritt halten mit irgendeinem Index – dem DAX oder dem REX, dem jeweiligen MSCI oder welcher Vergleichsindex auch immer das Vorbild ist. Das gilt besonders für einen Indexfonds. Kursgewinne der einen oder anderen Aktie oder des einen oder anderen Rentenpapiers etwa, die Ausgabe neuer Aktien, das sind die Signale, auf die der Indexfondsmanager sofort reagieren muss.

Sie kaufen nämlich bei einem Indexfonds nicht die ihrer Meinung nach aussichtsreichsten Titel, sondern versuchen eine Indexstruktur nachzubilden. Ein Indexfonds wird dem Anleger im Idealfall die gleiche Performance liefern wie der zugrunde liegende Index. Wenn also ein Aktien-Indexfonds den DAX abbilden soll, dann hat er anteilsmäßig alle 30 Aktien der deutschen Standardwerte im Depot. Dabei entsteht aber ein Problem: In Deutschland darf ein Fonds gegenwärtig nicht mehr als zehn Prozent seines Vermögens in einem Einzeltitel anlegen. Anders ausgedrückt: Ein Wertpapier allein darf nicht mehr als zehn Prozent des Fondsvermögens ausmachen. So jedenfalls schreibt es zur Zeit das KAGG, das Gesetz über Kapitalanlagegesellschaften, vor. Wenn nun ein Wert wie beispielsweise die Deutsche Telekom den marktkapitalisierten Wert von zehn Prozent aller DAX-Titel überschreitet, dann sind dem Fondsmanager die Hände gebunden, weil er diese Entwicklung nicht nachvollziehen darf. Die Folge ist ein Abweichen der Wertentwicklung des jeweiligen Indexfonds von der Wertentwicklung des DAX. Deshalb dürften die auf den DAX ausgerichteten Indexfonds eigentlich gar nicht so heißen, sondern nur als indexnahe Fonds bezeichnet werden. Trotz dieses Handicaps steigen die Indexfonds in der Beliebtheitsskala. Das hat wesentliche Gründe:
- Indexfonds sind kostengünstiger zu betreuen, besonders weil die Fondsmanager weniger Wertpapiertransaktionen im Fonds abwickeln. Damit entstehen deutlich weniger Kosten als bei den so genannten aktiv gema-

nagten Fonds. Die jährlichen Ertragsvorteile bis zu zwei Prozent allein auf Grund der deutlich niedrigeren Kosten sind beträchtlich.
- In den meisten Fällen unterliegen aktiv gemanagte Fonds beim Vergleich der Wertentwicklung mit dem Vergleichsindex oder dem entsprechenden Indexfonds.
- Mit der Neuauflage von Indizes, wie etwa der Euro-Stoxx-Indexfamilie oder in Deutschland dem SMAX für kleinere Unternehmen oder dem Nemax 50 und dem Nemax All Share für die Werte des Neuen Marktes, können Anleger mittlerweile fast in jeder Region oder Branche investieren, ohne sich den Risiken eines Missmanagements in einem Fonds auszusetzen.
- Statistiken belegen eindeutig, dass nur zehn bis 30 Prozent aller aktiv gemanagten Fonds ihren Vergleichsindex schlagen.

WISO empfiehlt: Wer der Entwicklung der Gesamtbörse vertraut, sich aber nicht auf einzelne Werte oder Branchen einlassen will, für den ist ein passiv gemanagter Indexfonds genau das Richtige. Vorausgesetzt ist aber, dass der Anleger keinen Wert auf einen Sieg über das jeweilige Börsenbarometer legt. Denn das schafft in der Regel kein Indexfonds. Die Wertentwicklung hinkt immer etwas nach. Der Fonds muss nämlich Transaktionen tätigen, um den Index, falls notwendig, nachbilden zu können. Die Kosten dafür drücken die Wertentwicklung. Allerdings: Im Indexfonds werden die Kosten für die Analyse, die bei einem „aktiven" Fondsmanagement anfallen, gespart. Das wiederum hebt die Wertentwicklung. Letztlich stellt sich also für jeden Anleger die Frage, ob er nicht gleich auf einen Indexfonds setzen soll. Das erspart ihm eine Menge Ärger und Kopfzerbrechen. Andererseits: Bei fallenden Börsenbarometern sind dem Indexfondsmanagement die Hände gebunden, denn die Anlagepolitik bleibt starr an die Indexstruktur gebunden, bei steigenden wie bei fallenden Märkten.

Internet-Fonds

Die Dynamik im und durch das Internet kann eigentlich gar nicht unterschätzt werden. Wenngleich das neue Medium nicht zu einer Auflösung ganzer Industrien führen muss, kann es doch herkömmliche Geschäftsmodelle zunichte machen, Wertschöpfungsketten auflösen und Zwischenhändler eliminieren. Die Zeitungsverleger etwa, und zwar weltweit, erwarten zwar nicht, dass ihre

Leserschaft demnächst Nachrichten nur noch online konsumieren wird, doch die meisten sind davon überzeugt, dass sie zur Pflege der Kundschaft und einer weiterhin attraktiven Marke zugleich Informationen im neuen Medium anbieten müssen. Nüchtern betrachtet, befinden wir uns wohl erst am Ende vom Anfang der Internet-Revolution. Etliche technische Fragen müssen allerdings erst geklärt werden. Die Infrastruktur weist noch erhebliche Lücken auf. Für viele „User" (Benutzer) erfolgt der Datenfluss weiterhin im Schneckentempo (ironisch wird www = [world wide web] schon mit „world wide wait" gleichgesetzt). Noch ist auch nicht abzusehen, welche Unternehmen oder welche Geschäftsmodelle sich letztlich durchsetzen werden. Viel spricht dafür, dass auf die gegenwärtige Experimentierphase bald Konsolidierungswellen folgen werden. Etliche Fachleute sind davon überzeugt, dass die meisten der Tausende von Online-Unternehmen keine Überlebenschancen haben.

Damit sind wir bei den Aktienmärkten, an denen die Internet-Unternehmen der „New Economy" wie Pilze aus dem Boden schießen. Kritiker warnen vor irrationalen Verhaltensweisen vieler Marktteilnehmer und Spekulationsblasen. Die Internet-Manie trägt hierzu natürlich das ihre bei. Es ist bekannt, dass Märkte von psychologischen Faktoren bestimmt werden und zwischen Überschwang sowie übermäßiger Betrübtheit hin und her schwanken. Zur Erinnerung: Noch Anfang der Neunzigerjahre herrschte weltweit ein verbreiteter Wirtschaftspessimismus. Heute werden dagegen die Triumphe des amerikanischen Kapitalismus bejubelt. Psychologische Reaktionen sind nun allerdings keine Grundeigenschaft der Märkte, sondern vielmehr des wirtschaftlichen Akteurs Mensch. Dieser muss sich in einer Welt mit höchst unvollständigen Informationen zurechtfinden. Unter diesen Umständen war die Effizienz der Börsen bisher höchst imposant. Die Wertpapiermärkte beweisen ja immer wieder ihre Korrekturfähigkeit.

Wachstumsmotor Internet

Die Megatrends im Internet sind nach Ansicht von Fondsmanagern auf der technologischen Seite steigende Übertragungsraten, das Zusammenwachsen von PC, Telefon und Fernseher sowie die totale Verfügbarkeit des Mediums an jedem beliebigen Ort. Für Unternehmen sind Präsenz und E-Commerce-Angebote im Internet ein „Muss", das zudem auch noch viele Outsourcing-Möglichkeiten bietet. Immer mehr Menschen kaufen über das Internet, die Umsätze boomen vor allem in den Sparten Unterhaltung, Reisen, Bücher und Musik sowie beim Vertrieb von PC-Hard- und Software. Gleichzeitig steigen die Umsätze, die Firmen im Handel miteinander über diesen Weg erzielen. Auf bis zu 1,25 Billionen Dollar wird das Potenzial an Einsparungen geschätzt, das Unternehmen durch die Verlagerung von Geschäften auf diesen Vertriebsweg erreichen können.

Seit 1980 gingen alleine in den USA 1.200 Technologieunternehmen an die Börse. Ihre Marktkapitalisierung erreicht mit rund zwei Billionen Dollar etwa das Zweieinhalbfache des gesamten deutschen Aktienmarkts. Allerdings hat nur eine kleine Gruppe von rund fünf Prozent dieser Werte exorbitante Kurssteigerungen – mindestens eine Verzehnfachung des Wertes – hinter sich und repräsentiert damit 86 Prozent der Marktkapitalisierung. Das mit dieser hohen Bewertung verbundene Risiko versuchen die Fondsmanager zu verringern, indem sie bei der Auswahl vor allem drei Kriterien in den Mittelpunkt stellen: Marktanteil und Markenname, Qualität des Managements sowie das zu Grunde liegende Geschäftsmodell.

Viele Fondsmanager teilen die weit verbreitete Meinung nicht, wonach es sich beim Internet-Boom um eine spekulative Blase handle. Die vorherrschende Auffassung lautet: „Das Internet wird unser ganzes Leben verändern. Die Kurse nehmen nur vorweg, welche Bedeutung es bekommen wird. Der Sektor als Ganzes ist nicht überbewertet, allerdings werden viele einzelne Unternehmen nicht überleben." Daran dürfte einiges stimmen. Denn neue Technologien, das zeigt die historische Erfahrung, wurden immer unterschätzt und als überbewertet eingestuft.

Noch sind reine Internet-Fonds kaum verbreitet. Doch die Fondsgesellschaften wittern das Geschäft. Bisher mischen die Anbieter ihren Portfolios Internet-Aktien bei. Nur wenige sind reinrassige Internet-Fonds wie der Nordinternet-Fonds der Gesellschaft Nordinvest. Doch das dürfte sich ändern. Der Grund liegt in der jüngsten Börsentendenz: Aktienemissionen junger Hightech-Unternehmen sind der Renner an den europäischen Wachstumsbörsen im Allgemeinen und am Neuen Markt in Frankfurt im Besonderen. Jeder will am lukrativen Markt der Börseneinführung von Neulingen profitieren. Die jungen Unternehmen gehen an die Börsensegmente für innovative Hightech-Unternehmen mit hohen Wachstumsaussichten. Die Anleger stürzen sich auf jede Neuemission; längst nicht jeder kommt an die Internet-Aktien. Die Folge sind oft spektakuläre Kurssprünge nach oben. Der Fondsinvestor ist längst überfordert, aus der wachsenden Zahl der Internet-Aktien die richtigen herauszupicken. Darin sieht die Fondsbranche ihre Chance. Dabei könnte man die Leitung eines Internet-Fonds fast mit dem Management eines Wagniskapitalfonds vergleichen.

Die Fondsmanager setzen voll auf den Wachstumsmotor „Internet". Die Zahlen unterstützen diese Ansicht: Die geschäftlichen Möglichkeiten, die das weltweite Netz für Kommunikation bietet, sind noch lange nicht erschöpft. Eine Studie des Marktforschungsunternehmens Forrester Research (Internet-Adresse: www.forrester.com) geht davon aus, dass die europäischen Unternehmen im Jahr 2001 ein Drittel ihrer Beschaffung über das Internet abwickeln werden. Forrester prognostiziert insgesamt eine positive Umsatzentwicklung bei europäischen E-Marketplaces. Danach werden bis zum Jahr 2005 auf den europäischen B2B-Online-Marktplätzen (Abkürzung für elektronisches „Business-to-Business") rund 900 Milliarden Euro umgesetzt werden. Dies entspricht einem Anteil von sechs Prozent des B2B-Handels in der Europäischen Union. Zu diesem Ergebnis kommt die Studie „Euro E-Marketplaces Top Hype" des US-amerikanischen Marktforschungsunternehmens. Dabei wurden 55 Führungskräfte internationaler B2B-Unternehmen sowie 20 Technologieanbieter befragt. Deutschland wird nach dieser Untersuchung neben Großbritannien der führende Online-Marktplatz sein: 270 Milliarden Euro sollen allein über deutsche B2B-Online-Marktplätze abgewickelt werden. Allerdings ist in den kommenden Jahren laut Forrester mit einem radikalen Konsolidierungsprozess zu rechnen. Nachdem die Zahl der B2B-Marktplätze bis 2001 auf rund 1.000 ansteigen soll, wird nach fünf Jahren nur noch jeder 20. Marktplatz bestehen. Das heißt: Nur wer sich frühzeitig auf elektronisches Business-to-Business einstellt, dürfte entscheidende Wettbewerbsvorteile erzielen.

Das Zauberwort E-Business

Um diese Entwicklung zu verstehen, muss man das Geschäft – das so genannte E-Business – kennen. Unter E-Business versteht man das Angebot von Produkten und Dienstleistungen sowie die Abwicklung von Geschäften via Internet und anderer elektronischer Netzwerke. Heute benutzt man den Begriff häufiger für Geschäfte zwischen Unternehmen (Business-to-Business) als für Geschäfte zwischen Unternehmen und Endkunden (Business-to-Consumer). Der gegenwärtige E-Business-Markt weist folgende Hauptbereiche auf:

- E-Commerce (das Angebot von Waren über elektronische Netzwerke; zum Beispiel der Kauf über Internet von Pizzas, CDs, Büchern, Reisen usw.),
- E-Banking und E-Brokerage (das elektronische Angebot von Bank- und Wertpapierdienstleistungen),
- E-Government (die elektronische Abwicklung von Verwaltungsdienstleistungen wie Wohnungsummeldung, Kfz-Ummeldung usw.),
- E-Healthcare (das elektronische Angebot von Dienstleistungen im Gesundheitssektor).

Die wachsende Zahl von Unternehmen, die ihre Produkte und Dienstleistungen mittels elektronischer Vertriebskanäle anbieten, lässt den Markt für Software-Produkte, die am E-Business orientiert sind, wachsen. Der Markt ist noch längst nicht ausgereift. Der Wettbewerb ist intensiv, der technologische Wandel ebenfalls. Neben den Giganten wie IBM und Microsoft haben kleine Internet-Firmen durchaus ihre Chance. Fusionen und Firmenaufkäufe unter den kleinen und mittleren Unternehmen sind mittlerweile an der Tagesordnung.

Die Fondsgesellschaften, und zwar international, wissen das längst und wollen natürlich daran partizipieren. Die Nutzerzahlen des Internet in Deutschland und bei seinen Nachbarn zeigen den Prozess, der sich gegenwärtig abspielt: Die Zahl der Internet-Nutzer hierzulande steigt und steigt. Das Internet verändert die Wirtschaftswelt radikal. Neue Vertriebswege öffnen sich. Neue Wettbewerber stellen die traditionellen Geschäftsabläufe in Frage. Auf diesem Markt der Zukunft tummeln sich die Internet-Unternehmen, die häufig schon wenige Jahre nach ihrer Gründung an die Börse gehen. In Deutschland ist der Neue Markt dafür die geeignete Handelsplattform. Die Internet-Firmen reißen sich beim Börsengang um eine Aufnahme in dieses Börsensegment. Fast täglich gibt es mehr auf dem Kurszettel des Neuen Marktes. Daraus ist ein regelrechter Boom von Aktien aus der Internet-Branche entstanden. Der Neue Markt an der Frankfurter Börse hat ihn möglich gemacht: Im März 1997 startete er. Drei Jahre später notierten bereits weit über 200 Aktiengesellschaften aus aller Welt in dem neuen Segment und Ende Juli 2000 waren es schon über 300. Wichtig für Fondssparer: Es dürfte nur eine Frage der Zeit sein, bis entsprechende Indexfonds für den Nemax all share und den Nemax 50 auf den Markt kommen. Auch dafür kommt das Vorbild natürlich aus den USA: die Nasdaq.

Die USA gehen voran

Amerikas Unternehmen stehen in den meisten Schlüsselindustrien der modernen Informationsgesellschaft an der Spitze und haben sich voll darauf eingestellt, dass das Internet die Geschäftswelt revolutionieren wird. Die bisherige Führungsposition der US-Konzerne ist vor allem günstigen wirtschaftlichen Rahmenbedingungen zu verdanken. Amerikanische Pionierunternehmen, die vielfach erst während der letzten 20 Jahre entstanden sind, führen insbesondere bei der Entwicklung von Computer-Hardware und -Software sowie beim Aufbau des Internet. Hinzu kommen bedeutende Vorsprünge in vielversprechenden Sparten der Fernmeldetechnik und der Biotechnologie; diese Fortschritte wären wiederum ohne die mächtige Computertechnik kaum möglich gewesen.

Praktisch alle amerikanischen Topmanager sind davon überzeugt, dass die Informatik und das Internet zu mächtigen Umwälzungen in der Wirtschaft und zu einer weiteren Beschleunigung der Globalisierung führen werden. Die Erneuerung ist derart integral, dass mittlerweile von einer „New Economy" gesprochen wird. Die Behauptung von Microsoft-Chef Bill Gates, dass sich die Geschäftswelt in den nächsten zehn Jahren stärker verändern wird als in den letzten 50 Jahren, wird von kaum jemandem als Übertreibung empfunden. Amerikanische Unternehmen haben sich bereits während der letzten Jahre ernsthaft, das heißt auf der obersten Führungsebene, mit den Möglichkeiten des Internet auseinandergesetzt und stark in Richtung Cyberspace investiert. Die neue Herausforderung führte zu ersten Großfusionen, man denke nur an America Online und Time Warner.

Die amerikanischen Ausrüstungsinvestitionen nahmen in der zweiten Hälfte der Neunzigerjahre massiv zu. Dabei stiegen die realen Auslagen für Computeranlagen jährlich um über 40 Prozent. Ebenso rasch werden auch die Übertragungskapazitäten in der Fernmeldeindustrie ausgebaut, um den Internet-Verkehr problemlos bewältigen zu können. Gegenwärtig wächst das amerikanische Glasfasernetz um rund 6.000 „Strang"-Kilometer pro Tag und Experten gehen davon aus, dass sich die Übertragungsbandbreite in den nächsten Jahren jährlich verdreifachen wird. Annähernd 50 Prozent der US-Haushalte verfügen bereits über einen Internet-Anschluss, und auf sie entfallen mehr als zwei Drittel der Kaufkraft. In Europa hat die Internet-Penetration ebenfalls stark zugenommen, liegt doch der Anteil der Online-Haushalte bei rund 15 Prozent. Während der letzten Jahre sind in den USA nicht nur Tausende neuer Online-Firmen aus dem Boden geschossen, die Pionierunternehmen wie Amazon, Yahoo!, E*Trade oder Ebay nachzueifern versuchen. Auch die meisten Konzerne der „Old Economy" haben die neue Herausforderung angenommen:

- Der Pharmakonzern Merck führt schon jetzt die größte Online-Apotheke,
- der Computerkonzern Dell verkauft bereits die Hälfte seiner Apparate via Internet,
- Ford Motor errichtet mit den Rivalen General Motors und DaimlerChrysler einen Online-Marktplatz für den günstigeren Einkauf von Komponenten; solche Online-Märkte für den Einkauf sind auch in den meisten anderen Branchen im Aufbau.

In den nächsten Jahren dürfte vor allem der Internet-Handel zwischen Firmen explosionsartig zunehmen. Die Marktforschungsfirma Forrester Research rechnet damit, dass der Online-Großhandel im Jahr 2003 allein in den USA ein Volumen von 1.300 Milliarden Dollar erreichen und damit über 90 Prozent des E-Commerce bestreiten wird. Das neue Medium „Internet" revolutioniert die Marktwirtschaft. Käufer und Verkäufer können sich einfacher, rascher und billiger finden und ihre Interessen erheblich besser aufeinander abstimmen. Tatsächlich haben die Leistungsexplosion in der Computertechnik und die noch atemberaubendere Ausdehnung der Fernmeldekapazitäten die Möglichkeit zu einem nahezu kostenlosen Austausch reichhaltiger Informationen geschaffen. Schätzungen gehen zum Beispiel davon aus, dass sich Flugticket-Buchungen achtmal günstiger und Bankgeschäfte gar hundertmal billiger über das Internet abwickeln lassen. Informationen sind so entscheidend für die Wirtschaft wie das Nervensystem für den menschlichen Körper. Jedes Unternehmen ist letztlich ein Informationsunternehmen. Dazu eine Zahl: Ein Drittel aller Kosten im amerikanischen Gesundheitswesen entfällt auf die Erfassung, Speicherung, Verarbeitung und Wiederabrufung von Informationen.

Warnende Stimmen

Immer wiederkehrende Warnungen vor einem Umkippen des Booms bei den Internet-Firmen dürfen nicht weggewischt werden. Auch Fondsanleger sollten wissen: Pessimisten warnen die Anleger vor einem schrecklichen Erwachen bei Internet-Aktien. Die Experten von Price Waterhouse Coopers (PWC) und Merril Lynch schätzen, dass 75 Prozent aller dot.com-Firmen Europas in den nächsten Jahren entweder durch Zusammenschlüsse oder durch Konkurs verschwinden werden. Der Markt für Internet-Aktien folgt mittlerweile eigenen Gesetzen. Einige Marktbeobachter sagen, dass er sich längst von den Bewertungsgrundsätzen auf der Basis fundamentaler Daten der Unternehmen gelöst hat. Die hohe Bewertung der Internet-Firmen hat eben mehr mit der Zukunft zu tun als mit der Gegenwart. Dies kann fast an jedem der einzelnen Börsenwerte gezeigt werden. Ihr eigentlicher Wert wird sich erst zeigen, wenn klar ist, was das Internet dem Verbraucher wirklich bieten kann. Die Gefahr liegt auf der Hand: Die teilweise irrationale Abkoppelung der Kurse der Internet-Aktien von den Gewinnaussichten der hinter ihnen stehenden Unternehmen könnte sich irgendwann rächen.

WISO empfiehlt: Das Hoch und Runter bei diesen Aktien geschieht schneller als in den klassischen Börsensegmenten. Die Kurse werden in der Regel schon durch kleine Stückzahlen nach oben und nach unten beeinflusst. Das wiederum bringt Reaktionen der Anleger in die eine oder andere Richtung mit sich.

Für Fondsanleger mit schwachen Nerven ist es nicht ratsam, in dieses spekulative Geschäft zu investieren. Wer sich also an der Internet-Aktien-Hausse per Fondssparen beteiligen will, sollte die Gefahren kennen. Schützen kann er sich nur, wenn er genügend Wissen über die jeweiligen Internet-Fonds und ihre Portfoliostruktur besitzt. Dies kann er sich nur aneignen durch Informationen aus den entsprechenden Medien, aus Verkaufsprospekten und Analystenberichten, durch Gespräche mit Bankberatern und Vermögensverwaltern sowie durch Lektüre der Börsenliteratur.

Laufzeitfonds

Laufzeitfonds sind Rentenfonds mit begrenzter Laufzeit, die in verzinsliche Wertpapiere investieren. Sie schreiben den Anteilseignern die regelmäßig anfallenden Zinszahlungen aus den erworbenen Papieren gut oder erwerben dafür weitere Wertpapiere. Oder sie lösen den Fonds am Ende der Laufzeit auf und schütten den Liquiditätserlös an die Anteilseigner aus.

WISO empfiehlt: Laufzeitfonds sind nur bedingt für den Vermögensaufbau und gar nicht für die private Altersvorsorge geeignet. Für den Kleinanleger sind vor allem die Risiken sehr hoch. Legt ein Laufzeitfonds Gelder in einer ausländischen Währung an, dann können sich je nach Stand dieser Währung am Auflösungstag erhebliche Verluste bilden. Rentenfonds, die Anleihen mit geringer Bonität kaufen, laufen überdies Gefahr, dass sich deren Kurswert immer mehr mindert und am Stichtag nicht erholt hat. Diese Risiken trägt allein der Anteilseigner am Laufzeitfonds. Zwar hat er vielleicht über die Dauer der Laufzeit immer wieder passable Dividenden ausgeschüttet bekommen, aber am Ende werden sie von den gefallenen Kursen wieder aufgefressen.

Länder- und Regionenfonds

In diesem Fall beschränken die Fondsmanager ihre Anlagestrategie auf ein bestimmtes Land oder eine bestimmte Region. Sie halten also Ausschau nach den besten Werten in der Schweiz oder in den USA, in Großbritannien oder Frankreich oder beobachten eine Region wie „Euroland", Lateinamerika oder Osteuropa. Je nach der „Reife" des jeweiligen Börsenplatzes ist bei dieser Anlagepolitik mit rasanten Kursgewinnen und Kursverlusten zu rechnen. Ein durchorganisierter und rechtlich abgesicherter Finanzplatz wie Großbritannien bietet eben mehr Sicherheit als die Börsen in Warschau, Moskau oder Kiew. Im Zuge der Globalisierung verfolgen die Fonds verstärkt branchenorientierte Management-Ansätze (siehe das Stichwort: „Branchenfonds"). Das ist auch nachvollziehbar angesichts der Zunahme globaler Märkte für Chemie, Pharma, Rohstoffe, Telekommunikation oder Multimedia. Daraus darf aber nicht der Schluss gezogen werden, der Länder- und Regionenansatz werde vollständig verschwinden. Das zeigt die zunehmende Attraktivität der Euro- und Europafonds. Die deutschen Investmentgesellschaften haben mittlerweile über 120 Fonds mit Schwerpunkt Euroländer respektive Europa aufgelegt.

WISO empfiehlt: Vorsicht! Eine Anlage in solche Aktienfonds sollte besonders durchdacht sein. Wer nicht über die Performance des Fonds, die Zusammensetzung des Managements und damit über seine Qualität Bescheid weiß, sollte die Finger davon lassen. Ein idealer Investor ist in einem solchen Fall jemand, der bereits Kenntnisse über die Länder oder Regionen mitbringt, in die der Fonds investiert. Ein weiterer wichtiger Punkt: Bei Länder- und Regionenfonds spielt die Währung eine entscheidende Rolle. Der schönste Anstieg eines Index bringt dem in DM beziehungsweise Euro rechnenden Anleger nicht viel, wenn die schwache Währung des jeweiligen Landes einen Großteil der Erträge wieder auffrisst. Immerhin: In Euroland fällt dieses Risiko weg, denn die Währungssicherheit in der Europäischen Wirtschaftsunion ist durch ihre gemeinsame Währung, den Euro, garantiert.

Mitarbeiterfonds

Die gesetzliche Rentenversorgung sieht für die heutigen Arbeitnehmer düster aus. Je jünger, desto eher müssen Berufstätige bangen, ob ihre Rente einmal reichen wird. Eine zusätzliche finanzielle Absicherung ist daher angebracht. Neuerdings eröffnen Unternehmen ihren Mitarbeitern die Möglichkeit, gemeinsam in einen firmeneigenen Investmentfonds zu investieren. Das angesparte Kapital und die Rendite werden den Arbeitnehmern dann im Alter ausgezahlt – auch dann, wenn das Unternehmen in Konkurs geht.

Ein Blick auf die Geldquellen im Alter zeigt die Proportionen in Deutschland: Fast 70 Prozent macht der Anteil an gesetzlichen Leistungen aus. Le-

bensversicherungen steuern 13 Prozent bei, Beamtenpensionen elf und betriebliche Renten nur fünf Prozent. Diese betriebliche Altersvorsorge speist sich noch einmal aus vier wesentlichen Quellen (in Klammern die Anteile nach Größenordnung in Prozenten):
1. Direktzusagen (57 Prozent): Dabei verspricht der Arbeitgeber, seinem Mitarbeiter ab einem bestimmten Alter eine Firmenrente zu zahlen, und bildet dafür eine Rückstellung.
2. Pensionskassen (22 Prozent): Das sind Lebensversicherungsvereine auf Gegenseitigkeit, in die verschiedene Arbeitgeber und/oder Arbeitnehmer(innen) einzahlen.
3. Unterstützungskassen (8 Prozent): Im Unterschied zur Direktzusage werden die Rückstellungen in einer Unterstützungskasse gesammelt und angelegt.
4. Direktversicherungen (13 Prozent): Das ist eine Art Lebensversicherung, in die der Arbeitgeber steuerbegünstigt einzahlt. Es gelten die gleichen Steuervorschriften wie bei den Pensionskassen.

Die Mehrzahl der Betriebsrenten aus einer dieser Quellen beträgt bei Männern durchschnittlich rund 400 DM und bei Frauen etwa 200 DM. Überdies: Rund die Hälfte aller Arbeitnehmer erhält auch nach einem langen Arbeitsleben keine Rente von ihrem Betrieb; im Osten trifft das sogar auf 80 Prozent aller ehemaligen Beschäftigten zu. Damit wird klar: Die gegenwärtige Verfassung der betrieblichen Rente als zweite Säule der Altersvorsorge ist nicht geeignet, die künftige Rentenlücke voll zu kompensieren. Hält man sich die künftige Erosion der gesetzlichen Rentenkassen vor Augen, also die nachlassende Bedeutung der ersten Säule der Altersvorsorge, so wird deutlich, dass Alternativen notwendig sind, damit das Leben im Alter nicht zur finanziellen Dauerkrise wird. Auf der Suche nach der geeigneten Lösung, wie denn die „Rentenlücke" im Alter zu schließen sei, haben viele deutsche Unternehmen Kontakte zu Investmentgesellschaften aufgenommen.

Das Resultat daraus sind Mitarbeiterfonds: Immer mehr Firmen – die genaue Zahl liegt dem Bundesverband Deutscher Investmentgesellschaften (BVI) in Frankfurt vor – bieten ihren Mitarbeitern mit Unterstützung der Betriebsräte finanzielle Anreize, wenn diese betriebsspezifisch für ihre private Altersvorsorge sparen. Eine steigende Zahl von Angestellten reagiert positiv und nimmt die Gelegenheit wahr, wenn ihre Arbeitgeber spezielle Sparformen für das Alter fördern. Wenn man so will, könnte man die Mitarbeiterfonds als eine Art „Zwitter" zwischen der zweiten Säule – der betrieblichen Altersvorsorge – und der dritten – der privaten Altersvorsorge – bezeichnen. Der neue

Weg wird von einer Reihe von Firmen beschritten. Mit von der Partie sind zum Beispiel:
- Deutsche Lufthansa
- Henkel
- DaimlerChrysler
- Schering
- Esso
- Siemens
- Ford-Werke
- der Verband der Holz- und kunststoffverarbeitenden Industrie Rheinland-Pfalz

Sie alle haben eines gemeinsam: Sie schließen einen Pakt mit Investmenthäusern, die spezielle Mitarbeiter- oder Firmenfonds auflegen. Dabei geht es um reine Anlageprodukte ohne jede staatliche Förderung. Der besondere Gag für den Mitarbeiter: Gesellschaften wie die DWS oder die Dresdner-Bank-Tochter dbi verlangen keinen Ausgabeaufschlag. Allein die Einsparung dieser Summe in Höhe des Ausgabeaufschlags macht in 20 Jahren einen zusätzlichen Ertrag in Höhe einer fünfstelligen Summe aus. Das macht die Mitarbeiterfonds natürlich zusätzlich attraktiv. Da der Ausgabeaufschlag eine Vertriebsgebühr ist, stünde er in diesem besonderen Falle dem Arbeitgeber zu. Der aber verzichtet in allen Fällen darauf. Die Wertzuwächse der Mitarbeiterfonds, von denen viele gerade erst aufgelegt wurden, sind noch nicht aussagefähig. Im Falle eines Konkurses einer der Firmen ist der Mitarbeiter geschützt. Das Geld liegt nämlich in den Fonds der jeweiligen Investmentgesellschaften und kommt nicht in die Konkursmasse. Die Unternehmen haben unterschiedliche Modelle konstruiert.

Ein Beispiel: DaimlerChrysler

Bei DaimlerChrysler gibt es seit Mitte 1999 verschiedene Wertpapierpublikumsfonds, die der langfristigen Vermögensbildung durch Investmentsparen dienen. Für das Ansparen vermögenswirksamer Leistungen wird unter anderem der Gottlieb-Daimler-Aktien-Fonds DWS angeboten. Die Anlage der Mitarbeiter erfolgt auf freiwilliger Basis. Falls ein Mitarbeiter Interesse hat, füllt er einen Fondsantrag aus und reicht ihn bei der Personalabteilung ein. Diese arbeitet mit der Investmentgesellschaft DWS, einer Tochtergesellschaft der Deutschen Bank, zusammen. Die DWS hat die Kontoführung inne. Von der DWS erhält der Fondssparer die notwendigen Basisinformationen zum Fonds und zur speziellen Anlagepolitik. Anschließend erhält der Fondssparer regelmäßig den Rechenschafts- und den Halbjahresbericht sowie jährlich einen Depotauszug. Über den aktuellen Fondspreis, also den jeweiligen Kurswert seines Fondsanteils, kann sich der Fondssparer über die Finanzpresse oder im Call-Center der DWS informieren.

Das Vorbild für Mitarbeiterfonds sind die USA. Die Beschäftigten in den Vereinigten Staaten können sich bereits mit renditestarken Anlagen auf den Lebensabend vorbereiten. Im Schulterschluss mit ihren Arbeitgebern und Investmentgesellschaften sparen sie für das Alter an. Das betrieblich organisierte Fondssparen zur Altersvorsorge läuft dort auf Hochtouren. Über 1.000 Milliarden Dollar verwalten allein die 15 größten US-Pensionskassen. In den Staaten ist mehr als die Hälfte der Altersversorgung privat und betrieblich organisiert, während hier zu Lande noch das klassische Umlageverfahren dominiert, bei dem jeweils eine Generation für die nächste vorsorgt, ohne dass der einzelne Beitragszahler einen eigenen Kapitalstock aufbauen kann. In den USA hat im Wesentlichen die Politik zum Erfolg der Mitarbeiterfonds geführt, und zwar in Form der so genannten nachgelagerten Besteuerung. Das heißt: Erst wenn die angesparten Gelder am Ende der Sparzeit ausgezahlt werden, hält der amerikanische Fiskus die Hand auf. Auf Steuergesetze für die Altersvorsorge nach angelsächsischem Recht hoffen alle Sachverständigen, die sich um die Reform der betrieblichen und privaten Altersvorsorge bemühen. Denn sollten einmal unversteuerte Einzahlungen aus dem Bruttogehalt in Mitarbeiterfonds fließen dürfen und Abgaben erst bei der Auszahlung im Alter fällig werden, dürfte das die Attraktivität dieses innerbetrieblichen Altersvorsorgeinstrumentes enorm erhöhen.

WISO empfiehlt: Jeder Angestellte eines Unternehmens mit einem Mitarbeiterfonds sollte sich genau überlegen, ob er nicht mitmachen und regelmäßig Beiträge einzahlen will. Denn kommt es einmal zur steuerlichen Begünstigung der Mitarbeiterfonds, dann dürfte sich das für die Sparer lohnen. Gegenwärtig wird auf nationaler und europäischer Ebene an geeigneten Richtlinien für ein künftiges modernes Pensionsfondssystem gearbeitet. Davon dürften dann bereits bestehende Mitarbeiterfonds mit großer Sicherheit profitieren. Man kann also jedem Angestellten eines Unternehmens mit Mitarbeiterfonds eigentlich nur raten, mitzumachen.

Ökofonds/Ethische Fonds

Ökologisch oder ethisch beziehungsweise religiös ausgerichtete Fonds führen durchaus kein Schattendasein mehr. „Ökologie ist Ökonomie mit Zukunft" oder „Saubere Gewinne für Sie und die Zukunft" lauten die Slogans der KAGs für ihre Fonds. Und sie haben nicht ganz unrecht. Auch wenn im Vordergrund das Interesse der KAGs am Geld der potenziellen Anleger steht, liegen in Umweltfonds gute Renditechancen. Längst ist klar: Umweltschutz und am wirtschaftlichen Erfolg orientierte Unternehmensziele stehen nicht im Gegensatz zueinander. Eine Studie der Bank Sarasin in Basel kommt zu dem Ergebnis: Firmen in umweltrelevanten Bereichen wie Chemie, Pharma, Energie oder Bauwirtschaft erwirtschaften bei ökologischem Verhalten eine überdurchschnittliche Rendite. Das hat die Finanzbranche erkannt und entsprechende Umweltfonds auf den Markt gebracht. Der Vorteil für den Investor liegt auf der Hand. Wer nicht direkt mit Aktien oder Anleihen umweltorientierter Unternehmen spekulieren will, der kann sein Risiko begrenzen, indem er Ökofonds wählt. Die investieren in Unternehmen, die sich mit Umwelttechnik, Abfallverwertung, Filteranlagen oder erneuerbaren Energien befassen. Selbst Großbanken wie die schweizerische UBS mit ihrem Fonds „UBS Eco Performance" beschäftigen sich mit der Umwelt aus Renditegründen.

Sie suchen die jeweils „saubersten" Unternehmen einer Branche und bündeln sie in ihren Fonds. Das Marktsegment entwickelt sich und die meisten Gelder fließen in Windparkanlagen oder in den Solarstrom-Markt. Sogar eigene Indizes gibt es: den Nax (Natur-Aktien-Index) oder den DJSGI (Dow Jones Global Sustainability Index) der Schweizer Vermögensfirma SAM und des US-Finanzdienstleisters Dow Jones Company. Darin sind jeweils internationale Öko-Aktien enthalten. Im DJSG, wobei das „S" ins Deutsche übersetzt Nachhaltigkeit heißt, sind über 200 Unternehmen unter den weltweit 2.000 marktstärksten Aktiengesellschaften enthalten, die alle daran gemessen werden, was sie für das nachhaltige Wirtschaften und die soziale Kultur im Unternehmen selbst tun. Die Hauptkriterien sind:

- Umweltschutz,
- Verhalten gegenüber den Mitarbeitern (Weiterbildung, Gewinnbeteiligung),
- Öffentlichkeitsarbeit und die
- Anwendung innovativer Technologien.

Wer sich intensiver mit dem jeweiligen Stand der Materie befassen will, kann dies auf den folgenden Webseiten:
- www.oeko-invest.de
- www.umweltfinanz.de
- www.umweltaktie.de
- www.oekotest.de

Dort finden sich umfassende Informationen zu Aktien, Fonds und Beteiligungsgesellschaften, die sich mit Öko-Investments befassen.

Völlig neu auf dem Markt sind ethisch-religiöse Fonds wie der AlSukoor der Commerzbank. Er verdient deshalb Aufmerksamkeit, weil er in Übereinstimmung mit dem islamischen Recht konzipiert wurde. Dieser Fonds investiert in Aktien, die nach einer strengen Auswahl durch ein Gremium von fünf Islam-Experten getroffen wurde. Der Hauptabsatzmarkt für den Fonds soll zwar im arabischen Raum und Asien liegen, aber er ist natürlich auch für die fast zwei Millionen in Deutschland lebenden Menschen islamischen Glaubens gedacht. Der Fonds berücksichtigt die religiösen Wertvorstellungen des Islams. Danach sind Zinseinnahmen aus festverzinslichen Wertpapieren zwar verboten, nicht aber Kursgewinne aus dem Besitz von Aktien. Tabak-, Alkohol- und Waffenfirmen haben in einem solchen Fonds natürlich nichts zu suchen, ebenso wenig wie in einem Ökofonds.

WISO empfiehlt: Noch ist es zu früh, über die Renditechancen von ökoeffizienten und ethisch-religiös motivierten Fonds zu urteilen. Dafür sind sie noch nicht lange genug auf dem Markt. Das aber ist nur noch eine Frage von ein bis zwei Jahren. Grundsätzlich gilt: Wer in Ökofonds investiert, sollte die Performance auch mit der eines klassischen Referenzindexes vergleichen. Da bietet sich zum Beispiel der MSCI-World-Index von Morgan Stanley an. Denn auch Ökofonds sollten sich nicht viel schlechter entwickeln als andere Aktienfonds. Studien über den Markt der Öko-Geldanlagen helfen bei der Auswahl weiter.

Das Öko-Zentrum Nordrhein-Westfalen hat eine Untersuchung zum Thema „Grünes Geld" vorgelegt. Danach entwickelt sich der „Grüne Kapitalmarkt" kräftig. Fazit: Wer ernsthaft an Ökofonds interessiert ist, sollte auf Ausschlusskriterien achten. Was bei Ökofonds nicht erlaubt sein sollte, sind Aktien von Unternehmen, die in irgendeiner Form mit den folgenden Begriffen oder Branchen zu tun haben:
- Rüstungsindustrie,
- Atomenergie,
- Suchtmittel,
- Tierversuche,
- Ressourcenabbau.

Fazit: Wer sein Geld nur mit gutem Gewissen anlegen will, der sollte sich mit ethischen Fonds oder Ökofonds befassen. Aber: Solche Fonds bergen die gleichen Risiken wie jede andere Geldanlage auch.

Rohstofffonds

Rohstofffonds sind eine besondere Variante der Branchenfonds. Anlageziel sind die Rohstoffmärkte, also Kupfer, Aluminium, Zink, Nickel usw., Edelmetalle, wie Gold, Silber, Platin, dazu Holz, Öl und Gas. Das Fondsmanagement ist hier ganz besonders auf Basisinformation angewiesen. Die Abhängigkeit von Konjunktur und Rohstoffnachfrage ist äußerst kompliziert und eigentlich nur für den Fachmann durchschaubar. Manipulationen am Markt über Fördermengen und Kapazitäten beeinflussen zudem den Markt auf gefährliche Weise. Wie es mit den Rohstofffonds zugeht, kann man besonders gut am Ölmarkt studieren. Preisrekorde für den begehrten Treibstoff lösen innerhalb kurzer Zeit Preisstürze ab. Die Preise an den Rohstoffmärkten fahren häufig Achterbahn. Wer heute an einer Preisrallye verdient, kann morgen schon wieder zu den Verlierern gehören. Erwartungen, die weltweite Konjunktur, das Wetter und die OPEC bestimmen den Zickzackkurs. Der Erdölmarkt wird geprägt von Kartellen, koordinierten Aktionen und künstlicher Verknappung der Menge oder umgekehrt. Je höher die Preise klettern, desto größer ist die Gefahr, dass die einzelnen OPEC-Länder ihre Ölhähne wieder aufdrehen. Für die Manager von Rohstofffonds heißt das: Sie müssen bei ihrer Anlagestrategie immer den zeitlich günstigsten Anlagemix im Auge behalten. Ihre Fragen lauten: Soll ich jetzt den Ölsektor übergewichten oder auf Kupfer, Aluminium oder Nickel setzen? Wer unter den Rohstoffproduzenten gerade die Nase vorne hat, ist nur bei besonderer Kenntnis der Marktverhältnisse möglich.

WISO empfiehlt: Anleger brauchen für eine solche Investition eigene Kenntnisse und einen langen Atem. Die Erfahrung zeigt: Rohstofffonds weisen starke Kursschwankungen nach oben und unten auf. Viele Investoren orakeln zwar, dass Öl, Blei und Kupfer wahre Goldgruben seien, doch blitzartig auftretende Produktionskrisen und Preisstürze widersprechen solchen Prognosen. Fazit: Nichts für den Anfänger! Solche Fonds sind wegen ihrer starken Wertschwankungen nur etwas für risikofreudige Anleger.

Schwellenländerfonds/Emerging-Market-Fonds

Dieser Fondstyp setzt zum Beispiel auf die Entwicklung von Volkswirtschaften in ehemaligen Entwicklungsländern wie Brasilien, Malaysia, Südkorea, Thailand usw. „Emerging-Markets" lautet der international gebräuchliche Begriff dafür. Wer auf die aufstrebenden Länder Asiens, Lateinamerikas und auch Osteuropas setzt, befindet sich zum jeweiligen Zeitpunkt möglicherweise im Einklang mit Statistiken der Weltbank und des internationalen Währungsfonds, doch er muss ständig auf der Hut sein vor plötzlichen bösen Überraschungen. Diese Fonds sind etwas für Mutige. Wer den Einstieg wagt, kann innerhalb kurzer Zeit hohe Gewinne einfahren. Doch er muss ebenso große Kursschwankungen einkalkulieren. Für eine gleichmäßige Vermögensbildung sind die schwankungsstarken Märkte nicht geeignet. In der jüngsten Vergangenheit erschütterten reihenweise Asien-, Lateinamerika- und Russlandkrisen die Börsen. Jede dieser Krisen hat schwere Verwerfungen an den internationalen Finanz- und Kapitalmärkten verursacht und die Aktienkurse weltweit gedrückt. Die Fondsmanager müssen in den Emerging Markets, also vor Ort, sein, um das Investment zu steuern. Anders lässt sich ein kalkulierbares Risiko nicht gewährleisten. Ein Blick auf die Entwicklung der Schwellenländerbörsen auf der Basis von MSCI (den weltweit orientierten Indizes von Morgan Stanley) zeigt: Sie hangelten sich in der Vergangenheit von Krise zu Krise.

- Ende 1994 gibt Mexiko die Dollarbindung des Peso auf. Danach sinken die Kurse nicht nur in Mexiko dramatisch. Die Welt spricht von der Pesokrise. Die Folge: Weltweit brechen die Emerging Markets um über 20 Prozent ein.

- Anfang 1997 werden einige koreanische und thailändische Firmen zahlungsunfähig. Im Frühjahr des Jahres spekulieren große Investoren wie George Soros gegen asiatische Währungen. Thailand wertet seine Währung, den Baht, ab. Dann folgt Malaysia mit dem Ringit. Die Emerging Markets, die sich von der Pesokrise wieder erholt hatten, stürzen erneut tief ab. Im Oktober verliert die Hongkonger Börse an einem Tag zehn Prozent. Die Krise geht weiter bis weit in das Jahr 1998 hinein. Der Sturz des Präsidenten Suharto in Indonesien zieht auch das riesige Inselreich und die Nachbarländer mit in den Strudel. Ende 1998 erst ist der Tiefpunkt erreicht. Der bereinigte MSCI für die Emerging Markets steht wieder da, wo er sieben Jahre vorher stand. Die Verluste der einzelnen Länder zwischen 1994 und Ende 1998, gemessen an ihren Länderindizes, schwankten zwischen über 90 Prozent in Russland und 50 Prozent in Polen. Bei Indonesien, Thailand, Malaysia und Korea liegen die Verluste um die 90 Prozent.

- Seit Mitte 1999 erholen sich die asiatischen Märkte wieder. Die Börsen der Schwellenländer verzeichnen erneut Kursgewinne. Fondsanleger haben gute Einstiegschancen. Mark Mobius, der Templeton-Fondsmanager mit einem Volumen von über 25 Milliarden Dollar, sprüht wieder vor Optimismus. Die „Tigerländer" springen wieder, verkünden die Optimisten.

Die aufgezeigte Entwicklung zeigt aber unmissverständlich, wie sehr es in den Emerging Markets hinauf- und hinuntergeht. Wer hier investiert, sollte das wissen und das Risiko genau einschätzen.

WISO empfiehlt: Vorsicht und Hände weg von Schwellenländerfonds, wenn die notwendigen Kenntnisse und die starken Nerven dazu fehlen. Trotz der Parole wie „Lateinamerika ist gut in Form", „Asien kommt wieder" oder „Osteuropa im Aufbruch": Diese Märkte sind hochempfindlich. Die jüngsten Krisen haben deutlich gemacht, wie schnell die jungen Tigerstaaten in Schwierigkeiten geraten können. Dazu kommt, dass ihre kurzfristige hohe Verschuldung sie außerordentlich anfällig macht für Liquiditätskrisen. Dadurch fehlt das notwendige Kapital für weitere Forschung und Investitionen im eigenen Land. Und das sind Gründe für Rezessionen – keine guten Aussichten für Anteile in Emerging-Market-Fonds. Für diese gilt das Gleiche wie für die Rohstofffonds und Derivatefonds. Nur wer Nerven wie Drahtseile, das nötige „Kleingeld" und das notwendige Durchstehvermögen hat, sollte hier investieren. Allerdings muss auch festgehalten werden, dass sich derzeit gute Einstiegsmöglichkeiten in die Emerging-Market-Fonds bieten. Wer sich einen Sparplan zurechtlegt und regelmäßig einen gewissen Betrag in die aufsteigenden Märkte vor allem Asiens investiert, dürfte mittel- bis langfristig gut fahren. Die gegenwärtige Verfassung der Märkte gibt zu verhaltenem Optimismus Anlass. Doch wie die Vergangenheit gezeigt hat, kann sich das rasch ändern.

Small-Cap-Fonds/Mid-Cap-Fonds/Nebenwerte-Fonds

Solche Fonds investieren in mittelgroße oder kleine börsennotierte Werte, in Spezialwerte und Nebenwerte, also Aktien aus der zweiten Reihe. Der Name Small Caps ist eine Kurzform für small capitalisation (= niedrige Marktkapitalisierung börsennotierter Werte). Natürlich schaut alles zuerst auf die „Blue Chips", die großen Aktiengesellschaften. Aber unter den mittleren und kleinen Werten sind Perlen, die es zu entdecken lohnt.

Ein Spezialistenteam in einem Small-Cap-Fonds, der die Kurszettel auf „billige" Aktien von kleinen, innovativen, wachstumsorientierten Unternehmen hin durchforstet, kann schneller die „richtigen" Werte entdecken als ein Privatanleger auf eigene Faust und Rechnung. Da empfiehlt sich zum Beispiel ein Blick auf den SMAX und den SDAX (er umfasst die jeweils hundert größten deutschen Aktien im umfassenderen SMAX). So heißen die neuen Indizes der Deutschen Wertpapierbörse in Frankfurt für Small Caps, also Nebenwerte. Ein Listing im SMAX oder im SDAX soll durch die erhöhte Attraktivität die Liquidität neuer und bereits börsennotierter, aber vernachlässigter Aktien erhöhen. Um in den SMAX oder den SDAX zugelassen zu werden, müssen eine Reihe von Qualitätsmerkmalen erfüllt werden, wie die Veröffentlichung von Quartals- und Jahresberichten, die Einsetzung eines Kursbetreuers oder die Veranstaltung von Analystenkonferenzen. Damit soll sichergestellt werden, dass die SMAX-Werte einen hohen Standard an Kommunikation, Liquidität und Transparenz erreichen. Für Fondsmanager wurde mit diesem neuen Index eine Benchmark geschaffen, die nach und nach mehr Beachtung findet.

Der Bekanntheitsgrad vieler Small Caps aus mittelständischen Traditionsbranchen ist noch immer gering. Trotz häufig solider Fundamentaldaten stehen diese Unternehmen außerhalb des Rampenlichts. Ihr Kurspotenzial kann oft nicht voll ausgereizt werden. Auf Grund mangelnder Kommunikation, Transparenz und Liquidität engagieren sich Investoren in diesen Werten bislang nur begrenzt. Dabei gibt es unter den deutschen Small Caps eine Vielzahl interessanter Unternehmen mit Wachstumsaussichten. Mit den Engagements der Fondsmanager ändert sich das. Für Fondsinvestoren bedeutet das eine Chance. Die Investmentgesellschaften haben bereits darauf reagiert und entsprechende Fonds neu aufgelegt. „Stars" unter den Fondsmanagern wie Kurt Ochner von der Bank Julius Bär, Wassili Papas und Andre Köttner von Union Investment oder Karl Fickel von Invesco leiten erfolgreiche Fonds, die auf Nebenwerte, und zwar internationale, setzen.

Noch sind zahlreiche Small Caps unterbewertet. Viele von ihnen verfügen aber über erhebliches Kurspotenzial. Die Erfolgsgeschichte „Neuer Markt" zeigt, dass auch kleine Werte dieses Potenzial ausreizen können, wenn sie in das Blickfeld des Investoreninteresses, also der Fondsmanager, gelangen. Ihre fundamentalen Unternehmensdaten sind vielversprechend, doch ihr Bekanntheitsgrad ist gering und es mangelt ihnen an Transparenz und Liquidität im Börsenhandel. Anleger, die kleine Spezialwerte mit soliden Wachstumsaussichten und relativ geringem Risiko suchen, verfügen bisher über keine ausreichende Informationsbasis. Wer also von den „Helden des Neuen Marktes" und den „Perlen unter den europäischen und amerikanischen Nebenwerten" profitieren will, kommt an den entsprechenden Fonds nicht vorbei.

WISO empfiehlt: Vorsicht! Auf keinen Fall sollte man sein ganzes Kapital in einen solchen Fonds anlegen. Doch für risikobewusste und wirtschaftsinteressierte Anleger liegen Chancen in diesem Fondstyp. Das zeigt der „Neue Markt" an der Frankfurter Börse seit seiner Gründung im April 1997. Das extra für wachstumsorientierte, innovative, junge Unternehmen geschaffene Börsensegment hat seitdem viele „Highflyer" geschaffen. Kursexplosionen vom Start an der Börse weg oder kurz darauf in nur wenigen Monaten waren nicht selten zu verzeichnen. Doch der Schuss ging auch schon häufig nach hinten los. Das liegt an der Marktenge der Papiere (damit ist die Handelbarkeit einer Aktie gemeint). Befinden sich nämlich nur wenige Papiere im Umlauf, läuft der Fondsmanager Gefahr, bei größeren Käufen oder Verkäufen den Kurs selbst hinauf- oder hinunterzutreiben, denn bei diesen kleinen Werten sorgen schon geringe Handelsvolumina für außerordentliche Kursausschläge. Jeder, der den „Neuen Markt" beobachtet, kann das feststellen.

VL(Vermögenswirksame Leistungen)-Fonds

Ein riesiges Vermögen lässt sich mit vermögenswirksamen Leistungen nicht machen, aber verschenken sollte man sie auf keinen Fall. Bei dieser Anlageform geht es um die staatlich gewährten Sparzulagen. Es handelt sich also um eine private Kapitalbildung quasi zum Nulltarif. Je nach Tarifvertrag übernimmt der Arbeitgeber einen Teil oder sogar die gesamte Sparrate von 78 DM im Monat (936 DM im Jahr). Voraussetzung ist, dass der Arbeitnehmer einen Sparvertrag nach dem so genannten 936-Mark-Gesetz abschließt. Anlagemöglichkeiten gibt es viele. So kann der VL-Sparer seine Gelder in Banksparpläne, in Kapitallebensversicherungen, in Bausparverträge oder auch in Unternehmensbeteiligungen – etwa über Aktienfonds, Mitarbeiteraktien oder Genossenschaftsanteile – einzahlen.

Der Staat fördert seit Anfang 1999 die Vermögensbildung der Beschäftigten durch eine Arbeitnehmer-Sparzulage auf Beteiligungs- und Bausparen in zwei Fördertöpfen, die miteinander kombiniert werden können: Der Bund gibt nicht nur zehn Prozent – nämlich bis zu 94 DM im Jahr – dazu, wenn ein Arbeitnehmer über seinen Arbeitgeber vermögenswirksam 936 DM in einen Bausparvertrag einzahlt, sondern er spendiert auch noch 20 Prozent extra für maximal 800 DM Beteiligungssparen. Damit versüßt der Staat den Arbeitnehmern das Sparen, beispielsweise anhand von lukrativen Aktienfonds, mit bis zu 160 DM im Jahr. In Ostdeutschland können sich die Beschäftigten sogar über eine staatliche Förderung in Höhe von 25 Prozent oder maximal 200 DM jährlich freuen (vgl. Übersicht in der unten angefügten Tabelle).

Staatliche Förderung und gute Renditeerwartungen haben die Anleger überzeugt: Der Kreis der Berechtigten ist offenbar sehr groß. Ende 1999 zählte der Bundesverband Deutscher Investmentgesellschaften bereits rund 3,7 Millionen VL-Depots. Wer seine monatliche Arbeitgeber-Sparrate von maximal 78 DM plus der staatlichen Zulage von 160 beziehungsweise 200 DM im Osten regelmäßig in einen Aktienfonds investiert, kann laut BVI ohne eigene Mittel ein beachtliches Vermögen ansparen. Die theoretische Rechnung des BVI lautet folgendermaßen: Hat ein Arbeitnehmer während der Zeit seiner Berufstätigkeit fünf VL-Verträge hintereinander abgeschlossen und die zwischendurch fälligen Beträge nicht angetastet, so ergab sich aus der monatlichen Sparrate von 78 DM nach 31 Jahren des Sparens Ende 1999 die Summe von 280.000 DM. Bei dieser Summe sind alle zwischenzeitlichen Kosten für die Fondsverwaltung abgezogen. Zugegeben, dies ist reine Theorie und zurückgerechnete Statistik. Es zeigt aber doch, wie auch beim Sparen „Kleinvieh Mist macht", und das ohne eigene Anstrengung. Denn durch VL kann schon in der Ausbildungszeit das Sparen beginnen. Der Arbeitgeber zahlt ja die Beiträge, und dafür gibt es vom Staat noch was drauf. Das Entscheidende ist: Die VL-Geldanlage in Fonds ist ohne eigene Mittel möglich. Um VL zu erhalten, muss der Mitarbeiter lediglich bestimmen, wohin der Chef das Geld überweisen soll. Wer darüber hinaus die Arbeitnehmer-Sparzulagen erhalten will, muss mindestens sechs Jahre lang in den VL-Fondssparplan einzahlen.

Achtung: Beim VL-Fondssparen muss das Geld nach Ablauf der Sparfrist von sechs Jahren noch ein Jahr ruhen. Erst dann darf der Sparer an das Gesparte. Beim vorzeitigen Ausstieg wird die Prämie gestrichen.

Wer aber immer wieder Anschlussverträge abschließt, wie es der BVI empfiehlt, kann einen wesentlichen Baustein für seine Altersvorsorge schaffen, auch wenn er zu den weniger gut bezahlten Arbeitskräften gehört. Natürlich gibt es für die aus der Vergangenheit errechneten Renditen in den VL-Fonds keine Garantie. Doch laut Stiftung Warentest erzielt beinahe jeder zweite VL-Fondssparplan im Lauf von sieben Jahren eine Rendite von jährlich zehn Prozent, egal, ob der Aktienfonds in deutsche oder internationale Wertpapiere anlegt.

Die staatliche Förderung ist eingeschränkt

Allerdings profitieren von der erweiterten staatlichen Förderung für Bau- und Beteiligungssparen nur diejenigen Arbeitnehmer, die mit ihrem zu versteuernden Jahreseinkommen unter 35.000 DM (allein Stehende) bzw. 70.000 DM (Ehepaare) liegen. In der Regel werden diese Einkommensgrenzen bei einem allein Stehenden mit einem monatlichen Bruttoeinkommen von rund 3.100 DM nicht überschritten. Verheiratete Alleinverdiener mit zwei Kindern können bis zu einem Bruttoeinkommen von rund 7.200 DM monatlich mit der zusätzlichen staatlichen Förderung rechnen. Dadurch haben insgesamt 13 Millionen Arbeitnehmer Anspruch auf diese Prämien.

Wer die staatliche Förderung in voller Höhe ausschöpfen will, kann die Beiträge des Arbeitgebers auch aus eigener Tasche bis auf den maximal geförderten Betrag von 1.736 DM aufstocken. Zunächst sollte er deshalb mit seiner Hausbank über renditestarke Anlage- und Kombinationsmöglichkeiten sprechen. Die privaten Banken halten verschiedene Angebote bereit, um die Fördermöglichkeiten optimal zu nutzen. Dort bekommen Bankkunden auch bereits vorbereitete Formulare. Um die höchstmögliche Sparzulage zu erhalten, müssen zwei Anlageverträge abgegeben werden. Danach informiert der Arbeitnehmer seinen Arbeitgeber, damit dieser zusätzliche Teile des Gehaltes in vermögenswirksame Leistungen umwandelt und auf die geförderten Anlageformen einzahlt.

Intelligent kombinieren – die staatliche Förderung nutzen

Die folgende Tabelle erfasst der Vollständigkeit halber alle gegenwärtigen, vom Staat geförderten vermögenswirksamen Leistungen, nicht nur die für das Beteiligungssparen in Investmentfonds. Demnach sind für einen Arbeitnehmer folgende vermögenswirksamen Leistungen plus staatliche Förderung maximal möglich:

Höchstbeträge:	Was wird wie gefördert?
800 DM:	VL-Beteiligungssparen (z.B. Sparvertrag in Investmentfonds) vom Arbeitgeber und/oder vermögenswirksam angelegte Gehaltsanteile der Arbeitnehmer.
+ 160/200* DM:	Staatliche Sparzulage für das Beteiligungssparen in Höhe von 20 bzw. 25* Prozent der VL.
+ 936 DM:	VL-Bausparen vom Arbeitgeber und/oder vermögenswirksam angelegte Gehaltsanteile der Arbeitnehmer.
+ 94 DM:	Staatliche Sparzulage für das Bausparen in Höhe von zehn Prozent der VL.

Die Gesamtbeträge 1.990 beziehungsweise 2.030* DM sind die maximalen Summen der VL und staatlichen Förderung. Für die mit Sternchen versehenen Zahlen gilt: Bis zum Einzahlungsjahr 2004 gelten für die neuen Bundesländer die höheren Förderungssätze.

WISO empfiehlt: Besonders für Berufseinsteiger ist die Anlage in VL-Fonds geeignet. Die vermögenswirksame Leistung sollte man sich nicht entgehen lassen. Mit der zusätzlichen staatlichen Prämie lässt sich frühzeitig die private Altersversorgung planen, und das alles ohne eigenen Aufwand. Bei der Auswahl der Fonds gilt es allerdings einiges zu beachten. Die Produkte müssen für das vermögenswirksame Sparen geeignet sein. Hilfreich kann hierbei eine Liste des BVI sein. Sie ist unter der Telefonnummer 069/154 09 00 oder unter der Internet-Adresse des BVI: www.bvi.de zu erhalten.

Wagniskapital-Fonds/Venture-Capital-Fonds (VC-Fonds)

Venture Capital, Wagniskapital oder auch Risikokapital genannt, ist Eigenkapital, das jungen Unternehmen zur Verfügung gestellt wird. Dafür erhält der Kapitalgeber eine Beteiligung an dem Unternehmen. Der Investor glaubt, mit dem Einstieg in ein solches Unternehmen ein überdurchschnittliches Wachstum zu erzeugen und daraus einen satten Gewinn einstreichen zu können. In Europa entsteht derzeit ein wachsender Markt für Venture Capital. Das Vorbild ist Silicon Valley in Kalifornien. Dort entwickelte sich schon vor Jahren ein Zusammenspiel von Wagniskapital-Gebern und jungen Hightech-Wachtumsfirmen. Ziel der Wagniskapital-Geber ist fast immer, das jeweilige Unternehmen an die Börse zu bringen, um den Einsatz dann zu versilbern. Das Spiel läuft in etwa nach folgendem Muster:

- Geld für die Entwicklung eines Business-Plans und den Aufbau eines Teams (seed-money)
- Geld für die Gründung des Unternehmens (start-up-money oder early-stage-money)
- Geld für die Produktentwicklung zur Marktreife und die Erweiterung des Teams (expansion-money oder Wachstumsfinanzierung)
- Geld für den Initial Public Offering, also die Vorbereitung auf den Börsengang (Überbrückungsfinanzierung)
- „Ausstieg des Investors": Nach einer vorgeschriebenen Halteperiode der Aktien nach dem ersten Börsentag die Veräußerung der Aktien auf dem freien Markt (exit).

„Wer wagt, gewinnt", nach dieser Devise, so könnte man sagen, beteiligten sich bis vor wenigen Jahren kapitalkräftige Investoren an jungen, vielversprechenden Unternehmen. Doch heute kann auch der Kleinanleger bereits mit Minibeträgen an den SAPs, Intels, Microsofts, Amazon.coms, Yahoos und Ciscos von morgen von Anfang an dabei sein. Dabei beteiligt er sich an einem Venture-Capital-Fonds (VC-Fonds), der entweder direkt in vielversprechende und demnächst börsenfähige Unternehmen investiert oder wieder in einen VC-Fonds. Das macht die Angelegenheit für den Privatanleger ziemlich undurchsichtig. Er ist überdies auf Gedeih und Verderb vom „glücklichen Händchen" der Fondsmanager abhängig. Diese müssen sich durch Berge von Geschäftsplänen arbeiten, um schließlich die herauszusortieren, die erfolgversprechend sind. Dann müssen sie durch persönliche Gespräche herausfinden, ob die Gründerteams überhaupt das Zeug dazu haben, ihr gut klingendes Konzept am Markt umzusetzen. Erst dann fließt Geld an die Jungunternehmer für Beteiligungen an der Firma. Und wenn sich dann nach Jahren wirklich der Erfolg eingestellt hat, wird die Beteiligung auf einen Schlag oder Schritt für Schritt an die Anleger verkauft. Ein Geschäft voller Fußangeln also. Dennoch wächst der Risikokapitalmarkt auch in Europa. Allein in Deutschland stieg er nach einer Statistik des Bundesverbandes Deutscher Kapitalbeteiligungsgesellschaften von 0,54 Milliarden Euro im Jahr 1994 auf 2,66 Milliarden Euro im Jahr 1999.

WISO empfiehlt: Im derzeitigen Fondsuniversum sind VC-Fonds ziemlich neue Sterne. Eigentlich unumstritten ist, dass Risikokapital so manchen jungen Unternehmen den Start erst ermöglicht hat. Doch für den Fondssparer ist äußerste Vorsicht angebracht. Zu viele Unwägbarkeiten sind im Zukunftsgeschäft mit den möglichen Unternehmern von morgen enthalten. Der Knackpunkt für den Privatanleger ist: Wo nimmt er die Kenntnisse her, zu entscheiden, ob ein Fondsmanagement gut ist? Dazu sollte er zumindest drei Fragen stellen:
1. Wie viele Beteiligungen ist der VC-Fonds bisher eingegangen?
2. Wie viele davon waren ein Erfolg?
3. Wie hoch waren die jeweiligen Renditen?

Wenn die Antworten ergeben, dass der entsprechende VC-Fonds in der Vergangenheit viele Beteiligungen eingegangen und überdies mit guter Rendite wieder abgesprungen ist und er außerdem noch über mindestens 100 Millionen DM Fondsvolumen verfügt, dann dürfte das Risiko nicht höher sein als bei einem einzelnen Wachstumswert an der Börse.

XVI.

FONDSGLOSSAR

Wer sich heute mit dem Investmentsparen befasst, stößt unweigerlich auf eine Vielzahl von Begriffen, die erst einmal Kopfschütteln verursachen. Das ist völlig normal, wenn man sich mit einem Fachgebiet vertraut machen will. Das folgende Kapitel greift die wesentlichen Termini auf und erläutert ihre Bedeutung.

Aktives Management:
Fonds aktiv zu managen heißt: Die Fondsmanager bilden sich über die Marktentwicklung ihre Meinung und setzen diese im Fonds aktiv um. Dabei lassen sich die Aktienfondsmanager bei ihren Anlageentscheidungen vielmehr von langfristigen Unternehmensaussichten leiten als vom aktuellen Kursgeschehen. Anders die Rentenfondsmanager: Sie nutzen sowohl langfristig sich abzeichnende Veränderungen als auch kurzfristige Markttrends, um Renditevorteile für die Fonds zu erzielen.

All-in-fee:
Einige Fondsgesellschaften berechnen statt der vielen einzelnen Kosten- und Gebührenposten eine Pauschalgebühr. Das erleichtert die Kaufentscheidung des Anlegers.

Amtlicher Handel:
Marktsegment an deutschen Börsen mit strengen Zulassungsvoraussetzungen. Um eine Vorstellung davon zu erhalten, was eine Aktiengesellschaft zur Börsenreife benötigt, kann man unter den Stichwörtern Neuer Markt und SMAX nachlesen.

Asset Allocation:
Entscheidung des Fondsmanagements über die Aufteilung des Anlagekapitals auf verschiedene Anlageobjekte (Assets) wie Währungen, Aktien oder Anleihen. Die richtige Vermögensstrukturierung ist ganz entscheidend für den Anlageerfolg eines Fonds. Die Fragen lauten: Welche Branchen kommen in Frage? Welche ausländischen Märkte kommen in Betracht? Das Ziel, die Rendite und das Risiko eines Fonds werden durch die Antworten und Entscheidungen daraus bestimmt.

Ausgabeaufschlag:
Beim Erwerb von Fondsanteilen ist in der Regel ein Ausgabeaufschlag zu zahlen, eine Art Aufgeld/Agio also. Er wird üblicherweise von den Investmentgesellschaften als fester Prozentsatz vom Rücknahmepreis angegeben. Ausgabeaufschlag plus Rücknahmepreis ergeben den Ausgabepreis. Liegt der Anteilswert zum Beispiel bei 100 Euro und beträgt der Ausgabeaufschlag fünf Prozent, dann müssen Anleger für einen Fondsanteil 105 Euro zahlen. Der Fondsanteil, den sie damit erworben haben, hat jedoch nur einen Gegenwert von 100 Euro. Die fünf Euro decken die Kosten für den Vertrieb, die Beratung und die Produktinformation. Die Höhe des Ausgabeaufschlags hängt vom Anlageschwerpunkt des Fonds ab und kann dem Verkaufsprospekt entnommen werden. Aktienfonds haben meist einen höheren Ausgabeaufschlag als Rentenfonds. Der Ausgabeaufschlag wird bei jeder Zahlweise erhoben. Bei einem Sparplan wird er bei jeder Rate fällig, bei einer Einmalanlage nur einmal. In den Kurstabellen der Tageszeitungen und Wirtschaftspresse stehen die Fonds üblicherweise mit zwei Preisen: dem Ausgabe- und dem Rücknahmepreis. Den höheren Ausgabepreis (Anteilswert + Ausgabeaufschlag) muss der Käufer zahlen, den niedrigeren Rückkaufswert erhält der Verkäufer von Fondsanteilen. Die Kostentransparenz auf Seiten der Investmentgesellschaften bei der Bestimmung der Höhe des jeweiligen Ausgabeaufschlags lässt noch zu wünschen übrig. Aber: Spätestens seit die Direktbanken und Discountbroker auf dem Markt sind und ebenfalls Investmentfonds vertreiben, sind die Ausgabeaufschläge tendenziell gesunken. Hier dürfte in der Zukunft ein noch stärkerer Konkurrenzdruck unter den Anbietern und Vertreibern zu weiteren Preissenkungen führen. Anleger können sich schon jetzt im Internet die günstigste Bezugsadresse für ihren Investmentfonds heraussuchen lassen. Wer was über welchen Kanal zu welchen Kosten vertreibt, ist dort zu erfahren. Eine Adresse lautet: www.aspect-online.de. Dort sind eine Reihe von Anbietern mit ihren Konditionen versammelt: Banken, Versicherungen, Discountbroker und Direktbanken. Die Datenbank umfasst über 2.000 Fonds. Bis zum Erscheinen der vorliegenden Ausgabe des WISO-Fondsführers war die Datenbank für Benutzer noch kostenlos. Dafür muss man aber mit Werbepost der Fondsanbieter rechnen, denn die Adressen der Nutzer werden an die Anbieter weitergegeben. Jeweils aktuelle Informationen zur Höhe nicht nur des Ausgabeaufschlags kann jeder Interessent auch den Spezialausgaben der „Stiftung Warentest" entnehmen. In den Ausgaben der Zeitschrift „Finanztest" werden regelmäßig Investmentfonds und ihre Kostenstrukturen vorgestellt. Es lohnt sich, am Kiosk Ausschau nach ihnen zu halten. Der gegenwärtige Preis von 14,80 DM pro Ausgabe scheint ein gutes Investment vor weiteren Anlageentscheidungen zu sein.

Ausgabepreis/Rücknahmepreis:
Aktuelle Preise für Fondsanteile. Da sie nicht an der Börse gehandelt werden, kommen sie nicht wie bei Aktien durch Angebot und Nachfrage zustande. Die jeweilige Investmentgesellschaft berechnet selbst tagtäglich den Preis, und zwar auf Basis der aktuellen Börsenkurse der im Fonds enthaltenen Wertpapiere. Bei der Berechnung wird der Tageswert sämtlicher Vermögensgegenstände des jeweiligen Fonds addiert, zuzüglich der Bankguthaben des Fonds und abzüglich der Kredite, die der Fonds möglicherweise aufgenommen hat. Daraus errechnet sich der tägliche Inventarwert des Fonds. Die Summe wird geteilt durch die Anzahl der umlaufenden Fondsanteile und ergibt somit den Anteilspreis beziehungsweise Rückkaufswert. Die Kapitalanlagegesellschaften sind verpflichtet, Fondsanteile zum Anteilspreis zurückzunehmen. Wer wissen will, was seine Fondsanteile wert sind, kann das täglich in den überregionalen Tageszeitungen unter den entsprechenden Rubriken im Finanzteil nachlesen. Wer laufend informiert sein will, kann sich via Internet oder Videotext informieren. Näheres dazu im Kapitel „Informationsquellen".

Ausschüttende Fonds/Thesaurierende Fonds:
Die meisten Fonds enthalten Vertragsbestimmungen, wonach die angefallenen Erträge in bestimmten Zeitabständen ganz oder teilweise auszuschütten sind (= ausschüttende Fonds). Nach Beendigung des Fondsgeschäftsjahres werden die dem Fonds zugeflossenen Erträge an die Anteilsinhaber ausbezahlt. Das geschieht in Form einer Bardividende wie bei der Aktie oder durch Fondsanteile. Diese Erträge kommen aus dem Verkauf von Aktien, Dividenden oder Zinsen bei Anleihen. Dabei ist zu beachten, dass Dividenden deutscher Aktiengesellschaften der Körperschaftsteuer unterliegen. Zwar sind gegenwärtig Investmentfonds selbst von der Körperschaftsteuer befreit, sodass sie diese Dividenden zunächst brutto für netto einstreichen können. Aber am Tag der Ausschüttung an die Fondsbesitzer hält das Finanzamt die Hand auf. Der Fonds führt dann auf Rechnung des Anteilseigners die Körperschaftsteuer an das Finanzamt ab. Am Tag der Ausschüttung verliert der Fonds an Wert, und zwar exakt um den Betrag der Ausschüttung. Der Rücknahme- und der Ausgabepreis sinken um den entsprechenden Betrag der Ausschüttung.

Das Gegenteil von ausschüttenden Fonds sind thesaurierende, also wiederanlegende Fonds. Hier werden die Erträge direkt dem Fonds gutgeschrieben und erhöhen so den Fondswert. Die laufende Wiederanlage dieser Gelder, die ja in weitere Vermögensgegenstände investiert werden, führt zu einem ständig steigenden Anteilswert. Die Körperschaftsteuer wird aber auch beim thesaurierenden Fonds abgeführt; in diesem Fall jedoch nicht auf Rechnung des Anteilseigners, sondern auf Kosten des gesamten Fondsvermögens. Um den Betrag der Körperschaftsteuer vermindert sich auch der Rücknahme- und Ausgabepreis.

Ob Erträge ausgeschüttet werden oder nicht, ist nicht von ausschlaggebender Bedeutung. Auf die Qualität des Fondsmanagements lässt diese Tatsache jedenfalls keinen Schluss zu. Die Wiederanlage beim thesaurierenden Typ hat allerdings auf längere Sicht den unbestrittenen Vorteil des Zinseszinseffekts. Wer jahrelang an seinen Fondsanteilen festhält, kann bei dieser Anlageweise erheblich profitieren. Vielen Sparern ist es aber einfach lieber, am Ende des Geschäftsjahres eine Barausschüttung in Händen zu haben, als sich damit zu trösten, dass die Erträge dem Fondsvermögen zufließen und so den Wert des einzelnen Anteils erhöhen – wie das beim thesaurierenden Fonds der Fall ist.

Benchmark:
Das Ziel eines Fonds besteht darin, die jeweilige Marktentwicklung/Benchmark durch aktives Management zu übertreffen. Das ist der jeweilige Maßstab, an dem sich das Fondsmanagement misst. Jeder aktive Fondsmanager will die Benchmark, das ist etwa ein Index wie der DAX, der Dow Jones, der jeweilige MSCI (steht für Morgan Stanley Capital International Indices) oder der jeweilige Rentenindex von Salomon Brothers (SALB), schlagen, indem er die „richtigen" Werte aus seinem Vergleichsindex herauspickt. Ein passives Fondsmanagement richtet sich dagegen akkurat nach der Benchmark aus und bildet den jeweiligen Vergleichsindex im Fonds ab. Im Portfolio eines am DAX ausgerichteten Indexfonds wären somit sämtliche 30 deutschen Standardwerte streng nach ihrer Gewichtung enthalten.

Bonität:
Je nachdem, wie hoch die Fähigkeit des Emittenten einer Anleihe ist, das geliehene Geld auch wieder an die Gläubiger zurückzuzahlen, so ist seine Bonität einzustufen. Je schlechter die Zahlungsfähigkeit eines Schuldners, je niedriger also seine Bonität, desto höher ist auch der Zins (Risikoaufschlag). Daher zahlen Länder aus den Emerging Markets (Schwellenländern) höhere Zinsen auf ihre Anleihen als Industrieländer. Die Bonität von Schuldnern ist besonders wichtig für Rentenfonds, die ja mit Anleihen ihre Geschäfte machen.

Bottom-up-Ansatz:
Bei einem Aktienfondsmanagement nach dem Bottom-up-Ansatz konzentriert sich die Analyse auf einzelne Aktiengesellschaften.

BVI-Methode:
Ein wichtiger Faktor bei der Entscheidung für oder gegen einen Fonds ist seine Performance, also seine Ertrags- und Wertentwicklung. Anleger wollen die Fonds vergleichen. In Deutschland hat sich dafür die BVI-Methode eingebürgert. Der Bundesverband Deutscher Investmentgesellschaften (BVI) misst die Wertentwicklung der Fondsanteile unter folgenden Prämissen:
1. Der Fondsanleger legt die ausgeschütteten Gewinne inklusive der Körperschaftsteuer wieder an, und zwar indem er am Tag der Ausschüttung Anteile zum Rücknahmepreis erwirbt.
2. Thesaurierende Fonds reinvestieren die Kapitalertrag- und Körperschaftsteuer an dem Tag, an dem der Fonds die Steuern zahlt.

Der BVI behandelt die Steuerzahlungen eines thesaurierenden Fonds also wie Ausschüttungen, weil in der Praxis die Mehrzahl der Fondsanleger diese Steuern in voller Höhe gutgeschrieben erhalten. Nur bei sehr gut verdienenden Fondsanlegern, deren Jahressteuerfreibetrag überschritten wird, ist dies anders. Ausgabeaufschläge lässt der BVI unberücksichtigt, weil ihre Höhe sehr stark differiert und häufig auch Verhandlungssache ist. Das verwässert natürlich die jeweils errechnete Anlegerrendite per BVI-Methode etwas.

Cost-Average-Effekt:
Man nennt diesen Effekt auch Durchschnittskosten-Verfahren. Er kommt beim regelmäßigen Einzahlen in einen Fonds zustande, also bei langfristig angelegten Sparstrategien. Der Anleger kauft zum Beispiel monatlich für einen bestimmten Betrag Anteile eines Fonds. Er verfolgt also einen Ansparplan. Durch den starren Betrag kauft der Anleger bei niedrigen Fondspreisen viele Fondsanteile und bei hohen Fondspreisen wenige. Bei schwankenden Kursen ermäßigt sich über einen gewissen Zeitraum der durchschnittliche Einstandspreis für einen Fondsanteil. Der Fondssparer kann also bei einer regelmäßigen monatlichen Sparrate am Ende eines gewissen Zeitraums mehr Fondsanteile im Depot haben, als wenn er am Beginn den gleichen Betrag in Form einer Einmalanlage eingezahlt hätte. Denn der Cost-Average-Effekt ist umso vorteilhafter, je länger der Sparplan und je stärker die Kursschwankungen ausfallen. Er erweist sich aber als Nachteil, wenn der Fondsanleger bei einer Entscheidung für eine Einmalanlage am Anfang des gleichen Betrachtungszeitraums den Beginn steigender Kurse erwischt hätte.

DAX:
Der Deutsche Aktienindex DAX umfasst seit 1988 die 30 größten und umsatzstärksten deutschen Aktiengesellschaften, die so genannten Blue Chips.

Depot:
Damit sind alle von einem Anleger bei einer Bank hinterlegten Wertgegenstände, in unserem Fall insbesondere Investmentfonds-Anteile, gemeint.

Depotbank:
Sie verwahrt das Fondsvermögen, übernimmt eine Art Abrechnungskontrolle und prüft nach, ob die Wertpapierkäufe oder -verkäufe des Fondsmanagers zu den richtigen Kursen abgerechnet und auf den richtigen Konten verbucht wurden. Außerdem wirkt sie bei der Berechnung des Anteilswertes mit. Die Depotbank stellt dem Fonds für ihre Tätigkeit eine Depotbankgebühr in Rechnung. Der Fondsbesitzer nimmt diese nicht wahr, weil sie für ihn ja im Verborgenen arbeitet. Mit ihren Verwahr- und Kontrollpflichten nimmt sie aber einen wichtigen Part im Anlegerschutz ein. So bekommt der Anleger im Falle einer Insolvenz der Fondsgesellschaft sein Geld zurück.

Depotbankgebühr/Depotbankvergütung:
Sämtliche Kauf- und Verkaufsaufträge der Fondsmanager müssen an eine Geschäftsbank, die Depotbank, weitergereicht werden, bevor sie an die Börse gelangen. Das schreibt das Gesetz vor. Damit soll der Missbrauch von Anlegergeldern verhindert werden. Sämtliche Vermögenswerte eines Fonds müssen zudem bei dieser Geschäftsbank deponiert werden. Für diese Dienste stellt sie dem Fonds Jahr für Jahr Kosten in Höhe von etwa 0,01 bis 0,02 Prozent des durchschnittlichen Vermögens in Rechnung.

Depotgebühr:
Fondsanteile werden wie Aktien auch auf Depotkonten verbucht. Für die Führung eines Wertpapierdepots verlangen Geldinstitute, also Banken und Sparkassen, aber auch Investmentgesellschaften Gebühren.

Elastizität (positiv/negativ):
Damit kann man das Verhalten von Fonds in Phasen des Auf- und Abschwungs festhalten. Man misst damit, ob der Fonds besser oder schlechter als der Markt abgeschnitten hat. Die Elastizität wird als Ziffer in manchen Fondsführern aufgeführt. Für die langfristige Anlageentscheidung ein wichtiger Indikator. Ein Elastizitätsfaktor von 1 zeigt, dass ein Fonds sich ähnlich wie der Markt geschlagen hat. Liegt der Wert darüber, ist das positiv für den Fonds, weil er sich in Aufschwungphasen noch besser als der Markt geschlagen hat. Liegt er unter 1, ist es negativ, weil er in Abschwungphasen noch schlechter als der Markt abgeschnitten hat.

Fondsanteile:
Das sind Wertpapiere, genau wie eine Aktie oder eine Anleihe. Sie haben eine Wertpapierkennnummer (WKN) und wurden dem Sparer früher, wie Aktien auch, in Form echter Urkunden ausgehändigt. Doch davon wird heute abgesehen. Die Investmentzertifikate werden heutzutage nur noch auf Wertpapierdepots hin- und hergebucht.

Fondsbesteuerung:
Investmentfonds genießen, in Deutschland anders als zum Beispiel Lebensversicherungen, kaum besondere Steuervorteile. Eine Ausnahme: Kursgewinne von Wertpapieren im Fonds sind steuerfrei. Das gilt auch dann, wenn das Wertpapier innerhalb der einjährigen Spekulationssteuer verkauft wurde. Wenn also ein Aktienfonds die Aktie von DaimlerChrysler kauft und sie ein paar Monate später mit Gewinn wieder verkauft, ist dieser steuerfrei. Bei Immobilienfonds aber ist das anders. Da gilt auch innerhalb eines Fonds eine Spekulationsfrist von zehn Jahren.

Fondsdaten:
Wer einen Fonds auswählt, sollte stets seine elementaren Daten kennen oder zur Verfügung haben. Folgende Informationen sollte jeder Fonds bieten:
- Wertpapierkennnummer (WKN),
- Anlagegrundsätze (dazu gehören zum Beispiel Angaben über die Zusammensetzung des Portfolios, die Namen der großen Werte/Positionen im Fonds und die Strategie, also die Anlageziele des Investments),
- Auflegungsdatum,
- Geschäftsjahr (zum Beispiel vom 1. Oktober bis zum 30. September),
- Ausgabepreis (also der Anteilswert plus Ausgabeaufschlag in Prozent),
- Verwaltungsgebühr/Managementgebühr (hier die aktuelle Höhe in Prozent des Fondsvermögens/die maximale Höhe, da dieser Kostenposten schwankt; möglicherweise auch die erfolgsabhängige Vergütung),
- Verfügbarkeit (sie sollte an jedem Börsentag bestehen, damit der Kunde jederzeit über sein Vermögen verfügen kann),
- Volumen (Höhe des aktuellen Fondsvermögens),
- Ertragsverwendung (wie und wann ausgeschüttet wird),
- Depotbank (der Name des Instituts),
- Depotbankgebühr (hier die jährlichen Kosten in Prozent),
- Mindesteinlage (welche Höhe, falls erforderlich),
- Fondspreise (hier sind Fragen wichtig wie: Wo kann ich täglich meinen Fondspreis erfahren: in welcher Tageszeitung oder wie lautet die Nummer der Tafel im Videotext der jeweiligen Fernsehanstalt und wo gibt es aktuelle Informationen unter welcher Adresse im Internet?),

- Performance (seit dem Datum der Auflage und für das laufende Kalenderjahr).

Fondsshop:
Hinter einem Fondsshop stehen in der Regel mehrere unabhängige Vermittler. Diese sind wirtschaftlich gesehen nicht an eine bestimmte Investmentgesellschaft gebunden. Für jeden verkauften Fonds erhalten sie Provision vom Vertragspartner. Sie agieren also ähnlich wie Versicherungsvermittler. Der Anleger muss bei Fondsshops vorsichtig sein: Hier tummelt sich alles, vom qualifizierten Berater bis zum „Klinkenputzer".

Freistellungsauftrag:
Er verhindert in Deutschland den automatischen Abzug von Zinsabschlagsteuer (ZASt) und Kapitalertragsteuer (KapESt) auf Zinsen und Dividenden in Höhe des jeweiligen Sparerfreibetrags. Außerdem führt er zur sofortigen Gutschrift der Körperschaftsteuer (KSt). Deshalb muss auch kein Solidaritätszuschlag (Soli) abgeführt werden. In Deutschland unterliegen Kapitaleinkünfte wie alle anderen Einkünfte der Einkommensteuer. Die Steuerbelastung richtet sich nach dem Gesamteinkommen. Für Kapitaleinkünfte gilt ein Freibetrag von 3.000 für Ledige und 6.000 DM für Verheiratete. Dazu kommt eine Kostenpauschale von 100 beziehungsweise 200 DM. Anleger können bei einem oder auch bei mehreren Kreditinstituten diese Freistellungsaufträge erteilen. Insgesamt darf die Höhe des Freibetrages aber 3.100/6.200 DM nicht übersteigen. Für Kapitaleinkünfte, für die kein Freistellungsauftrag vorliegt, behält das jeweilige Kreditinstitut die Zinsabschlagsteuer von 30 Prozent ein. Die Steuer wird vom Geldhaus anonym an das Finanzamt überwiesen. Der Anleger erhält eine Steuerbescheinigung über den Betrag. Ein Beispiel: Erhält ein lediger Anleger insgesamt Kapitaleinkünfte aus Zinsen in Höhe von 10.000 DM und hat er die volle Höhe von 3.000 DM freigestellt, werden diese 3.000 DM dem Bundesamt für Finanzen mitgeteilt. Auf die restlichen 7.000 DM wird 30 Prozent Zinsabschlagsteuer erhoben und an das zuständige Finanzamt überwiesen. In seiner Steuererklärung gibt der Anleger dann die 10.000 DM an. 7.000 DM werden mit seinem persönlichen Steuersatz besteuert. Liegt der über 30 Prozent, muss er nachzahlen; liegt er darunter, erhält er eine Rückzahlung. Änderungen des Steuergesetzes muss der Anleger den jeweiligen Steuergesetzen entnehmen.

Freiverkehr:
Das Börsensegment mit den geringsten Auflagen. Hier werden die Aktien gehandelt, die weder zum amtlichen Handel noch zum geregelten Markt zugelassen sind. In Deutschland spezialisieren sich die Regionalbörsen auf den Handel mit diesen Papieren. Für Fondsmanager sind sie in der Regel zu riskant.

Geregelter Markt:
Ein Börsensegment an der Frankfurter Wertpapierbörse, das Unternehmen einen leichteren Zugang zur Börse bietet als der amtliche Handel. Aufgrund der niedrigeren Zulassungshürden ist der geregelte Markt für mittelständische Unternehmen ein preisgünstigerer Weg an die Börse. Fondsmanager interessieren sich für solche Aktien aber in der Regel nur dann, wenn sie gleichzeitig im Neuen Markt oder im SMAX notiert sind.

Jensen's Alpha:
Eine Kennziffer der Fondsanalytiker bei der Performancemessung. Sie misst die Überrendite eines Fonds gegenüber dem jeweiligen Marktindex und zeigt nicht nur die Leistung eines Fonds, sondern auch noch, mit welchem Risiko er sie zwischenzeitlich erreicht hat. Liegt das Jensen's Alpha etwa bei fünf, heißt das: Der betreffende Fonds hat in einem bestimmten Beobachtungszeitraum fünf Prozent mehr Rendite gemacht als der Gesamtmarkt, und das bei gleichem Risiko. Je höher diese Kennziffer liegt, desto mehr spricht das für den Fonds.

KAGG (Gesetz über Kapitalanlagegesellschaften):
Das KAGG schafft die Grundlage zur Überwachung der in Deutschland zugelassenen KAGs und des öffentlichen Vertriebs ausländischer Investmentanteile. Es verpflichtet Investmentgesellschaften zur Einhaltung bestimmter Anlagegrundsätze. Dazu gehört zum Beispiel die Risikostreuung. So darf ein Aktienfonds nur höchstens 40 Prozent in Aktien investieren, die einzeln mehr als fünf Prozent des Fondsvermögens ausmachen. Dadurch ist die für den Anleger so wichtige Streuung des Fondskapitals auf viele Einzelwerte gewährleistet. Das Gleiche gilt für Rentenfonds. Hier darf sich das Fondsmanagement genauso wenig von einem einzigen Emittenten abhängig machen. Kennzeichnend für die Fondsanlage überhaupt ist ein strenger Anlegerschutz. Das gilt seit dem Jahr 1957, in dem das KAGG geschaffen wurde!

Kapitalertragsteuer (KapESt):
Liegt dem Finanzamt kein Freistellungsauftrag vor oder übersteigen die Zinsen und die Dividende die im Freistellungsauftrag eingetragene Summe, werden 25 Prozent KapESt und der auf diesen Betrag fällige Solidaritätszuschlag in Höhe von 5,5 Prozent abgezogen.

Körperschaftsteuer (KSt):
30 Prozent KSt fallen bei ausgeschütteten inländischen Gewinnen von Körperschaften (das sind AGs, GmbH und Genossenschaften) an. Damit Dividenden nicht doppelt besteuert werden, wird die von dem betreffenden Unternehmen gezahlte KSt dem Aktionär oder Fondsanteilsbesitzer im Rahmen seiner

Steuererklärung als gezahlte Steuer angerechnet. Liegt ein Freistellungsauftrag vor, werden dem Fondsanteilsbesitzer oder Aktionär auf die Bardividende drei Siebtel der KSt gutgeschrieben.

KSO:
Das ist ein Beiblatt zur Steuererklärung. Darin sind Einkünfte aus Kapitalvermögen, also Zinsen und Dividenden, sowie „Sonstige Einkommen" zu deklarieren. Dazu gehören auch Erträge aus Spekulationsgeschäften, wie etwa aus dem Verkauf von Fondsanteilen innerhalb der Spekulationsfrist.

Kurs-Gewinn-Verhältnis (KGV):
Diese Kennzahl drückt das Verhältnis vom Börsenkurs einer Aktie zum Gewinn je Aktie aus. Liegt das KGV zum Beispiel bei zehn, so heißt das: Im Börsenkurs ist der Gewinn je Aktie zehnmal enthalten. Ein niedriges KGV bedeutet also eine niedrige Börsenbewertung und umgekehrt. Ein niedriges KGV kann aber auch heißen, dass die Aktie unterbewertet ist. Für Fondsmanager ist das KGV eine der zentralen Kennziffern bei der Bewertung eines Unternehmens.

Management-Fee/Managementgebühr:
Siehe Verwaltungsgebühr.

Managementrisiko:
Fondsanleger lassen ihr Kapital durch speziell ausgebildete Manager verwalten. Doch auch deren Entscheidungen müssen sich nicht immer als richtig erweisen. Der Beweis dafür ist, dass die wenigsten Fondsmanager ihre Benchmark schlagen. Außerdem: Das Vergütungssystem der Fondsmanager durch Erfolgsprämien erzeugt gewissermaßen ein zwangsläufiges Systemrisiko. Wer besondere Leistungen, also besondere Performance, prämiert bekommt, der ist zumindest theoretisch der Gefahr ausgesetzt, leichtsinnig mit dem Geld der Anleger umzugehen, also zu hohe Risiken bei der Anlage des ihm anvertrauten Kapitals einzugehen. Der Fondsanleger muss sich also bewusst sein, dass er mit der von ihm selbst delegierten Anlageentscheidung an Fondsmanager ein permanentes Managementrisiko eingeht. Spektakuläre Fälle bei amerikanischen Hedge-Fonds haben dieses Risiko in jüngster Vergangenheit erst wieder vor Augen geführt.

Marktrisiko:
Mit Fonds kann man sich mit wenig Kapital an einer Vielzahl von Wertpapieren, egal ob Renten oder Aktien, beteiligen. Das vermindert grundsätzlich die Risiken, die beim Kauf einzelner Wertpapiere entstehen, aber es eliminiert sie nicht. Fondsanleger geben ihr Geld zwar in die Hände von professionellen Anlegern, den Fondsmanagern, doch die stecken es gleichwohl in Risikopapiere. Fonds-

sparer gehen damit wie Aktionäre auch ein Marktrisiko ein. Beispiel: Verlieren die Aktienmärkte an Wert, bleiben die Aktienfonds davon nicht verschont.

Mindestanlagesumme:
Fonds verlangen vom Anleger von Fall zu Fall eine Mindestanlagesumme, beispielsweise 5.000 DM. Erst diese Mindestsumme berechtigt zum weiteren Sparen in den entsprechenden Fonds.

MSCI:
MSCI steht für Morgan Stanley Capital International Indices. Der amerikanische Finanzdienstleister hat für verschiedene Börsen der Welt Indizes entwickelt. Sie helfen den Investoren, einzelne Märkte untereinander zu vergleichen, und dienen als Benchmark für Investmentfonds.

Nasdaq:
Der weltweit erste, 1997 gegründete elektronische Aktienmarkt. Nasdaq steht als Kürzel für das elektronische Handelssystem der nationalen amerikanischen Vereinigung der Wertpapierhändler, der National Association of Securities Dealers Automated Quotes Systems. Für Investmentgesellschaften ist die Nasdaq so wichtig wie die New York Stock Exchange, die Nyse, wo der Dow Jones auf dem Börsenparkett gehandelt wird. Über 5.000 inländische und ausländische Aktien werden an der Nasdaq gehandelt. Immer mehr europäische Aktiengesellschaften gehen neben ihren Heimatbörsen auch an die Nasdaq, um so auch amerikanisches Anlagekapital zu gewinnen.

Neuer Markt (Nemax):
Der Neue Markt (das Kürzel lautet Nemax) wurde im März 1997 an der Frankfurter Wertpapierbörse als Aktienindex für junge, innovative Wachstumswerte eingerichtet. Damals wurden gerade einmal zwei Unternehmen gelistet. Sein Vorbild ist die New Yorker Nasdaq. Die Akzeptanz ist sehr hoch. Der Kurszettel des „Neuen Marktes" erweitert sich mittlerweile jedes Jahr um weit über hundert Unternehmen aus allen Ländern. Mitte des Jahres 2000 waren bereits deutlich über 40 ausländische Unternehmen am Neuen Markt gelistet. Das waren immerhin rund 17 Prozent aller gelisteten Unternehmen. Die Aufteilung der Unternehmen auf die Länder belegt die wachsende internationale Attraktivität des Neuen Marktes:

24 %	Österreich	7 %	Großbritannien
22 %	USA	5 %	Luxemburg
14 %	Israel	2 %	Ungarn
12 %	Schweiz	2 %	Irland
10 %	Niederlande	2 %	Frankreich

Die meisten Firmen kommen aus den TMT-Bereichen, also Technologie, Multimedia und Telekommunikation. Wie wichtig der Neue Markt mehr und mehr auch für Investmentfonds wird, zeigt die Tatsache, dass die Deutsche Börse in Frankfurt dem ungeheuren Wachstum des Index Rechnung getragen und zehn verschiedene Branchenindizes für den Neuen Markt aufgelegt hat:
1. Biotechnologie
2. Finanzdienstleistungen
3. Industrie- und Industriedienstleistungen
4. Internet
5. IT-Dienstleistungen
6. Medien und Unterhaltung
7. Medizintechnik und Gesundheit
8. Software
9. Technologie
10. Telekommunikation

Damit kann jede Neue-Markt-Aktie einem bestimmten Sektor zugeordnet werden. Für nationale und vor allem internationale Investmentgesellschaften erhöht diese Sektorenzuordnung die Transparenz des deutschen Aktienmarktes und erleichtert die Anlageentscheidungen. Da das Emissionsgeschäft am Neuen Markt außerordentlich blüht, haben sich bereits zwei Indizes zur besseren Übersicht gebildet:
- Der Nemax all share umfasst alle Werte, die am Neuen Markt gehandelt werden.
- Der Nemax 50 ist gewissermaßen der Blue-Chip-Index am Neuen Markt. Er führt die jeweils 50 größten Unternehmen nach Börsenumsatz und Marktkapitalisierung.

Es dürfte nur eine Frage der Zeit sein, bis die ersten reinen Indexfonds auf den Nemax all share und den Nemax 50 sowie die oben erwähnten Branchenindizes angeboten werden.

No-Load-Fonds:
Fonds ohne Ausgabeaufschlag. Sie heißen auch gelegentlich Trading-Fonds oder Typ-0-Fonds. Einige KAGs hängen außerdem den Zusatz „net" (= netto) an den Fondsnamen. Nicht alle Fonds erheben einen Ausgabeaufschlag. Die Kosten, die in der Regel durch den Ausgabeaufschlag gedeckt würden, werden bei dieser Fondsgattung durch eine höhere Verwaltungsvergütung abgegolten. Investoren, die in kurzen Anlagezeiträumen denken, sind mit No-Load-Fonds gut bedient. Bei ihnen muss der Fondsmanager nicht erst den Ausgabeauf-

schlag hereinholen, bevor er mit seinem Fonds Rendite erzielt. Umgekehrt gilt aber: Mit längerer Laufzeit werden die Fonds mit üblicher Gebührenstruktur konkurrenzfähiger. Wer bei seinem Fonds mit Ausgabeaufschlag einen Rabatt herausschlagen kann, liegt langfristig von der Rendite her – statistisch betrachtet – besser als mit einem No-Load-Fonds.

Performance:
So wird die Wertentwicklung einer Kapitalanlage bezeichnet. Bei Fonds heißt das: Während eines bestimmten Zeitraums wird die Veränderung der Anteilswerte gemessen. Daraus ergeben sich wichtige Kennziffern für eine Anlageentscheidung. Der Anleger kann also entscheiden, welche Fonds einer gleichen Klasse besser oder schlechter abgeschnitten haben. Grundsätzlich lässt sich festhalten: Ein Investmentfonds liefert eine gute Performance, wenn er über mehrere Jahre hinweg über den Durchschnittserträgen einer Gruppe vergleichbarer Fonds gelegen hat. Dann gehört er zur attraktiven Gruppe der so genannten Outperformer. In vielen Finanzzeitungen findet man Fondshitlisten. Einige veröffentlichen regelmäßig ein Fondsranking. Dort findet der Interessent Ranglisten mit Investmentfonds. Sie werden gemäß der Performance, die sie in der Vergangenheit erzielt haben, aufgeführt. Für jeden Anleger sollte die historische Performance ein wichtiger Indikator für die Leistung in der Zukunft sein.

Portfolio/Portefeuille:
Das ist die Zusammensetzung eines Fonds. In ihm sind die verschiedenen Wertpapiere, also Aktien, Renten oder Immobilien, aufgeführt und wertmäßig erfasst.

Private Veräußerungsgeschäfte (Spekulationsgeschäfte):
Seit 1999 heißt es im Einkommensteuergesetz nicht mehr Spekulationsgeschäft, sondern „privates Veräußerungsgeschäft". Dazu gehört auch der Handel mit Investmentfonds. Über der 1.000-DM-Freigrenze hinaus muss danach der Spekulationsgewinn voll versteuert werden, wenn er innerhalb der Spekulationsfrist erzielt wurde. Diese Freigrenze betrifft den Betrag, der nach Abzug der mit dem Kauf und Verkauf von Wertpapieren verbundenen Kosten herauskommt. Wichtig: 999,99 DM bleiben steuerfrei. Nur ein Pfennig mehr, und die vollen 1.000 DM sind steuerpflichtig, da es sich um eine Freigrenze und nicht um einen Freibetrag handelt. Gegenwärtig läuft ein Verfahren vor dem Bundesfinanzhof (BFH) zum Thema: Ist die Besteuerung von Spekulationsgewinnen verfassungswidrig? Auch wenn die Erfolgschancen nicht sehr hoch sind, wird das Urteil von der Finanzgemeinde in Deutschland mit Spannung erwartet. Sollte bis

zum Erscheinen dieses Fachbuchs die Entscheidung noch nicht gefällt sein, so empfiehlt es sich für Anleger, die ihre „Privaten Veräußerungsgeschäfte", also Spekulationsgewinne ordnungsgemäß versteuert haben, gegen ihren Steuerbescheid Einspruch zu erheben. Damit wird der Einspruch auf das anhängige BFH-Verfahren mit dem Aktenzeichen IX R 62/99 gestützt. Der Anleger erreicht auf diese Weise, dass sein Verfahren ruht und er von einer etwaigen positiven Entscheidung des höchsten deutschen Steuergerichts profitiert.

Quellensteuer:
Wer sein Geld im Ausland anlegt, der sollte mit den steuerlichen Regelungen dort vertraut sein. Fast jeder Staat hat eigene Quellensteuern auf Zinsen und Dividenden. Anders als in Deutschland, wo Kapitaleinkommen bisher mit dem persönlichen Einkommensteuersatz besteuert werden, erheben viele Staaten eine Quellensteuer auf Kapitaleinkünfte, die direkt von den Kreditinstituten an die Finanzämter abgeführt wird. Für deutsche Investoren ist es also wichtig, eine doppelte Besteuerung zu vermeiden. Durch Doppelbesteuerungsabkommen (DBA) mit inzwischen über 70 Staaten verhindert der deutsche Fiskus, dass ein Anleger hier zu Lande gleich zweimal besteuert wird, und zwar durch den Quellensteuerabzug im Ausland und, sobald der Steuerfreibetrag hier überschritten ist, über die hiesige Einkommensteuer. Der Prozess verläuft so:

Sobald ein deutscher Investor Zinsen und Dividenden von ausländischen Fonds oder Aktiengesellschaften erhält, hat das Finanzamt des jeweiligen Landes den ersten Zugriff. Dieses zieht den dort vorgeschriebenen Quellensteuersatz ab. Das wiederum wertet der deutsche Fiskus teilweise als Vorauszahlung des Anlegers auf seine heimische Steuerschuld. Die Quellensteuer im Ausland ist demnach für den Anleger grundsätzlich nicht verloren, weil sie ja in Deutschland berücksichtigt wird. Aber: Die Wege, wie der Anleger nun zu seinem Geld kommt, sind verschlungen. In einigen Ländern unterliegen nur Dividenden, nicht aber Zinseinkünfte der Steuerpflicht; in anderen Ländern Dividenden und Zinsen. Die Quellensteuer im Ausland beträgt je nach Land zwischen 15 und 45 Prozent. Um die im Ausland bezahlte Quellensteuer zu Hause anrechnen zu lassen, gibt es spezielle Formulare, zum Beispiel beim Bundesamt für Finanzen. Die deutschen Finanzverwaltungen müssen in diesen Prozess eingebunden sein, sonst akzeptieren die Behörden im Ausland die Vorgehensweise nicht. So muss das Finanzamt des Antragstellers den Wohnsitz bestätigen. Ohne Stempel geht also nichts. Das Erstattungsverfahren für im Ausland zu viel gezahlte Quellensteuer ist kompliziert und läßt sich anhand eines Einzelfalls nicht repräsentativ darstellen. Jeder Anleger mit Kapitaleinkünften im Ausland muss also seinen eigenen Fall sorgsam studieren und nötigenfalls mit seinem Steuerberater durchrechnen, ob sich so viel Mühe und Papierkrieg mit den ausländischen Behörden überhaupt lohnt.

Rechenschaftsbericht:
Eine KAG muss über jeden ihrer Fonds einen jährlichen Rechenschaftsbericht vorlegen, und zwar spätestens drei Monate nach Ablauf des Geschäftsjahres. Darin stehen:
- die Vermögensaufstellung,
- die Aufwands- und Ertragsrechnung,
- die Höhe der eventuellen Ausschüttungen.

REITs:
Die amerikanische Abkürzung für Real Estate Investment Trusts. REITs sind börsennotierte Aktiengesellschaften mit dem einzigen Geschäftszweck, in gewerblich oder privat genutzte Immobilien zu investieren. Die Idee stammt aus den USA. Der Preis der REITs regelt sich im Gegensatz zu den offenen Immobilienfonds über Angebot und Nachfrage an der Börse. Es besteht, wie bei einer Aktiengesellschaft üblich, keine Rücknahmepflicht. Demgegenüber sind offene Immobilienfonds, die in Deutschland aufgelegt werden, nicht börsennotiert. Der Preis ihrer Anteile ergibt sich aus den im Fonds enthaltenen Vermögensgegenständen, geteilt durch die Zahl der ausgegebenen Anteile, und wird börsentäglich veröffentlicht. Zu diesem Preis müssen die offenen Immobilienfonds die Anteile vom Anleger jederzeit zurücknehmen.

Rücknahmegebühr:
Siehe Ausgabepreis.

Sharpe-Ratio:
Mit dieser Kennzahl misst man die Überschussrendite, gemessen am Risiko, das man mit einem bestimmten Wertpapier eingeht. Die Überschussrendite ist dabei als die über die sichere Geldmarktanlage hinausgehende Rendite definiert. Das Risiko des Fonds wird durch seine Volatilität ausgedrückt. Wenn also zum Beispiel über den gleichen Zeitraum ein relativ risikoloser Geldmarktfonds drei Prozent Rendite abwirft, ein Aktienfonds aber zehn Prozent, so hat dieser eine Überschussrendite von sieben Prozent. Kalkuliert man bei dem Aktienfonds eine generell höhere Volatilität, also ein viel höheres zwischenzeitliches Risiko ein, dann muss dieses Investment nicht vernünftiger gewesen sein. Ein Anleger sollte wissen, welcher Fonds welche Rendite mit welchem Risiko erwirtschaftet hat. Dabei hilft die Sharpe-Ratio-Kennzahl. Sie erleichtert die Investitionsentscheidung des Anlegers, wenn er zwischen zwei Fonds wählen soll, von denen der eine etwas weniger Rendite abwirft als

der andere, dafür aber viel weniger Risiko mit sich bringt. Je positiver die Sharpe-Ratio-Kennzahl ausfällt, desto mehr spricht sie für den jeweiligen Fonds. Fällt sie unter null, dann ist Vorsicht angesagt.

SICAV/S:
In Frankreich und Luxemburg übliche Aktiengesellschaft, die den in Deutschland üblichen Investmentgesellschaften vergleichbar ist. Sicav steht für Société d'Investissement à Capital Variable, also Investitionsgesellschaften mit variablem Aktienkapital. Sie unterscheiden sich in verschiedenen Punkten von gewöhnlichen Aktiengesellschaften. In der Regel bedarf es für deren Genehmigung nur eines Antrags auf Vertriebszulassung beim BAKred, dem dann nach einigen Monaten Bearbeitungsfrist zugestimmt wird. Fonds nach Luxemburger Recht sind zudem in der ganzen Europäischen Union zum Vertrieb zugelassen.

Small Caps:
Gering kapitalisierte oder kleinere Aktiengesellschaften. In Deutschland wird seit April 1999 die Entwicklung der bedeutendsten Small Caps durch den Nebenwerte-Index SMAX widergespiegelt. Der ist eine Ergänzung zu den hundert großen Aktiengesellschaften im DAX und im MDAX.

SMAX:
SMAX heißt der Index der Deutschen Wertpapierbörse in Frankfurt für Small Caps, also Nebenwerte. Damit setzt die Börse ihr Konzept der Themenmärkte fort. Das waren bis April 1999 DAX, MDAX und Neuer Markt. SMAX soll durch eine erhöhte Attraktivität die Liquidität neuer und bereits börsennotierter, aber vernachlässigter Aktien erhöhen. Um in den SMAX zugelassen zu werden, müssen eine Reihe von Qualitätsmerkmalen erfüllt werden, wie die Veröffentlichung von Quartals- und Jahresberichten, die Einsetzung eines Kursbetreuers oder die Veranstaltung von Analystenkonferenzen. Damit soll sichergestellt werden, dass die SMAX-Werte einen hohen Standard an Kommunikation, Liquidität und Transparenz erreichen.

Der Bekanntheitsgrad vieler deutscher Small Caps aus mittelständischen Traditionsbranchen ist noch immer gering. Nur wenige Fondsmanager warfen bis vor ein paar Jahren ein Auge auf die kleineren Aktiengesellschaften. Der Börsenhandel mit den durchaus lukrativen Nebenwerten außerhalb der etablierten Börsenindizes wie DAX für die Blue Chips, MDAX für die mittelgroßen Unternehmen oder Neuer Markt für junge und innovative Technologieunternehmen funktionierte bis vor kurzem nur unbefriedigend. Trotz häufig solider Fundamentaldaten stehen diese Unternehmen außerhalb des Rampenlichts. Ihr Kurspotenzial kann oft nicht voll ausgereizt werden. Auf Grund mangelnder Kommunikation, Transparenz und Liquidität engagieren sich Investoren in diesen Werten bislang nur begrenzt. Dabei gibt es unter den Small Caps eine Vielzahl interessanter Unternehmen mit Wachstumsaussichten.

Diesen Unternehmen bietet seit April 1999 der SMAX eine neue, attraktive Plattform. Ziel ist es, neben dem Neuen Markt ein weiteres Forum für kleinere Titel unterhalb von DAX und MDAX zu schaffen, die bereit sind, hohe Qualitätsstandards hinsichtlich Kommunikation, Transparenz und Liquidität zu erfüllen. Den Unternehmen bietet die Mitgliedschaft im SMAX die Möglichkeit, sich hierdurch bei institutionellen wie privaten Investoren aus der Masse der Nebenwerte herauszuheben. Anders als der Neue Markt richtet sich der SMAX aber nicht an junge Hightech-Unternehmen, sondern an etablierte Unternehmen aus bewährten, mittelständischen Branchen, die den Weg an die Börse riskieren und für Fondsmanager interessant werden wollen.

Durch Liquidität und Transparenz die Aufmerksamkeit der Fondsmanager erregen, das ist nämlich eine der Aufgaben von SMAX. Denn die Börsenpreise international gehandelter Blue Chips spiegeln heute weitgehend die Marktlage dieser Unternehmen wider. Dafür sorgen jederzeit zugängliche, qualitativ hochwertige Informationen und hohe Liquidität im Handel. Zahlreiche Small Caps sind dagegen noch unterbewertet, obwohl viele von ihnen über erhebliches Kurspotenzial verfügen. Das Beispiel Neuer Markt zeigt, dass auch kleine Werte dieses Potenzial ausreizen können, wenn sie in das Blickfeld des Investoreninteresses gelangen. Die Faktoren, die zu diesem Erfolg beigetragen haben, wendet die Deutsche Börse AG nun auf den zusätzlichen Index für Small Caps an (SMAX = Small Cap Exchange).

Viele Small Caps aus traditionellen Branchen sind mit einem vergleichsweise niedrigen Kurs-Gewinn-Verhältnis (KGV) eher unterbewertet. Ihre fundamentalen Unternehmensdaten sind vielversprechend, doch ihr Bekanntheitsgrad ist gering und es mangelt ihnen an Transparenz und Liquidität im Börsenhandel. Anleger, die kleine Spezialwerte mit soliden Wachstumsaussichten und relativ geringem Risiko suchen, verfügen bisher über keine ausreichende Informationsbasis. Sie müssen auf Grund der niedrigen Liquidität hohe Geld-Brief-Spannen, also Unterschiede bei Kauf und Verkauf, hinnehmen. Außerdem sind die Wartezeiten bis zur Orderausführung länger als bei anderen Werten. Was bisher fehlte, war ein Forum für Investoren, auf dem sich solide Small Caps – gewissermaßen kleine Standardwerte – aus der Masse der Nebenwerte herausheben können. Dafür sorgt der neue Index SMAX.

Notwendige Voraussetzung für die Aufnahme in den SMAX ist die Zulassung an der Frankfurter Wertpapierbörse (FWB) etwa zum amtlichen Handel oder zum geregelten Markt. Diese Marktsegmente sind organisierte Märkte im Sinne der Wertpapierdienstleistungs-Richtlinien der EU. Erst dadurch wird es für viele große institutionelle Investoren wie Investmentfonds möglich, sich auf diesen Märkten zu engagieren. Doch die Zulassungskriterien für den amtlichen Handel und den geregelten Markt reichen nicht aus. Das neue Qualitätssegment SMAX verlangt einige Gütesiegel. Die Kandidaten müssen eine Reihe von Maßnahmen ergreifen, um die Zulassung zu erreichen. Zum 1. Januar 2000 wurde das Regelwerk als Reaktion auf die gestiegenen Anforderungen des europäischen Kapitalmarktes noch einmal verschärft. Von Anfang an hatten auch ausländische Aktiengesellschaften die Möglichkeit, beim SMAX mitzumachen:

- Quartalsberichte: SMAX-Unternehmen müssen einen Drei-, Sechs- und Neunmonatsbericht veröffentlichen. Die Berichte sind spätestens zwei Monate nach Abschluss der Berichtsperiode zu veröffentlichen und ihr Inhalt muss bestimmte Vorgaben erfüllen. Vier Monate nach Abschluss des Geschäftsjahres ist die Publikation des Jahresabschlussberichts Pflicht. Damit die Unternehmen auch im Ausland Interesse erwecken und somit insbesondere von den Chancen profitieren können, die der Euro bietet, empfiehlt die Deutsche Börse die Veröffentlichung dieser Berichte auch in englischer Sprache. Hinzu kommt ab dem Jahr 2002 die Erstellung des Jahresabschlusses und der Zwischenberichte nach internationalen Bilanzierungsregeln IAS (International Accounting Standards oder US-GAAP).
- Designated Sponsors: Die Kandidaten für SMAX müssen ein Kreditinstitut oder ein Finanzdienstleistungsunternehmen als Designated Sponsor in Xetra (das ist das computergesteuerte Handelssystem für Wertpapiere im Gegensatz zum Parketthandel) beauftragen. Aufgabe des Designated Sponsor ist es, auf Anfrage von Marktteilnehmern oder auf eigene Initiative verbindliche Kauf- und Verkaufsangebote in das elektronische Orderbuch von Xetra zu stellen. Dadurch erhöht er die Liquidität der betreuten Aktie und somit die Wahrscheinlichkeit, dass eine Order zu einem marktgerechten Preis in kürzester Zeit gematcht (also festgelegt und verkauft) wird. Gerade für Small Caps ist die jederzeitige Handelbarkeit von elementarer Bedeutung.
- Freefloat: Der Anteil der frei handelbaren Aktien muss mindestens 20 Prozent betragen; die Deutsche Börse empfiehlt 25 Prozent oder mehr. Je höher dieser Anteil, desto höher ist auch die Liquidität der Aktie und desto attraktiver wird sie letztlich für Investoren.
- Übernahmekodex: Die Emittenten müssen den Übernahmekodex anerkennen. Der Übernahmekodex schafft klare Rahmenbedingungen für eine transparente, faire und anlegerfreundliche Durchführung von Übernahmen.
- Vorstand und Aufsichtsrat: Der Anteilsbesitz von Vorstand und Aufsichtsrat ist einmal jährlich zu veröffentlichen – in der Regel im Jahresbericht.

- Bei Neuemissionen gilt für die Altaktionäre eine Haltefrist für ihre Anteile von mindestens sechs Monaten (so genannte Lock-up-Frist).
- Es muss mindestens eine Analystenveranstaltung pro Jahr abgehalten werden.
- Ab dem Jahr 2002 müssen Ad-hoc-Berichte auch in englischer Sprache verfasst werden.

Die verschärften Zugangsvoraussetzungen und Aufnahmebedingungen ab dem 1. Januar 2000 stellen die Kommunikationsbereitschaft der SMAX-Kandidaten mit den Anlegern in den Vordergrund. Das Börsensegment SMAX soll als ein Qualitätssiegel für Small Caps den Zugang zu Investoren und Analysten auf nationaler und internationaler Ebene erleichtern und für einen möglichst hohen Bekanntheitsgrad in der Finanzwelt sorgen. Dies erfordert hohe Offenheit und Kommunikationsbereitschaft auf Unternehmensseite. Vor allem Investoren wie die Fondsmanager legen immer mehr Wert auf Investor Relations – deshalb die hohen Zulassungshürden für SMAX, die deutlich über die Teilnahmekriterien hinausgehen, die etwa für das Börsensegment geregelter Markt gelten.

Solidaritätszuschlag (Soli):
Er beträgt zurzeit 5,5 Prozent in ganz Deutschland und wird auf die Einkommensteuer sowie die Körperschaftsteuer (KSt) bei der Gesellschaft erhoben.

Sondervermögen:
Das bei der KAG gegen Ausgabe von Anteilsscheinen angelegte Geld bildet ein Sondervermögen. Dieses ist von dem eigenen Vermögen der KAG getrennt zu halten. Für die Verwaltung des Sondervermögens schreibt das KAGG eine angemessene Risikostreuung der angelegten Gelder vor, um so die Investoren zu schützen. Die KAG und die Depotbank, die mit der Verwahrung des Sondervermögens beauftragt wird, handeln unabhängig voneinander. Wichtig: Das Sondervermögen haftet nicht für Verbindlichkeiten der KAG. Sollte diese gegen ihre Verpflichtungen verstoßen, macht sie sich schadenersatzpflichtig.

Sparerfreibetrag:
Für die Steuererklärung seit Januar 2000 gelten Sparerfreibeträge von 3.000 DM für Ledige und 6.000 DM für Verheiratete zuzüglich 100 beziehungsweise 200 DM Werbungskostenpauschalbetrag. Die Beträge bis einschließlich 1999 lagen jeweils doppelt so hoch. Entscheidend ist, dass die Höhe dieser Sätze je nach der gerade aktuellen Steuergesetzgebung schwankt.

Spekulationsfrist:
Sie beträgt für Wertpapiere (dazu zählen auch Anteile an Investmentfonds und offenen Immobilienfonds) zwölf Monate. Wichtig: Spekulationsgewinne, die ein Investmentfonds innerhalb der Spekulationsfrist erzielt, sind für den Anle-

ger steuerfrei. Aber: Erträge, die ein offener Immobilienfonds bei einem Verkauf während der Spekulationsfrist von zehn Jahren für Immobilien realisiert, müssen versteuert werden.

Swiss New Market:
Das Wachstumssegment der Schweizer Börse (SWX) entspricht dem Neuen Markt in Frankfurt. Entsprechend verhält der Swiss New Market sich zum SMI, dem Schweizer Blue-Chip-Index, wie der Neue Markt zum DAX. Außer Schweizer Unternehmen sind auch Firmen aus den USA, den Niederlanden und Österreich gelistet. Ende Juni 2000 standen zwar erst zwölf Unternehmen auf dem Kurszettel. Doch das noch sehr junge Börsensegment ist auch erst im Kommen.

Switchen:
Das Wechseln mit der Anlagesumme von einem Fonds in einen anderen nennt man switchen. Dabei fällt je nach Investmentgesellschaft eine Switch-Gebühr an. In der Regel ist sie niedriger als der übliche Ausgabeaufschlag.

Thesaurierende Fonds:
Siehe ausschüttende Fonds.

Top-down-Verfahren:
Bei einem Aktienfondsmanagement nach dem Top-down-Verfahren suchen die Manager zunächst bestimmte Länder oder Wirtschaftszweige aus, die im Fonds vertreten sein sollen, und beginnen dann erst mit der Auswahl vielversprechender Aktiengesellschaften in den jeweiligen Staaten beziehungsweise Branchen. Das entgegengesetzte Analyseverfahren ist das Bottom-up-Verfahren.

Total Expense Ratio (TER):
Zusammenfassung aller Kosten, die in einem Fonds entstehen. Mit der TER beurteilt man die Gesamtkostenbelastung eines Fonds in einem Jahr. Normalerweise sind unter Anlegern nur der Ausgabeaufschlag und die Managementgebühr bekannt. Dabei fallen viel mehr Gebühren- und Kostenposten an. Die zentrale Kennzahl TER umfasst alle Kosten. Sie ist somit die Summe aller Fondskosten. Dazu gehören Kosten, die beim Erwerb und Verkauf von Wertpapieren entstehen, die Depotbankgebühr, die Managementgebühr und so weiter. Die TER weist mit einer einzigen Prozentzahl aus, was das Fondsvermögen und den Anlagebetrag jährlich schmälert. Das erleichtert die Vergleichbarkeit der Fonds unter Kostengesichtspunkten erheblich. Sie setzt sich als Kennziffer immer mehr durch.

Treynor-Ratio:
Diese Kennziffer misst die Performance eines Fonds unter Gesichtspunkten der Marktschwankung. Wenn also der Referenzindex eines Fonds hinauf- oder hinuntergeht, zeigt die Treynor-Ratio, wie sich der Fonds im Verhältnis zum Markt geschlagen hat.

Verkaufsprospekt:
Anleger brauchen vor einer Investition Informationen über Fonds. Sie wollen etwas wissen über Ertrag, Kosten, Vertrieb usw. Eine wichtige Quelle ist der Verkaufsprospekt, auf den der Investor vor dem Vertragsabschluss ein verbrieftes Recht hat. Darin erfährt er etwas über die Zusammensetzung des Fonds, den Vergleichsindex, die bisherigen Renditen und den Anteilswert.

Verwaltungsgebühr:
Die Verwaltung eines Investmentfonds verursacht Kosten. Die Investmentgesellschaft muss Räume anmieten, Fondsmanager bezahlen, Fondspreise berechnen und die Anleger laufend mit Informationen versorgen. Zur Deckung dieser Ausgaben entnimmt die Investmentgesellschaft dem Fondsvermögen jedes Jahr einen gewissen Geldbetrag, die Verwaltungsgebühr. Sie wird auch Management-Fee oder Managementgebühr genannt. Die Höhe kann man den Vertragsbedingungen des Fonds entnehmen. Üblich sind Prozentsätze von 0,5 bis 1,0 Prozent, und zwar immer bezogen auf das durchschnittliche Fondsvermögen. No-Load-Fonds sind im Allgemeinen etwas teurer, weil sie keinen Ausgabeaufschlag verlangen. Einige Investmentgesellschaften verlangen für ihre Produkte leistungsabhängige Verwaltungsgebühren. Das funktioniert nach folgendem Prinzip: Wenn die Wertentwicklung des Fonds den Vergleichsindex übertrifft, so wird das Fondsmanagement mit einem bestimmten Anteil an der Überperformance beteiligt. Kritiker halten diese Art der abhängigen Gebühr für seltsam. Sie begründen das mit dem Argument, dass ein Fondsmanager stets das Ziel haben sollte, den Vergleichsindex zu schlagen. Andernfalls könne der Anleger sich doch gleich einen Indexfonds kaufen. Dann unterliege er wenigstens nicht dem Stress, ob das Fondsmanagement es auch wirklich schafft, den Vergleichsindex zu übertreffen. Im Übrigen: Die Fonds, die für eine Outperformance ein Extrahonorar verlangen, gewähren nach Information des Verfassers im Gegenzug keine Gebührenminderung, wenn sie mit ihrer Wertwicklung unter der des Vergleichsindexes liegen.

Vienna Dynamic Index (ViDX):
Seit Mai 2000 berechnet auch die Wiener Börse einen neuen Index für Wachstumsaktien. Mit dem ViDX zieht die Wiener Börse in gewissem Sinn mit den Nachbarbörsen Frankfurt und Zürich gleich, also mit dem Neuen Markt und

dem Swiss New Market. Als Aufnahmekriterium in den neuen Wachstumsindex ist die Zugehörigkeit zum Internet-, Computer-, Informationstechnologie-, Biotechnologie- oder Umwelttechnologiebereich festgeschrieben.

Volatilität:
Sie drückt innerhalb eines bestimmten Betrachtungszeitraums die Schwankungsbreite der Kurse eines Wertpapiers um einen Durchschnittswert aus. Zehn Prozent Volatilität bedeuten also, dass der Kurs des jeweiligen Wertpapiers in dem bestimmten Zeitraum zwischen 90 und 110 Prozent des aktuellen Kurswertes geschwankt hat. Das gilt nicht nur für Aktien, sondern auch für Investmentfondsanteile. Hohe Volatilität, also Auf und Ab der Kurse, bedeutet somit hohes Risiko.

Wachstumsfonds/Growth-Fonds:
Deutsche Bezeichnung für Growth Stock Fonds. Das sind Fonds, die in Wertpapiere investieren, welche in Zukunft ein weit überdurchschnittliches Gewinnpotenzial erwarten lassen. Es ist also weniger die Betrachtung der Vergangenheit eines Unternehmens entscheidend als vielmehr der Blick nach vorne, nach den Erträgen in der Zukunft. Sollten die Wachstumsaussichten sich nicht erfüllen, steigen die Verlustrisiken solcher Fonds enorm. Fondsmanager, die auf Wachstumswerte setzen, setzen auf Firmen, die mehr und mehr an den weltweiten Börsen mit Wachstumssegmenten gelistet sind. Die Wichtigsten sind:
1. Nasdaq – New York (US-Technologiebörse)
2. EASDAQ – Brüssel
3. Nouveau Marché – Paris
4. Nuovo Mercato – Mailand
5. SWX New Market – Zürich
6. AIM – London
7. Neuer Markt – Frankfurt
8. Euro. NM – Belgien
9. NMAX – Amsterdam
10. Austrian Growth Market – Wien

Wechselkursrisiko:
Besteht das Vermögen eines Fonds aus Wertpapieren, die auf ausländische Währungen wie Dollar oder Yen lauten, setzen sich die Anleger der Gefahr von Wechselkursschwankungen aus. Ein Rückgang beim Dollar zum Beispiel kann sogar zum Rückgang des Anteilswertes führen, wenn die Börsenkurse in den USA gestiegen sind. Deshalb versuchen Fondsmanager, Wechselkursschwankungen abzusichern. Die Kosten dafür drücken aber das Fondsvermögen.

Wertefonds/Value-Fonds:
Deutsche Bezeichnung für Value Stock Fonds, die im Gegensatz zu Wachstumsfonds auf Wertpapiere setzen, welche eine stabile Ertragsbasis bieten und regelmäßig Dividende ausschütten.

Wertpapierkennnummer (WKN):
Eine Zahl, die Wertpapieren zugeordnet wird. Damit kann man sie in den oft seitenlangen Kurstabellen in Zeitungen und Zeitschriften leichter identifizieren.

Window Dressing:
So bezeichnet man den Versuch institutioneller Anleger, ihre Performance durch gezielte Verkäufe kurz vor Ablauf einer Rechnungsperiode, also am Quartals- oder Jahresende, zu schönen. Dabei kaufen Fondsmanager Aktien, die sich im Jahresverlauf besonders gut entwickelt haben. Dieser Effekt bestärkt noch zusätzlich die immer mehr zu beobachtenden raschen Favoritenwechsel an den Börsen. Kursschwankungen werden somit weiter angeheizt.

Zinsabschlagsteuer (ZASt):
Kapitalertragsteuer auf Zinserträge, also ein wichtiger Posten bei Rentenfonds. Sie liegt mit 30 Prozent um fünf Prozent höher als die Kapitalertragsteuer bei Dividenden. Auf sie wird auch der Solidaritätszuschlag erhoben.

Zinseszinseffekt:
Dieser Effekt entsteht bei der Wiederanlage von jährlichen Ausschüttungen in den jeweiligen Fonds. Der Anleger erhält dann auf der Basis des aktuellen Rücknahmepreises neue Fondsanteile oder Bruchteile davon gutgeschrieben. Wer das, wie bei thesaurierenden Fonds üblich, über eine längere Zeitdauer praktiziert, kommt schließlich in den Genuss eines Zinseszinseffektes, der zu einem höheren Wertzuwachs des eingesetzten Kapitals führt. Dies zahlt sich bei einem auf langfristigen Vermögensaufbau angelegten Sparplan aus.

Zwischengewinne:
Die Einnahmen in einem Fonds, die im laufenden Geschäftsjahr bis zum Veräußerungstermin zufließen, nennt man Zwischengewinne. Dazu zählen Zinsen aus Anleihen, Geldmarktpapieren, Bankguthaben und so weiter. Dividenden zählen nicht dazu.

Zyklische Fonds:
Fonds, die Aktien von Unternehmen erwerben, deren Umsatz- und Gewinnentwicklung in hohem Maß vom Konjunkturverlauf abhängig ist. Typische Branchen sind: Metall, Papier, Maschinenbau und Ölindustrie.

XVII.

INFORMATIONSQUELLEN, DIE MAN KENNEN SOLLTE

Informationen zu Fonds findet man fast an jeder Straßenecke. Kaum ein Medium, das nicht über die Investmentbranche berichtet oder Werbung für die Fondsprodukte veröffentlicht. Doch die Qualität der Information ist sehr unterschiedlich. Man muss klar unterscheiden zwischen seriösen und weniger seriösen Nachrichten. Wichtige Adressen für den Anleger bieten die folgenden staatlichen Behörden, privatwirtschaftlichen Institute und Vertriebsorganisationen sowie immer stärker und umfangreicher das Internet.

Bundesaufsichtsamt für das Kreditwesen (BAKred):

Das BAKred ist wie das Bundesaufsichtsamt für Wertpapierhandel (BAWe) eine selbstständige Bundesoberbehörde im Geschäftsbereich des Bundesministeriums der Finanzen und zuständig für die Vertriebszulassung von Investmentfonds. Gemäß dem Gesetz über das Kreditwesen (KWG) und verschiedener Spezialgesetze übt das BAKred die Aufsicht über die Kredit- und Finanzdienstleistungsinstitute in der Bundesrepublik Deutschland aus. Das KWG sieht vor, dass Bank- und Finanzdienstleistungsgeschäfte nur mit ausdrücklicher Erlaubnis des BAKred betrieben werden dürfen, und regelt die Voraussetzungen, unter denen die Erlaubnis erteilt werden darf und gegebenenfalls widerrufen werden kann.

Wichtig für Investmentfonds: Werden derartige Geschäfte ohne Erlaubnis betrieben, hat das Bundesaufsichtsamt dagegen vorzugehen. Durch die laufende Aufsicht soll gewährleistet werden, dass im Interesse auch der Fondssparer die Zahlungsfähigkeit der Kredit- und Finanzdienstleistungsinstitute nicht gefährdet wird. Daher hat das Amt im Interesse des Gläubigerschutzes vor allem darüber zu wachen, dass die Institute die Aufsichtsvorschriften über die Eigenmittelausstattung, die Liquiditätshaltung und die Begrenzung der Risiken der von ihnen betriebenen Geschäfte beachten. Damit soll verhindert werden, dass die Investmentfonds durch unsolides, übermäßig risikoreiches Geschäftsgebaren sich selbst und damit zugleich die Gelder ihrer Gläubiger, nicht zuletzt der Sparer und Anleger, in Gefahr bringen. Für diese Überwachung der Finanzdienstleistungsinstitute wertet das Aufsichtsamt eine Vielzahl meldepflichtiger Geschäftsdaten sowie die Jahresabschlüsse der Institute und die darüber erstellten Prüfungsberichte aus. Es verschafft sich zudem durch besondere Prüfungen, mit denen es regelmäßig Wirtschaftsprüfer beauftragt, Einblicke in die Geschäftsführung und die wirtschaftliche Lage der Institute.

Bei wirtschaftlichen Schwierigkeiten eines Institutes, die die Erfüllung der Verpflichtungen des betreffenden Institutes gegenüber seinen Gläubigern und die Sicherheit der ihm anvertrauten Vermögenswerte gefährden, kann das Aufsichtsamt Maßnahmen zur Abwehr dieser Gefahren treffen und, wenn Zahlungsunfähigkeit oder Überschuldung drohen, das Institut vorläufig schließen, bis geklärt ist, ob und wie die Krise überwunden und damit die Insolvenz eines Institutes vermieden werden kann. Dem Bundesaufsichtsamt obliegt es außerdem, die Einhaltung verschiedener für Spezialkreditinstitute geltende Gesetze, wie des Gesetzes über Kapitalanlagegesellschaften (KAGG), zu überwachen und nach dem Auslandsinvestmentgesetz den Vertrieb ausländischer Investmentanteile in der Bundesrepublik Deutschland einer gewissen Kontrolle zu unterwerfen. Wer also zum Beispiel erfahren will, welche ausländischen Investmentfonds ihre Anteile in Deutschland auch wirklich vertreiben dürfen, kann dies beim BAKred erfahren. Dort erhält er unter anderem Einblick in eine ständig aktualisierte Liste der zugelassenen ausländischen Investmentfonds.

Eine wirkliche Schneise in den Dschungel der Finanzbranche hat das Aufsichtsamt mit seiner neuen Liste von seriösen Finanzdienstleistern im Internet geschlagen. Nach Schätzungen von Branchenbeobachtern gibt es allein in Deutschland zwischen 40.000 und 100.000 Personen, die auf eigene Faust Finanzdienstleistungen anbieten. Nur rund 1.200 Vermögensverwalter stehen bisher auf dieser Liste. Ca. 150 davon erfüllen die Erlaubnis nach § 32 Kreditwesengesetz (KWG). Seit Januar 1998 benötigt nämlich jedes Unternehmen eine Erlaubnis des BAKred, wenn es Finanzdienstleistungen gewerbsmäßig oder in einem Umfang erbringen will, der einen kaufmännisch eingerichteten Geschäftsbetrieb erfordert. Vor der Erlaubniserteilung prüft das BAKred, ob das jeweilige Unternehmen die im KWG niedergelegten Anforderungen an die Geschäftsführung und an einen ordnungsgemäßen Geschäftsbetrieb erfüllt. Wer diese Bestimmungen erfüllt, arbeitete schon vor 1998 in der Branche und hat dies innerhalb der gesetzlich vorgeschriebenen Frist angezeigt. Diese Liste hat für den Investmentsparer den außerordentlichen Vorteil, jene Vermögensverwalter ausfindig zu machen, die ein solches „Gütesiegel" besitzen. Die Behörde hat angekündigt, die Liste quartalsweise zu aktualisieren. Man kann nur hoffen, dass bald schon eine Liste auch für Finanzberater aufgestellt wird. Dazu bedarf es aber weiterer Vorgaben der Politik.

Die Adresse lautet:
Bundesaufsichtsamt für das Kreditwesen
Gardeschützenweg 71/101
D–12203 Berlin
Tel.: 030/8436-0
Fax: 030/8436-1550
Internet: www.bakred.de

Bundesaufsichtsamt für den Wertpapierhandel (BAWe)

Seit sich immer mehr Bundesbürger für die Börse, besonders für Aktien und Aktienfonds, interessieren, stellt sich häufig die Frage, wer eigentlich den blitzschnellen und komplizierten Handel mit Wertpapieren kontrolliert. Die oberste Verantwortung liegt jeweils bei der Regierung des Bundeslandes, in dem die Börse ihren Sitz hat. Für die wichtigste deutsche Börse in Frankfurt zum Beispiel ist es das hessische Wirtschaftsministerium. Diese Behörde hat die Rechtsaufsicht über die ansonsten selbst verwalteten Börsenorgane. Rechtsgrundlage ist ein Börsengesetz, das in seiner Urfassung bereits seit 1896 vorliegt. Doch erst mit dem 2. Finanzmarktförderungsgesetz wurde das Bundesaufsichtsamt für den Wertpapierhandel (BAWe – eine selbstständige Bundesoberbehörde im Geschäftsbereich des Bundesministeriums für Finanzen) gegründet.

Bis Anfang der Neunzigerjahre galt die deutsche Börsenaufsicht international als eher lax. Deswegen geriet der deutsche Finanzplatz in die Kritik. Im Wettbewerb drohten ihm deswegen Nachteile. 1995 wurde daher im 2. Finanzmarktförderungsgesetz das BAWe zur Börsenaufsicht gegründet. Das Amt hat grundsätzlich folgende Aufgaben:

Das BAWe soll in erster Linie Insiderüberwachung (Schlüsselvorschrift bei der Insiderüberwachung ist § 16 WpHG; darin wird geregelt, was in die Zuständigkeit des BAWe fällt) betreiben. Dabei hat es nicht das Recht, juristisch gegen jemanden vorzugehen, der gegen das Börsengesetz verstoßen haben soll. Dazu muss die Behörde den Fall an die Staatsanwaltschaft abgeben.

Eine funktionierende Börsenaufsicht wird immer dringlicher, seit in den Medien reißerische Aktientipps gegeben werden. Doch das BAWe hat nicht die Aufgabe, eine derartige Anpreisung bestimmter Aktien auf die Vereinbarkeit mit dem Anlegerschutz zu kontrollieren. Die Anleger sind auf sich gestellt und müssen sich daher informieren. Das BAWe greift erst ein, wenn der Verdacht auf gezielte Manipulation von Aktienkursen besteht. Es betreibt also keinen Anlegerschutz. Allerdings: Der Verdacht auf Manipulation eines Kurses durch öffentliche Berichterstattung kann untersucht werden. Manipulation ist nach § 88 Börsengesetz die zur Täuschung erfolgte Verbreitung falscher Angaben über eine Aktie oder ein Unternehmen. Eine Anlageempfehlung fällt aber grundsätzlich nicht unter eine solche Definition. Wichtig dabei ist: Einer Reglementierung von Börsentipps steht die Pressefreiheit entgegen. Fazit: Das BAWe untersucht bei Verdacht auf Insiderhandel den Börsenpreis daraufhin, welche Orders ihm zugrunde lagen und wer sie erteilt hat mit dem Ziel, Insidern auf die Spur zu kommen. Bei hinreichendem Verdacht auf eine Straftat durch Insiderhandel gibt das BAWe die Angelegenheit an die Staatsanwaltschaft ab, die, je nach Lage des Falles, Anklage bei Gericht erhebt. Ist auch das Gericht der Überzeugung, dass der Angeklagte Insiderhandel betrieben hat, drohen ihm Geld- oder Gefängnisstrafen bis zu fünf Jahren. Die beiden Hauptaufgaben des BAWe sind daher zusammengefasst folgende:
1. Das BAWe soll die Erfüllung der Veröffentlichungspflichten (Publizitätspflicht) von börsennotierten Aktiengesellschaften, die so genannten Ad-hoc-Veröffentlichungen, durchsetzen und ihrem Missbrauch, etwa für Werbezwecke, vorbeugen. An der Börse notierte Aktiengesellschaften müssen nach dem Wertpapierhandelsgesetz (WpHG) Neuigkeiten, die den Aktienkurs bewegen könnten, unmittelbar (ad hoc) veröffentlichen. Dies geschieht durch die Deutsche Gesellschaft für Ad-hoc-Publizität (DGAP). Immer häufiger müssen BAWe und DGAP Mahnungen erteilen, weil die Relevanz vieler Ad-hoc-Mitteilungen fraglich ist und offenbar nur PR- und Marketingeffekte erzielen soll. Nach dem Gesetz müssen Ad-hoc-Mitteilungen „neue Tatsachen" enthalten, die Auswirkungen auf die Vermögens- und Finanzlage und damit den Aktienkurs haben können. Angaben zur Firmengeschichte oder Veröffentlichung von Empfehlungen in Zeitschriften zum Beispiel gehören nicht dazu. Doch die Attraktivität der Ad-hoc-Mitteilungen steigt, weil sie über die DGAP an eine breite Öffentlichkeit, etwa über die Agenturen, gelangen. So werden aus „kursrelevanten Pflichtmitteilungen" nach § 15 WpHG gelegentlich PR-Meldungen der jeweiligen Aktiengesellschaften. Zur Eindämmung darf die DGAP den Vertrag mit einer Aktiengesellschaft kündigen, wenn diese den Ad-hoc-Kanal mehr-

mals missbraucht. Das BAWe hat inzwischen einen Leitfaden für die Publizitätspflicht der Aktiengesellschaften erarbeitet. Darin heißt es zusammenfassend: Ad-hoc-Mitteilungen sollten knapp und klar sein, denn der Markt will schnell informiert sein, um schnell handeln zu können.

2. Das BAWe soll durch Handelsüberwachungsstellen an den jeweiligen Börsen den jeweiligen Wertpapierhandel kontrollieren.

Neben den oben genannten Kompetenzen ist dem BAWe in § 7 WpHG auch die Aufgabe übertragen, im internationalen Bereich die deutschen Aufsichtsinteressen wahrzunehmen. Dabei ist besonders der Austausch von Geschäftsdaten bei der Insiderverfolgung (§ 19 WpHG) hervorzuheben, die EU-weit durch die Insiderrichtlinie initiiert wurde. Das BAWe überwacht auch die Verhaltensregeln bei Wertpapierdienstleistungen. Verstöße dagegen stellen zwar „nur" einen Missstand nach § 4 WpHG dar. Wer jedoch häufig Missstände verursacht, der läuft Gefahr, seine Lizenz für das Wertpapiergeschäft zu verlieren. Die Überwachung der Verhaltensregeln durch das BAWe regelt das Verhältnis zwischen Kunde und Bank. Für die Kunden hat das Vorteile, zum Beispiel:
- Die Bank muss den Kunden über die Risiken von Wertpapiergeschäften aufklären.
- Die Bank muss den Kunden über alle wesentlichen Aspekte des Geschäftes, insbesondere über die Kosten, informieren.
- Die Bank hat den Vorrang des Kundeninteresses zu beachten.

Das BAWe entfaltet seine Wirkung nunmehr seit 1995. Die internationale Kritik hat seitdem nachgelassen. Die Vorbehalte gegenüber dem Finanzplatz Deutschland sind zurückgegangen. Die Marktaufsicht durch die Bundesländer hat seine Ordnungsmäßigkeit nach allen bisherigen Erfahrungen eher erhöht als verringert.

Adresse:
Bundesaufsichtsamt für den Wertpapierhandel
Lurgiallee 12
604339 Frankfurt am Main
Tel.: 069/95 95 20
Fax: 069/95 95 2123
Internet: www.bawe.de

Bundesverband Deutscher Investmentgesellschaften e.V. (BVI)

1970 gründeten sieben Investmentgesellschaften den BVI als Dachverband der Investmentbranche. Heute gehören ihm über 70 in Deutschland zugelassene Investmentgesellschaften an. Der BVI fördert den Investmentgedanken. Er will, nach eigenem Verständnis, auch den Kleinanlegern Vorteile bei der Geldanlage erschließen, die lange Zeit fast nur dem Großanleger und dem professionellen Privatanleger zugänglich waren. Der BVI fördert somit die Chancengleichheit der Kleinanleger gegenüber den großen Investoren, die über enorme Anlagebeträge und das nötige Expertenwissen verfügen. Dies geschieht vor allem über eine umfangreiche Informations- und Öffentlichkeitsarbeit.

Der BVI ist insbesondere in zwei Aufgabenbereichen aktiv:

1. Er unterstützt den Investmentgedanken. Dabei geht es um die Geldanlage in Fonds, also die Minimierung von Risiken durch die Streuung der Anlagegelder. Ähnlich wie das Deutsche Aktieninstitut (DAI) sich für die Geldanlage in Aktien stark macht, macht dies der BVI für die Anlage in Investmentfonds.

2. Er wahrt die Belange und Interessen seiner Mitglieder: Zum Beispiel bei der Vorbereitung gesetzlicher Regelungen, die Auswirkungen auf das Investmentsparen haben können. Dies geschieht etwa bei Fragen der Besteuerung von Fonds, der Zulassung von AS-Fonds zur Altersvorsorge oder der Weiterentwicklung der Gesetze über Kapitalanlagegesellschaften und die Finanzmarktförderung.

Mitglieder des BVI können Investmentgesellschaften werden, die dem Gesetz über Kapitalanlagegesellschaften unterliegen. Oberstes Organ des BVI ist die Mitgliederversammlung. Sie wählt einen siebenköpfigen Vorstand für drei Jahre. Drei Hauptausschüsse nehmen die unterschiedlichen Interessenlagen der Mitglieder wahr:
- Immobilien-Ausschuss,
- Spezialfonds-Ausschuss,
- Wertpapier-Ausschuss.

Information der Öffentlichkeit

Eine der Hauptaufgaben des BVI ist seine Informationsarbeit. Mehrere tausend Anfragen zum Thema Investmentfonds beantwortet der BVI jährlich. Er gibt Statistiken über die Wertentwicklung von Fonds heraus, informiert über seine Mitglieder, über Fondsvermögen sowie Mittelaufkommen und veröffentlicht regelmäßig das Jahrbuch „Investment" mit Daten, Fakten und Entwicklungen zum Fondssparen. Dieses Nachschlagewerk bietet neben Beiträgen über die Investmentanlage eine Beschreibung der aktuellen Aktivitäten des BVI im Internet und eine komplette Übersicht der BVI-Mitglieder samt Adressen sowie deren Fondsangebot. Das Jahrbuch ist kostenlos erhältlich. Auf der Homepage des BVI finden Anleger wichtige und ständig aktualisierte Informationen zu Investmentfonds.

Eine weitere Veröffentlichung des BVI ist die jährlich erscheinende „Steuer-Information" mit Hinweisen auf die steuerliche Behandlung der Ausschüttungen deutscher Investmentfonds für das jeweilige Kalenderjahr. Diese Broschüre richtet sich an Anleger, die Investmentfondsanteile in ihrem Privat- oder Betriebsvermögen halten und die mit ihren Einkünften unbeschränkt steuerpflichtig sind. Darin wird detailliert und anhand von Beispielen erklärt, wie die Einkommensteuererklärung für Erträge aus Investmentfondsanteilen auszufüllen ist. Jede neue Publikation berücksichtigt die jeweiligen Änderungen des Gesetzgebers über die steuerliche Behandlung von Fondsvermögen.

Adresse:
Bundesverband Deutscher Investmentgesellschaften e.V. (BVI)
Eschenheimer Anlage 28
60318 Frankfurt
Tel.: 069/154 09 00
Fax: 069/597 14 06
Internet: www.bvi.de
E-Mail: info@bvi.de

Deutsches Aktieninstitut (DAI)

Das Deutsche Aktieninstitut e.V. (DAI) ist der Verband deutscher börsennotierter Aktiengesellschaften und anderer an der Aktie interessierter Unternehmen und Institutionen. Die Aufgabe des nicht gewinnorientierten Verbandes besteht in der Förderung der Aktie als Anlageform und als Finanzierungsinstrument der deutschen Wirtschaft. Als Anwalt der Aktienkultur wirkt das DAI auf allen gesellschaftlichen Ebenen und im politischen Umfeld für die Aktie. Das DAI versteht sich als Dienstleister für seine Mitglieder. Es offeriert eine breite Palette von Leistungen und bietet allen an der

Aktie Interessierten, also auch Fondssparern, eine Plattform für die Diskussion rund um die Aktienkultur.

Das DAI ist ein Verein mit Sitz in Frankfurt. Sein Zweck ist die Förderung der Aktie im Interesse einer besseren Finanzierung der Unternehmen und einer breiten Eigentumsstreuung. So steht es in der Satzung. Hinter dem Verein stehen Unternehmen aller Rechtsformen, Verbände und Institutionen. Deren gemeinsames Anliegen ist erklärtermaßen die Förderung des Aktienwesens in Deutschland.

Das DAI ist hervorgegangen aus dem 1953 gegründeten „Arbeitskreis zur Förderung der Aktie". Im Vorstand des DAI fehlt kaum ein Vertreter der großen Aktiengesellschaften, Banken, Versicherungen oder Verbände des Landes.

„Deutschland braucht die Aktie!", so lautet das Motto des DAI. Die Kernbotschaften des Interessenverbandes heißen:

1. Nur mit der Aktie können Unternehmen mit ausreichendem Eigenkapital versorgt werden, um durch Investitionen neue Arbeitsplätze zu schaffen und alte zu sichern.
2. Die Aktie gehört ebenso zum Aufbau einer privaten wie einer betrieblichen Altersvorsorge.

Das DAI verstärkt das Interesse an der Aktie und an Aktienfonds, wo und wie es nur kann. Der Aufwind am Aktienmarkt seit der Emission der T-Aktie im November 1996, die Rekorde an den weltweiten Börsen, die positive Entwicklung des DAX und der Erfolg etwa des Neuen Marktes haben die Aktivitäten des DAI noch verstärkt. Es verspürt das wachsende Interesse an der Aktie in der Bevölkerung. Die in der Vergangenheit festgefügte Neigung der Deutschen zu festverzinslichen Geldanlagen kommt offenbar ins Wanken. Statistiken nicht nur des DAI belegen, dass die Zahl der Aktionäre deutlich zunimmt.

Viele Anleger möchten gerne mehr über Aktien und Aktienfonds erfahren. Grundlegende Informationen, Neuigkeiten über die Börsen oder volkswirtschaftliche Daten rund um die Aktie werden mehr und mehr nachgefragt. Das ist die Domäne des DAI. Der Verein bietet umfangreiche Informationen für den Anleger in Aktien und Aktienfonds sowohl in schriftlicher Form als auch mittlerweile über das Internet. Verzichtet wird allerdings auf Anlageempfehlungen oder einzelne Aktienanalysen. Dies überlässt das DAI den Fachleuten und Analysten bei Banken, Sparkassen und anderen Finanzdienstleistern.

Der Service des DAI rund um die Aktie ist umfangreich. Informationen sind schriftlich als Broschüren, in Form des DAI-Factbook oder als wissenschaftliche Beiträge vorhanden oder teilweise über das Internet (www.dai.de) abzurufen.

Kostenlose Broschüren:

„Alles über Aktien." Dort werden die Grundlagen der Aktienanlage erläutert. Sie ist besonders für Anfänger geeignet.

„Aktien richtig einschätzen." Die Grundlagenbroschüre baut auf der oben genannten Broschüre auf und befasst sich eingehend mit der Aktienanalyse, die ja für Aktienfonds-Sparer von größtem Interesse ist. Dazu gehört auch das DAI-Rendite-Dreieck mit den DAX-Renditen seit 1948.

Seit 1996 erscheint auch jährlich das DAI-Factbook – Der Aktienmarkt in Zahlen und Graphiken. Es enthält Tabellen, Statistiken und Analysen, unter anderem zu folgenden Themen:
- Rentabilität der Aktie und anderer Anlageformen,
- Aktiengesellschaften,
- Aktionäre,
- Börsen,
- Neuemissionen,
- Aktionärsstrukturen von Aktiengesellschaften,
- Börsennotierungen, -umsätze und -kapitalisierung,
- Geldvermögen in Deutschland.

Das Factbook folgt nach eigenen Aussagen dem Konzept, für den Kapitalmarkt relevante Daten in möglichst langen Zeitreihen wiederzugeben.

Darüber hinaus bietet das DAI wissenschaftliche Beiträge, Vorträge und Dokumentationen zum Aktien- und Kapitalmarkt. Die Themen sind vielfältig und betreffen unter anderem:
- Vorgänge an den Finanzmärkten,
- Investor Relations,
- Mitarbeiterbeteiligung durch Aktienprogramme (Stock Options),
- rechtliche Ordnung des Aktien- und Kapitalmarktes,
- Börsengänge kommunaler Unternehmen,
- Aktien- und Pensionsfonds,
- privater Aktiensparplan – PAS.

(Kopien dieser und anderer Beiträge können ebenfalls angefordert werden.)

Adresse:
Deutsches Aktieninstitut e. V.
Biebergasse 6–10
60313 Frankfurt
Tel.: 069/929 15 0
Fax: 069/929 15 11

Discountbroker und Direktbanken

Private Anleger nehmen ihre Geschäfte mehr und mehr selbst in die Hand. Gleichzeitig mischen Finanzdienstleister über Telefon, Fax und Internet den Markt auf. Die Universalbanken alten Stils müssen sich umstellen: Sie erhalten bei ihren Börsengeschäften Konkurrenz. Das betrifft auch den Kauf von Wertpapieren wie Fonds. Der Erwerb per Mausklick oder Telefon wird immer geläufiger.

Die Finanzinstitute dürften daher in naher Zukunft detaillierte Anlageverwaltung für Online-Kunden anbieten. Die Analysten des amerikanischen Marktforschungsinstituts Jupiter Communications (www.jup.com) prognostizieren für ganz Europa einen drastischen Anstieg der Online-Finanzverwaltung. Danach ist zu erwarten, dass im Jahr 2003 bereits 31 Prozent der europäischen Nutzer ihre Bankgeschäfte per Internet tätigen werden. Deutschland und Schweden sollen laut Studie die größten Märkte für Online-Banking in Europa sein. Im Jahr 2003 sollen demnach etwa 50 Prozent der Internet-Nutzer über Online-Bankkonten verfügen. Voraussetzung für das starke Wachstum: „Die Unternehmen sollten ein umfassendes, integriertes Angebot sämtlicher Offline- und Online-Dienste erstellen, das die Verbraucher zur aktiven und effizienten Verwaltung ihrer Privatfinanzen per Internet befähigt."

Die Discountbroker und Direktbanken erstellen bereits ein Offline- und Online-Angebot, um für das Fondssparen zu werben. Längst kümmern sie sich nicht mehr nur um die „Zocker", die im Minutentakt Aktien kaufen und verkaufen. Diese so genannten Online-Daytrader sind eine viel zu kleine Zielgruppe, um rentierlich zu wirtschaften. Nach der Generation dieser „Internet-Broker" entdecken die Direktbanken die „Soliden" unter den Bankkunden, die mit dem raschen Klick über das Internet nichts zu tun haben wollen und sich stattdessen für gediegene Anlagen in Fonds ohne allzu hohe Gebühren interessieren. Sie locken deshalb im Internet mit Rabatten beim Fondskauf, mit „Zukunfts-Planern", „Rendite-Rechnern" oder „Trainings-Centern für Fonds-Neulinge". Dort kann der Interessent auch steuerliche Aspekte und Fragen des Fondsvertriebs abrufen.

Die Akzeptanz dieser Direktbanken ohne Filialen nimmt unter den Konsumenten zu. Die virtuellen Geldinstitute profitieren von den modernen Kommunikationstechniken via Internet. Sie wickeln ihre Geschäfte ohne Vertreter direkt mit dem Kunden ab und sparen sich dadurch kostenintensive Beratung. Damit setzen sie auf den bereits vorinformierten Kunden, der bei seinen Transaktionen Geld für Gebühren und Provision sparen will. Sie setzen dort an, wo der Kunde bereit ist, im Gegenzug für geringere Gebühren auf die persönliche Beratung durch einen Mitarbeiter in einer Bankfiliale zu verzichten. Es besteht kein Zweifel, dass der Markt für den Vertrieb von Bankdienstleistungen über das Internet oder das Telefon noch lange nicht völlig erschlossen ist. Die Gründe: Immer mehr Kunden ändern ihre Gewohnheiten im Umgang mit Banken und ihre Anforderung an die Banken als Dienstleister. Das haben die Discountbroker vor einigen Jahren erkannt und genutzt und sind wie Pilze aus dem Boden geschossen. Sie profitieren von der wachsenden Zahl der Internet-Nutzer in Deutschland: Waren es 1997 noch unter fünf Millionen, zählten die Statistiker Ende 1999 rund zehn Millionen, und die Schätzungen gehen von über 25 Millionen Ende 2002 aus.

Da immer mehr Anleger Wertpapiere via Telefon, Fax und zunehmend über das Internet ordern und somit die Konkurrenz unter den Discountbrokern und Direktbanken zunimmt, geht der Trend grundsätzlich zu niedrigeren Gebühren und besserem Service. Daher können keine exakten Angaben über die sich ständig ändernden Konditionen gemacht werden. Dem Anleger bleibt nichts anderes übrig, als sich selbst eine Übersicht zu verschaffen und sich über die aktuellen Preise und Tarife zu informieren. Der Aufwand lohnt, denn Börsengänge vieler Discountbroker zeigen, wie sehr diese darauf aus sind, sich mit den Emissionserlösen aus dem Börsengang im Verdrängungswettbewerb innerhalb ihrer Branche zu stärken. Der Anleger profitiert von dieser Konkurrenz. Weitere Preisrunden im Kampf um die Neukunden und somit um noch günstigere Tarife sind nur eine Frage der Zeit. Sie werden wohl erst dann seltener werden, wenn der Markt konsolidiert ist, sich also eine gewisse Anzahl überlebensfähiger Discountbroker und Direktbanken durchgesetzt hat.

Sicherheit und Recht

Discountbroker unterliegen umfassenden Rechtsvorschriften zum Schutze der Kunden. So müssen zum Beispiel sämtliche Transaktionen über Jahre hin aufgezeichnet und gespeichert werden. Auf diese Weise kann in strittigen Fällen im Nachhinein meist geklärt werden, wo der Fehler lag. Trotzdem nimmt die Zahl der Beschwerden über Discountbroker zu. Die Gerichte haben schon in Präzedenzfällen entschieden, so zum Beispiel das Amtsgericht Bonn (AZ: 5 S 103/99). Danach müssen Discountbroker ihre Kunden informieren, wenn zum Beispiel das Geld auf dem Konto nicht für eine Transaktion reicht. In dem dem oben genannten Urteil zugrunde liegenden Fall wollte der Kläger für 83.000 DM Aktien kaufen. Da auf dem Konto nur 82.700 DM vorhanden waren, führte die Direktbank die Order nicht aus. Dadurch entgingen dem Kunden 5.000 DM Kursgewinne. Der Discountbroker wollte zunächst den Schaden nicht begleichen mit der Begründung, er unterhalte ja keinen Beratungsservice. Doch das Gericht verpflichtete den Discountbroker dazu, dem Kunden 2.500 DM zu zahlen.

Finanzielle Transaktionen per Telefon oder per Internet bringen immer ein gewisses Restrisiko mit sich. Jeder Privatanleger ist also gut beraten, sich umfassend über die Branche zu informieren, bevor er ein Depot bei einem der Discountbroker oder Direktbanken eröffnet und mit Transaktionen beginnt.

Preise und Tarife der Online-Firmen

Discountbroker und Direktbanken profitieren von den Effekten, die im Fachchinesisch „Economies of Scale and Scope" heißen. Der englische Begriff beschreibt einen logisch nachvollziehbaren ökonomischen Nutzen der Online-Broker: Die Erstellung ihrer digitaler Produkte und Infrastrukturen (also Software, Systeme usw.) kostet zwar zunächst eine Menge Geld. Aber jede weitere Kopie oder Nutzung ist nur noch mit geringen Zusatzkosten verbunden, die schließlich sogar gegen null gehen. Daraus ergeben sich Größenvorteile (Fachbegriff: „Economies of Scale"). Jeder weitere Kunde trägt also seinen Teil dazu bei, dass sich mit jedem seiner Aufträge (einem Fondskauf zum Beispiel) die Kosten des Systems pro Transaktion verbilligen. Deshalb brauchen die Discountbroker auch so viele Kunden. Erst mit der Masse der Aufträge können sie ihre Kosten einspielen und dann in die Gewinnzone gelangen.

Darüber hinaus haben sie durch das Internet so genannte Verbundvorteile (Fachbegriff: „Economies of Scope"). Durch Partnerschaften können einfach und flexibel neue Kundenpotenziale erschlossen werden. Die Internet-Ökonomie hat also erst kostengünstige Finanztransaktionen durch die Online-Banken und Online-Broker möglich gemacht. Das führt zu einem noch immer andauernden Preiskampf, wovon der Kunde grundsätzlich einen Vorteil hat. Die aggressive Werbung der Discountbroker in allen Medien liefert ein Bild von dem heiß umkämpften Markt für Finanzdienstleistungen. Wer die Telefonnummern oder Adressen der folgenden Anbieter wählt oder anklickt, erhält einen umfassenden Preis- und Angebotsvergleich für Investmentfonds zum jeweiligen Stichtag:

- Deutsche Bank24, 01803/24 00 00: www.deutschebank24.de oder www.brokerage24.de
- Comdirekt-Bank, 01803/4445: www.comdirect.de
- Consors, 01803/25 25 11: www.consors.de
- Direkt Anlage Bank, 01802/25 45 00: www.direktanlagebank.com

- Entrium, 0800/800 74 44: www.entrium.de
- Fimatex, 069/710 75 00: www.fimatex.de
- 1822direkt Frankfurter Sparkasse, 01803/24 18 22: www.1822direkt.com
- Allgemeine Deutsche Direktbank: www.direktbank.de

Die Angaben erfolgen ohne Gewähr.

WISO empfiehlt: Der Anleger sollte systematisch vorgehen, eine persönliche Frageliste erstellen und sich dann per Telefon oder im Internet nach den vielen unterschiedlichen Wertpapierprovisionen der einzelnen Marktteilnehmer erkundigen. Folgende Angaben etwa sollten auf der Liste nicht fehlen:

- Gebührenvergleich für eine Fondsorder in Höhe von 1.000/5.000/10.000/20.000 Euro,
- Mindestgebührenvergleich für eine Transaktion, unabhängig von der Höhe der Fondsorder,
- Depotgebühren pro Jahr,
- Mindesthöhe der monatlichen Rate bei einem Fondssparplan,
- Höhe der Ausgabeaufschläge im Vergleich zu den Filialbanken.

Vorsicht vor Chats, Foren und Broker-Boards

Der Wahrheits- und Informationsgehalt der Botschaften ist in der freien elektronischen Wildbahn nicht immer garantiert. Der Trend zu Internet-Chatrooms und Broker- oder Message-Boards trägt dazu einiges bei. Diese elektronischen „schwarzen Bretter" oder „Kummerkästen" im Internet bieten jedermann die Chance, mit anderen Internet-Usern in aller Welt beliebig viele Informationen und Meinungen auszutauschen. Dadurch entstehen umfangreiche Finanz-Foren mit den unterschiedlichsten Meinungen, Ideen, Analysen, Aufrufen, Signalen und Botschaften. Weltweit eines der ganz großen Boards dieser Art ist www.techstocks.com. Dort findet der Interessent Tausende E-Mails zu Investmentstrategien, Märkten und Branchen. In Deutschland sind besonders www.consors.de und http://interstoxx.de beliebte Adressen für das Chatroom-Geflüster. Die Palette der Teilnehmer in den Diskussionsforen reicht vom professionellen Börsenhändler bis zum blutigen Anfänger und zu irgendwelchen Spaßvögeln. Der freie Informationsaustausch hat aber auch seine Tücken. Einige E-Mails haben nur den Zweck, den Kursverlauf bestimmter Wertpapiere im Sinne des Absenders zu beeinflussen.

WISO empfiehlt: Vor dem Kauf von Fonds nur auf Grund von Botschaften aus einem Broker-Board muss dringend gewarnt werden. Es gilt grundsätzlich: Jeder Privatinvestor muss sich der Mühe unterziehen, sich eine eigene Meinung zu bilden. Das Internet hilft dabei. Es ist aber auch nicht ungefährlich, weil es vor allem in den Broker-Boards eine Art von Offenheit suggeriert, die es in der Welt der Anleger nicht wirklich gibt. Denn wer veröffentlicht schon seine Geldanlagestrategie, wenn sie erfolgreich ist? Zu viele Nachahmer würden das Rezept doch sofort verderben.

Die Medien und das Thema „Investmentfonds"

Besonders auffällig ist die geradezu explosionsartige Ausbreitung der Wirtschafts- und Finanzberichterstattung im Internet. Das Angebot nimmt fast täglich zu, und zwar an Informationen und Produkten. Der multimedial vernetzte Kunde holt sich über das Internet eher die nackte Information, also Kurse, Charts, Konditionen und Ähnliches. Umso größer wird aber sein Bedarf an anspruchsvoller Informationsverarbeitung. Diesen zu decken, ist im Internet schon schwieriger. Der Leser/User braucht recherchierte, gewichtete und kommentierte Analysen. Das hat der Wirtschaftsjournalismus erkannt. In Deutschland kann man dies gut beobachten: Dort entwickelt sich gegenwärtig eine regelrechte Kultur der regelmäßigen Berichterstattung über Investmentfonds. „Handelsblatt" und „FAZ" zum Beispiel bauen den Umfang kontinuierlich aus. Selbst Regionalzeitungen haben mittlerweile ihre Rubriken zu dem Thema. Eine besonders auffällige Erscheinung ist die Zunahme der Special-Interest-Titel unter den Wirtschaftszeitungen und Zeitschriften. Die Namen lauten zum Bespiel: „Geldidee", „Die Telebörse", „Focus Money", „Aktienresearch" oder „Der Fonds"..

Ein Ruhepol: die Stiftung Warentest und ihre FINANZtest-Ausgaben

Die Spezialausgaben der Stiftung Warentest (www.stiftung-warentest.de) bieten in diesem Konkurrenzkampf eine Finanzpresse der besonderen Art: solide, analytisch und vor allem nicht marktschreierisch. Die Stiftung Warentest testet ja seit langem nicht nur handfeste Produkte für den Verbraucher, sondern auch Dienstleistungen, darunter natürlich auch die Angebote der Investmentgesellschaften. Stellvertretend für viele Ausgaben sei hier nur auf einige ausgewählte Artikel der jüngsten Vergangenheit aufmerksam gemacht. Die Ausgaben der Zeitschrift FINANZtest sind in der Regel in den Kiosken oder im Buchhandel erhältlich:
- FINANZtest-Sonderheft „Investmentfonds" (April 2000)
- Emerging Markets Fonds, Heft 04/2000, Seiten 35 ff.

- Internet (Aktien und Branchenfonds), Heft 04/2000, Seiten 32 ff.
- Offene Immobilienfonds, Heft 02/2000, Seiten 26 ff.
- Biotechnologie (Aktien und Branchenfonds), Heft 01/2000, Seiten 55 ff.
- Fonds-(Beteiligungs-/„VL"-)sparen, Heft 12/1999, Seite 21
- Fondssparpläne, Heft 12/1999, Seiten 12 ff.
- Dachfonds, Heft 11/1999, Seiten 32 ff.
- Rentenfonds, Heft 10/1999, Seiten 33 f.
- Fondsgesellschaften im Internet, Heft 09/1999, Seiten 33 ff.
- Fondsgesellschaften im Test, Heft 08/1999

Ein Blick über die Grenzen: Fonds im Test bei „CASH" sowie „Finanz und Wirtschaft"

Wer sich speziell für die Fonds in der Schweiz und die dortige Investmentbranche interessiert, trifft – ähnlich wie in Deutschland – auf eine umfangreiche und rasch wachsende Wirtschafts- und Finanzpresse. Besonders hervorzuheben sind die regelmäßigen Sonderausgaben der beiden Zeitungen „CASH" sowie „Finanz und Wirtschaft" aus Zürich:

- Da ist zunächst das „CASH-Fonds-Spezial 2000" mit dem Know-how der CASH-Redaktion. Telefon: 0041/1/298 28 88 oder www.cash.ch.
- Außerdem empfehlenswert ist die Lektüre der ebenfalls regelmäßig erscheinenden Sonderausgabe „Invest" der mittwochs und samstags erscheinenden Zeitung „Finanz und Wirtschaft". Im April 2000 erschien „Anlagefonds 2000" mit über 900 Fonds im Überblick. Telefon: 0041/1/298 35 35 oder www.finanzinfo.ch.

XVIII.

ANHANG

Adressenliste mit Kapitalgesellschaften aus Deutschland, Österreich und der Schweiz

Die Fondsbranche hat Rückenwind. Die Sparer wollen mehr und mehr durch Investmentsparen am Erfolg der Unternehmen teilhaben. Doch noch immer haben die Anleger nur einen kleinen Teil ihres Gesparten in Publikumsfonds angelegt. Dabei ist der Wettbewerb um die Gunst der privaten Sparer bereits voll entbrannt. Die Fondsgesellschaften kämpfen gegeneinander um Marktanteile. Und nicht immer muss das heißen, dass die Kleinen gegen die Großen das Nachsehen haben. Für Investoren lohnt es sich daher, genau hinzuschauen, welche KAGs die besten Fonds haben, auf welche Märkte sie setzen und was sie an Gebühren verlangen. Ein Trend ist klar abzulesen: Die Fondsgesellschaften moderner Prägung stützen sich nicht mehr nur auf ihre Heimatbasis. Viele streben eine internationale Vermögensverwaltung an. Dafür braucht es globales Research und internationale Vertriebswege. Für die Investmentgesellschaften auf den jeweiligen nationalen Märkten heißt es daher mittlerweile: Die Ausländer kommen! Daher die Liste mit den Adressen der KAGs. Fast alle sind auch im Internet dabei. Mit einem Klick können die Anleger das Angebot abrufen und vergleichen.

Adressen von KAGs in Deutschland:

AACHENER GRUND
Aachener Grundvermögen
Kapitalanlagegesellschaft mbH
Wörthstraße 32, 50668 Köln
Tel.: 0221/77 204-0, Fax: 0221/77 204 40

ABN AMRO ASSET MANAGEMENT
ABN AMRO Asset Management
(Deutschland) GmbH
Mainzer Landstraße 65
60329 Frankfurt am Main
Tel.: 069/26 90 07 34,
Fax: 069/26 90 07 39
Internet: www.abnamro.com
E-Mail: Britta.Graef@abnamro.com

Activest
Activest Investmentgesellschaft mbH
Apianstraße 5, 85774 Unterföhring
Tel.: 089/992 26-0, Fax: 089/992 26-360
Internet: www.activest.de

ADIG-INVESTMENT
ADIG Allgemeine Deutsche
Investmentgesellschaft mbH
Richard-Reitzner-Allee 2
85540 Haar b. München
MesseTurm (18. Stock)
Friedrich-Ebert-Anlage 49
60327 Frankfurt am Main
Tel.: 089/462 68-0, Fax: 089/462 68-501
Internet: www.adig.de
E-Mail: info@adig.de
Tel.: 069/75 60 40, Fax: 069/75 60 42 00

allfonds-BKG investment
Allfonds Bayerische
Kapitalanlagegesellschaft mbH
Arabellastraße 27
81925 München
Tel.: 089/926 94-03
Fax: 089/926 94-4020
Internet: www.allfonds-bkg.de
E-Mail: info@allfonds-bkg.de

ALLIANZ
Allianz Kapitalanlagegesellschaft mbH
Reinsburgstraße 19, 70178 Stuttgart
Nymphenburger Straße 112–116
80636 München
Tel.: 0711/663-5109, Fax: 0711/663-3863
Internet: www.allianz-KAG.de
Tel.: 089/12 21 92-11

AL-TRUST
Alte Leipziger Trust Investment-
gesellschaft mbH
Alte Leipziger-Platz 1, 61440 Oberursel
Tel.: 06171/66-67, Fax: 06171/66 46 67
Internet: www.alte-leipziger-trust.de
E-Mail: info@alte-leipziger-trust.de

AM Generali Invest
AM Generali Invest Kapitalanlage-
gesellschaft mbH
Gereonswall 68, 50670 Köln
Tel.: 0221/1636-404, Fax: 0221/1636-403

AXA Colonia KAG
(vormals RHEINISCHE KAG)
AXA Colonia Kapitalanlage-
Gesellschaft mbH
Kattenbug 1, 50667 Köln
Tel.: 0221/148-15800
Fax: 0221/148-24224
Internet: www.axa-colonia.de

BB-INVEST
Bankgesellschaft Berlin
Investment GmbH
Kurfürstendamm 201
10719 Berlin
Tel.: 030/24 56 45 00
Fax: 030/24 56 45 88
Internet: www.bb-invest.de
E-Mail: direct@bb-invest.de

BfG IMMOINVEST
BfG Immobilien-Investment
Gesellschaft mbH
Stützeläckerweg 12+14
60489 Frankfurt am Main
Tel.: 069/78 07 01-0
Fax: 069/78 07 01-920
Internet: www.bfg-immoinvest.de
E-Mail: info@bfg-immoinvest.de

BfG INVEST
BfG Investment-Fonds Gesellschaft mbH
Ben-Gurion-Ring 158–162
60437 Frankfurt am Main
Tel.: 069/950 23-0
Fax: 069/950 23-333
Internet: www.bfg-invest.de

BWK
Baden-Württembergische Kapital-
anlagegesellschaft mbH
Tübinger Straße 28, 70178 Stuttgart
Tel.: 0711/229 10-0
Fax: 0711/229 10-10
Internet: www.bwk.de
E-Mail: info@bwk.de

CDC Asset Management
CDC Asset Management Deutschland
Kapitalanlagegesellschaft mbH
Bockenheimer Landstraße 51–53
60325 Frankfurt am Main
Tel.: 069/506 03-0
Fax: 069/506 03-833 und -834

CGI
Commerz Grundbesitz-
Investmentgesellschaft mbH
Kreuzberger Ring 56, 65205 Wiesbaden
Tel.: 0611/7105-01
Fax: 0611/7105-209
Internet: www.haus-invest.de
E-Mail: info@cgi-gmbh.de

CREDIT SUISSE ASSET MANAGEMENT IMMO
Credit Suisse Asset Management
Immobilien Kapitalanlage-
gesellschaft mbH
MesseTurm
60308 Frankfurt am Main
Tel.: 069/7538-1200, Fax: 069/7538-1203
Internet: www.csam.de

CREDIT SUISSE ASSET MANAGEMENT KAG
(vormals SKA)
Credit Suisse Asset Management
Kapitalanlagegesellschaft mbH
MesseTurm
60308 Frankfurt am Main
Tel.: 069/7538-1800
Fax: 069/7538-1996
Internet: www.csam.de
E-Mail: csaminfo.de@csam.com

DEGI
DEGI Deutsche Gesellschaft für
Immobilienfonds mbH
Bettinastraße 53–55
60325 Frankfurt am Main
Tel.: 069/263-12000
Fax: 069/263-13820
Internet: www.grundwert-fonds.de
E-Mail: Marketing@grundwert-fonds.de

DEKA
Deka Deutsche
Kapitalanlagegesellschaft mbH
Mainzer Landstraße 50
60325 Frankfurt am Main
Tel.: 069/7147-0
Fax: 069/7147-1376
Internet: www.deka.de

DESPA
Despa Deutsche Sparkassen-Immobilien-Anlage-Gesellschaft mbH
Mainzer Landstraße 37
60329 Frankfurt am Main
Tel.: 069/7147-0, Fax: 069/7147-3840
Internet: www.despa.de

DGI
Deutsche Grundbesitz-Investmentgesellschaft mbH
Mergenthalerallee 73–75
60262 Eschborn
Tel.: 069/717 04-04, Fax: 069/717 04-959
Internet: www.grundbesitz-invest.de

DIFA
DIFA Deutsche Immobilien Fonds
Aktiengesellschaft
Valentinskamp 20, 20354 Hamburg
Tel.: 040/349 19-0, Fax: 040/349 19-191
Internet: www.difa.de

DIT
DIT Deutscher Investment-Trust
Gesellschaft für Wertpapieranlagen mbH
Mainzer Landstraße 11–13
60329 Frankfurt am Main
Tel.: 069/263 14-0, Fax: 069/263 14-186
Internet: www.dit.de
E-Mail: info@dit.de

DVG
Deutsche Vermögensbildungs-gesellschaft mbH
Postfach, 60612 Frankfurt am Main
Tel.: 0180/311 12 13, Fax: 069/72 11 78

DWS
DWS Investment GmbH
Grüneburgweg 113–115
60323 Frankfurt am Main
Tel.: 069/710 02, Fax: 069/719 09 169
Internet: www.dws.de

FRANKEN-INVEST
Franken-Invest Kapitalanlagegesellschaft mbH
Hallplatz 2
90402 Nürnberg
Tel.: 0911/214 41-100
Fax: 0911/214 41-109
Internet: www.franken-invest.de

FRANKFURT-TRUST
FRANKFURT-TRUST Investmentgesellschaft mbH
Grüneburgweg 102
60323 Frankfurt am Main
Tel.: 069/920 50-0, Fax: 069/920 50-101
Internet: www.frankfurt-trust.de

GERLING INVESTMENT
GERLING INVESTMENT Kapitalanlagegesellschaft mbH
Kaiser-Wilhelm-Ring 11
50672 Köln
Tel.: 0221/144-30 00, Fax: 0221/144-58 95
Internet: www.gerling-konzern.de

GWA
Gesellschaft für Wertpapier-anlagen-GWA-mbH
Goltsteinstraße 17
40211 Düsseldorf
Tel.: 0211/36 08 72, Fax: 0211/35 53 302
E-Mail: GWAGMBH@aol.com

HANSAINVEST
HANSAINVEST Hanseatische Investment-GmbH
Schauenburgerstraße 35
20095 Hamburg
Tel.: 040/300 57-0, Fax: 040/300 57-114
Internet: www.hansainvest.de
E-Mail: info@hansainvest.de

iii GmbH
Internationales Immobilien-Institut
GmbH
Albrechtstraße 14
80636 München
Tel.: 089/121 73-0
Fax: 089/121 73-245
Internet: www.iii-Fonds.de

INKA
Internationale Kapitalanlagegesellschaft mbH
Königsallee 19
40212 Düsseldorf
Tel.: 0211/135 27 80, Fax: 0211/32 93 29
Internet: www.inka-kag.de
E-Mail: inka@inka-kag.de

INVESCO
INVESCO Kapitalanlagegesellschaft mbH
Bleichstraße 60–62
60313 Frankfurt am Main
Tel.: 069/298 07-250
Fax: 069/298 07-242
Internet: www.invesco.de

JULIUS BÄR
JULIUS BÄR KAPITALANLAGE AKTIENGESELLSCHAFT
Platz der Einheit 2
60327 Frankfurt am Main
Tel.: 069/754 34 90-0
Fax: 069/754 34 90-4
Internet: www.juliusbaer.com

MAINTRUST
Maintrust Kapitalanlagegesellschaft mbH
Gräfstraße 109
60487 Frankfurt am Main
Tel.: 069/15 30 93-02
Fax: 069/15 30 93-30
Internet: www.maintrust.de
E-Mail: maintrust@maintrust.de

MANNHEIMER ASSET MANAGEMENT
Mannheimer Asset Management
Kapitalanlagegesellschaft mbH
Augustaanlage 66
68165 Mannheim
Tel.: 0621/457 44 42
Fax: 0621/457 44 95
Internet: www.mannheimer-fonds.de
E-Mail: mam@mannheimer.de

MEAG KAG
MEAG MUNICH ERGO
Kapitalanlagegesellschaft mbH
Oskar-von-Miller-Ring 18
80333 München
Tel.: 089/2867-2999, Fax: 089/2867-2888

METZLER INVESTMENT
METZLER INVESTMENT GMBH
Große Gallusstraße 18
60311 Frankfurt am Main
Tel.: 0180/221 04 44, Fax: 069/29 31 36
Internet: www.metzler.com

MK
MÜNCHNER KAPITALANLAGE AG
Beethovenplatz 4
80336 München
Tel.: 089/514 92-0, Fax: 089/514 92-199
Internet: www.mk-ag.de
E-Mail: info@mk-ag.de

NORDINVEST
NORDINVEST Norddeutsche
Investmentgesellschaft mbH
Alter Wall 22
20457 Hamburg
Tel.: 040/37 47 73-0, Fax: 040/37 47 73-20
Internet: www.nordinvest.de

OPPENHEIM
Oppenheim Kapitalanlagegesellschaft mbH
Unter Sachsenhausen 2
50667 Köln
Tel.: 0221/145-03, Fax: 0221/145-1918

Postbank Privat Investment
Deutsche Postbank Privat Investment
Kapitalanlagegesellschaft mbH
Friedrich-Ebert-Allee 114–126
53113 Bonn
Tel.: 0228/92 07 60-0, Fax: 0228/92 07 699

SKAG
Siemens Kapitalanlagegesellschaft mbH
Seidlstraße 24a, 80335 München
Tel.: 089/6363-2500, Fax: 089/6363-3600
E-Mail: info@skag.siemens.de

UBS BRINSON INVEST
UBS Brinson Investment GmbH
Friedensstraße 6–10
60311 Frankfurt am Main
Tel.: 069/2179-230, Fax: 069/2179-291

UBS INVEST
UBS Invest Kapitalanlagegesellschaft mbH
Eschersheimer Landstraße 25–27
60322 Frankfurt am Main
Tel.: 069/1369-5000, Fax: 069/1369-5555
Internet: www.ubs.com

UNION INVESTMENT
Union-Investmentgesellschaft mbH
Wiesenhüttenstraße 10
60329 Frankfurt am Main
Tel.: 069/2567-0, Fax: 069/23 55 15
Internet: www.Union-Investment.de
E-Mail: info@union-investment.de

UNIVERSAL
Universal-Investmentgesellschaft mbH
Bockenheimer Landstraße 98–100
60323 Frankfurt am Main
Tel.: 069/756 91-0, Fax: 069/756 91-200

VERITAS SG
VERITAS SG Investment Trust GmbH
Bettinastraße 62
60325 Frankfurt am Main
Tel.: 069/97 57 43-0, Fax: 069/97 57 43-31
Internet: www.veritassg.de
E-Mail: info@veritassg.de

VICTORIA KAG
siehe MEAG KAG

WARBURG INVEST
M.M. WARBURG INVEST
Kapital-Anlagegesellschaft MBH
Liebigstraße 6
60323 Frankfurt am Main
Neuer Wall 77, 20354 Hamburg
Tel.: 069/170 97-0, Fax: 069/170 97-399
Tel.: 040/32 82 51-0, Fax: 040/32 82 51-14

WESTINVEST
WestInvest Gesellschaft für
Investmentfonds mbH
Hans-Böckler-Str. 33
40476 Düsseldorf
Tel.: 0211/517 98-0, Fax: 0211/517 98-111
Internet: www.westinvest.de
E-Mail: info@westinvest.de

ZÜRICH INVEST
Zürich Investmentgesellschaft mbH
Zürich-Haus am Opernplatz
60252 Frankfurt am Main
Tel.: 069/711 52 90-0, Fax: 069/711 52 90-9
Internet: www.zuerich-invest.de
E-Mail: service@zuerich-invest.de

Adressen von KAGs in Österreich:

3 Banken-Generali Investment GmbH
Tuchlauben 14, A-1010 Wien
Tel.: 01/532 01-28, Fax: 01/531 01-6092
E-Mail: 3banken-generali@via.at

Allianz Invest KAGmbH
Kärntner Ring 12, A-1015 Wien
Tel.: 01/505 54 80-4848
Fax: 01/505 54 81
Internet: www.allianzinvest.at
E-Mail: g.bartsch@allianzinvest.at

Capital Invest
Obere Donaustraße 19, A-1020 Wien
Tel.: 01/331 73-3100, Fax: 01/331 73-4090
Internet: www.capitalinvest-co.at
E-Mail: klaus.priverschek@capitalinvest-co.at

Constantia Privatbank AG
Opernring 17, A-1010 Wien
Tel.: 01/588 74-407, Fax: 01/588 75-490
Internet: www.constantia-co.at
E-Mail: eva.berger@constantia-co.at

ERSTE Sparinvest
Habsburgergasse 2a, Mezzanin
A-1010 Wien
Tel.: 01/531 00-3066, Fax: 01/531 00-3073
E-Mail: wolfgang.traindl@sparinvest.com

Gutmann KAG
Schwarzenbergplatz 16
A-1010 Wien
Tel.: 01/502 20-222, Fax: 01/502 20-249
Internet: www.bankgutmann-co.at
E-Mail: matthias.albert@bankgutmann.co.at

Kepler-Fonds KAG
Raiffeisenplatz 1
A-4020 Linz
Tel.: 0732/6596-5303
Fax: 0732/6596-5319
Internet: www.keplerfonds.at
E-Mail: a.lassner@bloomberg.net

Raiffeisen Vermögensverwaltungs GmbH
Am Stadtpark 9
A-1030 Wien
Tel.: 01/717 07-1655
Fax: 01/717 07-76-1655
E-Mail: rrvg@rvg.raiffeisen.at

SKWB Schoellerbank Invest
Sterneckstraße 5
A-5024 Salzburg
Tel.: 0662/8684, Fax: 0662/8684-659
Internet: www.skwbschoellerbank.at
E-Mail: bernhard.lehner@skwbschoellerbank.at

Adressen von KAGs in der Schweiz:

Julius Bär Investment Funds Services Ltd
Freigutstraße 40
CH-8010 Zürich
Tel.: 01/287 65 96, Fax: 01/287 65 54
Internet: www.juliusbaer.com
E-Mai: jbif-sales@juliusbaer.com

DB Investment Schweiz
Bahnhofplatz 1
CH-8001 Zürich
Tel.: 01/224 78 21, Fax: 01/224 77 77
Internet: www.dbis.ch
E-Mail: dbis.mail@db.com

Robert Fleming (Switzerland) Ltd
Freigutstraße 16
CH-8039 Zürich
Tel.: 01/289 35 76, Fax: 01/289 35 68
Internet: www.flemings.lu
E-Mail: gianni-valsecchi@flemings.com

Fondscenter AG
Birmensdorferstraße 94
CH-8036 Zürich
Tel.: 01/455 50 05, Fax: 01/455 50 07
Internet: www.fondscenter.ch
E-Mail: info@fondscenter.ch

Helaba Investment (Schweiz) AG
Fraumünsterstraße 14
CH-8001 Zürich
Tel.: 01/225 37 90, Fax: 01/225 37 91
E-Mail: helaba_invest_ch@compuserve.com

Invesco Europe Ltd
Genfer Straße 21
CH-8027 Zürich
Tel.: 01/287 90 04, Fax: 01/287 90 10
Internet: www.invescoeurope.com
E-Mail: andré_bachmann@zur.invesco.com

Pictet Fund Management
Boulevard Georges-Favon 29
CH-1204 Genf (Genève)
Tel.: 022/781 00 70, Fax: 022/781 00 71
Internet: www.pictet-funds.com
E-Mail: sbrulisauer@pictet.com

PMG Fonds Management AG
Talstraße 20
CH-8022 Zürich
Tel.: 01/221 27 38, Fax: 01/221 30 31
E-Mail: pmg@profondes.ch

Raiffeisen Schweiz (Luxemburg) Fonds SICAF
Vadianstraße 17
CH-9001 St. Gallen
Tel.: 071/225 98 75, Fax: 01/225 97 18
Internet: www.raiffeisen.ch
E-Mail: fonds@raiffeisen.ch

Schroders Investment Management (Switzerland)
Central 2
CH-8021 Zürich
Tel.: 01/250 12 78, Fax: 01/250 13 39
Internet: www.schroders.lu
E-Mail: christian.trixl@schroders.com

Schweizer Rück Fondsleitung AG
Mythenquai 50–60
CH-8022 Zürich
Tel.: 01/285 27 83, Fax: 01/285 64 34
Internet: www.swissre.com/mutualfunds
E-Mail: mutual_funds@swissre.com

UBS AG, Geschäftsbereich Anlagefonds
Aeschenvorstadt 48
CH-4002 Basel
Tel.: 01/235 36 36, Fax: 01/234 93 20
Internet: www.ubs.com/fonds

Vontobel Funds Services AG
Tödistraße 23
CH-8022 Zürich
Tel.: 01/283 74 84, Fax: 01/ 283 53 15
Internet: www.vontobel.ch
E-Mail: martin.leber@vontobel.ch

Zürich Schweiz, Finanz-Service
Postfach
CH-8023 Zürich
Tel.: 01/628 00 60, Fax: 01/628 00 65
Internet: www.zuerich.ch
E-Mail: finanz.service@zurich.ch

ABKÜRZUNGSVERZEICHNIS

AG	Aktiengesellschaft
AZ	Aktenzahl
BAKred	Bundesaufsichtsamt für das Kreditwesen
BAWe	Bundesaufsichtsamt für den Wertpapierhandel
BVDI	Bundesverband Deutscher Investmentberater
BVI	Bundesverband Deutscher Investmentgesellschaften
DAI	Deutsches Aktieninstitut
DAX	Deutscher Aktienindex
DGAP	Deutsche Gesellschaft für Ad-hoc-Publizität
GmbH	Gesellschaft mit beschränkter Haftung
KAG	Kapitalanlagegesellschaft
KAGG	Gesetz über Kapitalanlagegesellschaften
KG	Kommanditgesellschaft
KWG	Kreditwesengesetz
NS	Nichtveranlagungs-Bescheinigung
TER	Total Expense Ratio
WKN	Wertpapierkennnummer
WpHG	Wertpapierhandelsgesetz

STICHWORTVERZEICHNIS

A

Abschreibung für Abnutzung (AfA) 54
Ad-hoc-Veröffentlichungen 255
Aktienanalyse 32
Aktienfonds 13, 31, 61
Aktives Management 229
All-in-fee 229
Altersvorsorge-Sondervermögen 19
Altersvorsorge-Sondervermögen-Fonds (AS-Fonds) 185
Amtlicher Handel 229
Angebotsvergleich 263
Anlagehorizont 174
Anlageprofil 173
Anlagestrategie 166
AS-Fonds 19, 20, 63
Asset Allocation 229
Ausgabeaufschlag 20, 95, 230
Ausgabepreis 230
Auslandsinvestmentgesetz 108, 109
Ausschüttende Fonds 231

B

Barausschüttung 111
Bardividende 111
Behavioral Finance 171, 172
Benchmark 232
Betriebsrenten 215
Bonität 232
Bottom-up-Ansatz 153, 232
Branchenfonds 34, 191
Bruttoausschüttung 111
Bundesaufsichtsamt für das Kreditwesen (BAKred) 19, 28, 252
Bundesaufsichtsamt für den Wertpapierhandel (BAWe) 254
Bundesverband Deutscher Investmentberater (BVDI) 99
Bundesverband Deutscher Investmentgesellschaften e.V. (BVI) 10, 257
Bundesversicherungsanstalt für Angestellte (BfA) 16
BVI-Methode 233

C

Cost-Average-Effekt 233

D

Dachfonds 196
DAX 13, 35, 205, 233
Depot 234
Depotbank 234
Depotbankgebühr 234
Depotbankvergütung 234
Depotgebühr 234
Derivate-Fonds 199
Deutsche Schutzvereinigung für Wertpapierbesitz (DSW) 107
Deutsches Aktieninstitut (DAI) 13, 34, 258
Direktbanken 12, 95, 261
Discountbroker 12, 261
Dividende 111
Doppelbesteuerungsabkommen (DBA) 242
Dow Jones Index 13

E

E-Business 209
Elastizität 234
Emerging Markets 221
Emerging-Market-Fonds 220
Erbschaftssteuer 106
Ethische Fonds 217
Euro 175
Eurofonds 177, 201
Europafonds 201
Euro-Stoxx 177

F

FERI Trust 13, 119
Finanzmarktförderungsgesetz 17
Fondsanteile 235
Fondsbesteuerung 236
Fondsdaten 235
Fondskosten 93

Fondslexikon 184
Fondsmanager 145, 146, 151, 153
Fondsperformance 13
Fondsrating 13, 114
Fondsresearch 114
Fondsshop 20, 95, 99, 235
Fondssparplan 67
Freibetrag 106
Freigrenze 105, 106
Freistellungsauftrag 236
Freiverkehr 236

G

Garantiefonds 204
Geldmarktfonds 49, 63
Generationenvertrag 17
Geregelter Markt 237
Gesetz über das Kreditwesen (KWG) 100, 252
Gesetz über Kapitalanlagegesellschaften (KAGG) 53, 128, 180, 237
Gewinnausschüttung 111
Grauer Kapitalmarkt 180
Growth-Fonds 250

H

Halbeinkünfteverfahren 110
Hedge-Fonds 199

I

Immobilienfonds 50, 63, 243
Indexfonds 205
Insiderhandel 255
Internet-Fonds 206
Investmentmarkt 64

J

Jensen's Alpha 237

K

Kapitalanlagegesellschaften (KAGs) 128
Kapitalertragsteuer (KapESt) 237
Kapitalgesellschaften in der Schweiz 273
Kapitalgesellschaften in Deutschland 267
Kapitalgesellschaften in Österreich 273
Kapitalverzehr 83
Körperschaftsteuer (KSt) 237

KSO 238
Kurs-Gewinn-Verhältnis (KGV) 238

L

Länder- und Regionenfonds 213
Landesversicherungsanstalt für Angestellte (LfA) 16
Laufzeitfonds 213
Lipper 118

M

Management-Fee 238
Managementgebühr 238
Managementrisiko 238
Managementstil 147
Marktrisiko 238
Mid-Cap-Fonds 222
Mindestanlagesumme 239
Mischfonds 47, 63
Mitarbeiterfonds 214
Moody's 116
MSCI 205, 239

N

Nasdaq 33, 239
Nebenwerte-Fonds 222
Nemax 50, 240
Nemax all share 240
Neuer Markt 33, 210
Neuer Markt (Nemax) 239
Nikkei 31
No-Load-Fonds 240

O

Ökofonds 217
Online-Broker 96

P

Performance 86, 241
Portfolio 241
Preisvergleich 263
Private Veräußerungsgeschäfte (Spekulationsgeschäfte) 241
Publikumsfonds 30

Q
Quellensteuer 242

R
Ranking 115
Rating-Agenturen 116, 127
Rechenschaftsbericht 243
REITs 243
Rentenfonds 13, 45, 62, 176
REX 205
Risikoprofil 166
Risikostreuung 86, 138
Rohstofffonds 220
Rücknahmegebühr 243
Rücknahmepreis 230

S
Schwellenländerfonds 220
SDAX 223
Sharpe-Ratio 243
SICAV/S 244
Small Caps 244, 245
Small-Cap-Fonds 222
SMAX 223, 244
Solidaritätszuschlag 106, 247
Sondervermögen 247
Sparerfreibetrag 106, 247
Sparplan 84
Spekulationsfrist 105, 106, 247
Spekulationsgeschäfte 105
Spekulationsgewinne 105
Spezialfonds 30, 61
Standard & Poor's (S&P) 102, 117
Steuerreform 109
Stiftung Warentest 231
Swiss New Market 248
Switchen 248

T
Termingeschäfte-Fonds 199
Thesaurierende Fonds 231, 248
Top-down-Verfahren 153, 248
Total Expense Ratio (TER) 94, 248
Treynor-Ratio 249

U
Umlagesystem 18
Umlageverfahren 17

V
Value-Fonds 250
Venture-Capital-Fonds 227
Verkaufsprospekt 249
Vermögensverwalter 98, 253
Vertrieb 97
Verwaltungsgebühr 249
Vienna Dynamic Index (ViDX) 249
VL(Vermögenswirksame Leistungen)-Fonds 224
Volatilität 250

W
Wachstumsfonds 250
Wachstumswerte 32
Wagniskapital-Fonds 227
Wechselkursrisiko 250
Werbungskosten 107
Werbungskostenpauschbetrag 106
Wertefonds 250
Wertentwicklung/Performance 69, 86
Wertpapierkennnummer (WKN) 251
Window Dressing 251

Z
Zinsabschlagsteuer (ZASt) 251
Zinseszinseffekt 251
Zwischengewinne 105, 251
Zyklische Fonds 251

Was WISO noch bietet

Das ZDF-Wirtschaftsmagazin WISO ist nicht nur auf dem Bildschirm Marktführer. Darüber hinaus bietet die Redaktion zur Ergänzung und Vertiefung der Themen zahlreiche sendungsbegleitenden Informationen: zum Abrufen per Fax, im Internet, im Videotext, als Buch und als Software.

WISO. Das Wirtschaftsmagazin – montags, 19.25 Uhr im ZDF.

WISO im ZDF.text auf den Tafeln 341 bis 349.

WISO-Faxabruf. Kompakte „geldwerte" Informationen zu Themen aus der

WISO-Sendung. Das aktuelle Inhaltsverzeichnis unter ZDF.text, Tafel 347, oder unter Fax 0190/25 00 25 (1,21 DM pro Minute).

WISO im Internet. Unter www.zdf.de/wiso mit Kurzfassungen der WISO-Tipps, aktuellen Zinskonditionen, Börseninformationen und vielen anderen Infos, die helfen können, Geld zu sparen oder zu verdienen.

WISO-Begleitheft. Erscheint monatlich. Mit vielen zusätzlichen Informationen zu den Beiträgen aus den WISO-Sendungen des Vormonats. Preis: DM 10,– als Einzelexemplar, DM 7,50 im Abonnement. Bezugsquelle und Auskunft: ZDF-WISO-Aboverwaltung, 55115 Mainz.

WISO-CD-ROM. Das monatlich erscheinende Medium für den PC. Mit zahlreichen Zusatzinformationen zu den WISO-Sendungen des Vormonats, darüber hinaus mit dem WISO-Wirtschaftslexikon, Graphikbibliothek, zusätzlichen „Knüllern" (nützliche Software). Hypertext ermöglicht einfaches Durchblättern und Zugriff auf Querverweise. Preis pro Stück: DM 14,50 als Einzelexemplar/ DM 11,50 im Abonnement. Bezugsquelle und Auskunft: Buhl Data Service, Service Center, Am Siebertsweiher 3–5, 57290 Neunkirchen. Telefon 01805/35 45 51 (24 Pf./Min.). Im Internet unter www.zdf.de im „WISO-Shop".

WISO-Bookware
Eine ganze Serie von Software-Produkten aus der WISO-Redaktion. Komplette Übersicht: siehe WISO-Shop. Viele Testsieger in ihrem Segment. Zum Beispiel:

WISO-Sparbuch. Erscheint jährlich in aktueller Ausführung; Begleitbuch und Software auf CD-ROM. Macht das Ausfüllen der Steuerformulare zum Kinderspiel. Das „Sparbuch" druckt die amtlichen Formulare aus und ermöglicht die elektronische Übertragung der Steuerdaten an das Finanzamt. Bezugsquelle: Buchläden und Softwarehandel oder „WISO-Shop" unter www.zdf.de

WISO-Bücher

In jeder Buchhandlung und im WISO-Shop unter www.zdf.de: Die Ratgeber-Serie aus der ZDF-Wirtschaftsredaktion. Immer wieder aktuell. Zum Beispiel:

„**WISO Aktien – Fonds – Futures**": Eine Einführung ins Börsengeschehen. Alle wichtigen Informationen rund um das spannende Thema leicht verständlich beschrieben. Ein Bestseller unter den Börsenbüchern. 316 Seiten, 29,90 DM.

„**WISO Börsen-Buch**", 2. Auflage: Zu allen wichtigen Begriffen rund um die Börse bietet dieses Nachschlagewerk umfassende und zugleich allgemein verständliche Erläuterungen, Tipps und Hinweise. Es hilft dem Laien beim Einstieg und unterstützt den fortgeschrittenen Anleger. 317 Seiten, Paperback, 29,80 DM.

„**WISO Vermögensberater**": Ein Ratgeber für alle, die sich ein Vermögen aufbauen und es gezielt vermehren wollen. Mit vielen Tipps und Ratschlägen zu Ausbildung, Geldanlage und Vorsorge. Ca. 300 Seiten, 29,80 DM.

„**WISO Immobilienfinanzierung**": Der Ratgeber führt Schritt für Schritt an alle Fragen heran, die sich jeder vor dem Immobilienerwerb stellen sollte. Einsteiger finden in diesem Buch viele wertvolle Tipps und anschauliche Rechenbeispiele. Profis können es als Nachschlagewerk benutzen und einzelne Abschnitte herausgreifen. 300 Seiten, 29,80 DM.

„**WISO Wirtschaftswissen**": Das Interesse am Wirtschaftsgeschehen nimmt weiter zu. Das umfangreiche Nachschlagewerk erklärt ausführlich und leicht verständlich Begriffe aus dem täglichen Wirtschaftsjargon – von A bis Z. 552 Seiten, 48 DM.

„**WISO Existenzgründung**": Der WISO-Ratgeber hilft dem zukünftigen Unternehmer anhand von Tipps, Checklisten und Adressen, die Hürden auf dem Weg in die Selbstständigkeit ohne persönliche und finanzielle Risiken zu überwinden. 300 Seiten, Paperback, 29,80 DM.

„**WISO Immobilienrecht**": Der Traum vom eigenen Heim kann schnell zum Albtraum werden: Unzuverlässige Handwerker, Pfusch am Bau, Planungsfehler des Architekten und Ärger mit der Baubehörde. Die Autoren gehen auf die häufigsten Problemstellungen ein, klären die Rechtsposition und geben viele Tipps. 300 Seiten, Paperback, 29,90 DM.

Alle Bücher im Wirtschaftsverlag Carl Ueberreuter, Wien und Frankfurt. Im Internet: www.ueberreuter.de. Zu beziehen über jede Buchhandlung oder im WISO-Shop unter www.zdf.de.